本书受国家自然科学基金项目（71602064）和中央高校基本科研业务费专项资金资助项目（2662020JGPY008）资助

经济管理学术文库·管理类

社会化商务理论与实践：基于社交网络演化视角

Social Commerce Theory and Practice:
The Social Network Evolution Perspective

肖邦明／著

图书在版编目（CIP）数据

社会化商务理论与实践：基于社交网络演化视角/肖邦明著 . —北京：经济管理出版社，2020.8
ISBN 978 – 7 – 5096 – 7461 – 1

Ⅰ.①社… Ⅱ.①肖… Ⅲ.①电子商务—研究 Ⅳ.①F713.36

中国版本图书馆 CIP 数据核字（2020）第 158361 号

组稿编辑：郭　飞
责任编辑：曹　靖　郭　飞
责任印制：黄章平
责任校对：王淑卿

出版发行：经济管理出版社
（北京市海淀区北蜂窝 8 号中雅大厦 A 座 11 层　100038）
网　　址：www.E – mp.com.cn
电　　话：（010）51915602
印　　刷：北京玺诚印务有限公司
经　　销：新华书店
开　　本：720mm×1000mm/16
印　　张：14.25
字　　数：251 千字
版　　次：2020 年 10 月第 1 版　　2020 年 10 月第 1 次印刷
书　　号：ISBN 978 – 7 – 5096 – 7461 – 1
定　　价：88.00 元

·版权所有　翻印必究·
凡购本社图书，如有印装错误，由本社读者服务部负责调换。
联系地址：北京阜外月坛北小街 2 号
电话：（010）68022974　　邮编：100836

前 言

  社会化商务是在 Web2.0 技术的支持下，利用用户之间的链接和交互产生商业价值的一种新型的电子商务模式。已有的一些研究已经通过实证认识到社会化商务的巨大价值潜力，但很少有研究探讨作为社会化商务本质的用户关系网络的形成和维持机制。本书以社会化商务为背景，通过五个相互关联的研究探讨了社会化商务社区中用户的社会化交互与社区卖家市场绩效的动态关系以及用户在社会化商务社区中进行社会化交互的驱动机制。在研究一中，我们通过构建向量自回归模型分析了社会化商务社区中用户的网络关系形成和社区卖家市场销售绩效的动态关系。结果表明，在社会化商务社区中，不论是用户单方面出于自己兴趣的关注，还是用户相互感兴趣形成互为粉丝的互惠关系都能够在其形成一段时间之后，能对社区卖家整体的市场销售带来促进作用；而从两者影响系数的失配分析结果来看，社区中双方互相关注的互惠性的网络关系数量对社区整体市场绩效的促进作用要比单方面发出的关注的数量影响更强。在研究二中，我们在探讨社会化商务社区的用户网络关系涌现中验证了两类驱动机制的影响。从结果中我们可以看出，在信息不对称的环境下，信息性社会影响和选择影响不论是对社区经验较少的用户，还是对那些社区成长时间较长的用户来说，始终是他们选择关注其他用户的一个主要驱动因素；但社会化商务社区又并非是一个纯粹的信息搜索社区，规范性社会影响虽然影响程度相对较小，但在关系涌现阶段仍具有显著的影响。另外，我们也从数据分析中看到了社区经验较少和社区经验较多的用户在网络关系涌现上的差异性，从结果来看，社会化因素对于刚进入社区不久且缺乏社区经验的用户的影响较大，而对那些具有较多社区经验的用户来说，他们更加明确自己的信息需求，信息性社会影响和选择影响会成为他们发出网络关系的主要推动力。在研究三中，我们进一步区分了社会化商务社区中用户作为买家和卖家不同的角色以及他们相互之间交互的内在动机,从而探讨社会化商务社区中买家与卖家的关系构建机制。结果发现,社会化商务社区中的买家和卖家在面临同样的网络闭包情形时,会做出不同的关系构建决策。具体来讲,从关系嵌入的成本来看,由于互惠关系形成所需要的社会交互成本和关系依赖可能带来的关系无效率会使社会化商务社区中的买家回避二元闭包形式的形成,但对于社区中的卖家,他们则更愿意付出更多的成本去积极地回应其他社区成员对自己的关注,以此培养潜在的忠诚顾客;在信息性社会影响作为主导的社会化商务社区中,传染性机制并不会像在传统的社交型社区中那样推动买家对传染源用户的关系嵌入。在研究四中,我们探讨了社会化商务社区中关系在形成之后如何维持更长的时间。结果表明,在社区用户网络关系形成之后,社会影响类和社会选择类中基于社会化因素的变量开始占据了主导作用,主要体现在规范性社会影响对用户关系维持的促进作用,而信息性影响逐渐变得不显著,甚至对用户之间的关系维持带来负面影响。在研究五中,我们从企业实践出发,运用 ABMS 仿真的方法探讨了如何在社会化商务社区中对种子营销策略进行优化。结果表明,在控制了网络关系密度的基准网络下(随机网络),基于社会影响的扩散与基于同质性的扩散差异显著。而在同样的网络密度基础上,改变仿真网络的拓扑结构使其符合真实网络的特性,社会影响和同质性影响的扩散差异依然显著。特别是基于同质性的扩散虽然在初期扩散速度显著提升,但由于受到社区活动数量的限制,其最终的扩散范围却没有基于社会影响的扩散范围广。

目 录

第1章 引言 …………………………………………………………… 1
    1.1 问题提出 ……………………………………………………… 1
    1.2 研究意义和创新 ……………………………………………… 6
    1.3 研究思路 ……………………………………………………… 7

第2章 相关理论 ……………………………………………………… 10
    2.1 社会化商务及其社区网络关系相关研究综述 ……………… 10
    2.2 社区的定义、识别及其影响 ………………………………… 21
    2.3 社会网络和复杂网络相关研究 ……………………………… 26
    2.4 网络社区的关系涌现相关研究 ……………………………… 43
    2.5 跨学科视角下社会化商务和复杂网络相关研究 …………… 53
    2.6 大数据视角下社会化商务和复杂网络相关研究 …………… 55

第3章 研究一：社会化商务社区中的关系形成对企业市场绩效的影响 …… 65
    3.1 引言 …………………………………………………………… 65
    3.2 理论背景和假设提出 ………………………………………… 66
    3.3 向量自回归模型的构建 ……………………………………… 68
    3.4 数据来源和变量测量 ………………………………………… 69
    3.5 关系形成与产品销售的动态关系检验 ……………………… 70
    3.6 向量自回归模型检验结果及分析 …………………………… 72
    3.7 本章小结 ……………………………………………………… 73

第4章 研究二：社会化商务社区中的关系涌现机制研究 … 75
4.1 引言 … 75
4.2 理论背景和假设提出 … 76
4.3 研究方法与数据分析 … 80
4.4 社区结构特性和变量的描述性统计 … 84
4.5 关系构建风险模型检验和结果分析 … 95
4.6 模型的稳定性检验 … 99
4.7 本章小结 … 106

第5章 研究三：社会化商务社区中买家与卖家的关系构建机制 … 108
5.1 引言 … 108
5.2 理论背景和假设提出 … 111
5.3 研究方法与数据分析 … 118
5.4 本章小结 … 128

第6章 研究四：社会化商务社区中的关系维持机制 … 131
6.1 引言 … 131
6.2 理论背景和假设提出 … 132
6.3 数据和方法 … 135
6.4 关系维持风险模型检验和结果分析 … 137
6.5 模型的稳定性检验 … 141
6.6 本章小结 … 153

第7章 研究五：社会化商务社区中的病毒式营销策略 … 154
7.1 引言 … 154
7.2 理论背景和假设提出 … 155
7.3 基于元胞自动机的ABMS仿真实验 … 160
7.4 社会影响机制与同质性机制在社会化商务社区中的实证检验 … 169
7.5 本章小结 … 170

第8章 结论与展望 …… 173

8.1 研究小结 …… 173
8.2 研究的理论贡献 …… 176
8.3 研究的管理实践贡献 …… 177
8.4 研究局限和展望 …… 178

参考文献 …… 180

附录 社会网络研究相关调查问卷 …… 205

第1章 引言

1.1 问题提出

社会化商务（Social Commerce）是在 Web2.0 技术的支持下，借助社会化媒介（Social Media）等互联网工具，利用用户之间的链接（Links）和交互（Interactions）产生商业价值的一种新型的电子商务模式（Stephen，Toubia，2010；Curty，Zhang，2011）。与传统电子商务所强调的企业对消费者的直接影响相比，社会化商务更加强调通过消费者加入的网络社区（如淘宝帮派、eBay 社区、蘑菇街等）所产生的间接影响。据监测数据显示，截至 2016 年 1 月，蘑菇街注册用户达到 1.3 亿户，平均每天的独立访问用户为 1000 万户左右，其中高达 90%的用户交互内容是关于商品信息的咨询和讨论，成交转化率达到了 8%，平均每月引入淘宝的交易额为 1.5 亿元左右；在 2016 年春晚期间，支付宝"集福平分 2 亿元现金"活动的根本目的也就在于通过经济刺激的方式，来促进支付宝用户之间形成网络关联、关系构建和内容交互（活动中通过添加支付宝好友可提前随机获得三张福卡）；另外，在淘宝帮派和其他一些社会化商务社区中，企业通过经济刺激的方式（如添加好友或关注赠送礼物和商品折扣等）促进网络关系资源形成的做法也非常普遍。

上述企业简单地通过经济激励等外在刺激的方式来诱发用户在社会化商务社区中的网络关系构建和交互真的能给企业带来预期的回报吗？事实上，即使是社区网络关系（如用户间的相互关注、互加好友等）在一些企业的经济激励下大量涌现,这种基于外在刺激而不是自发构建的网络关系往往并不稳定,从长期来看也很少能产生实质性的交互内容,例如"潜水""僵尸粉"等现象(指社区用户长期不参与任何社区交互)在一些社会化商务社区中的普遍存在。我们经常看到的情景是一些消费者在企业临时的促销活动下关注了该企业,而在活动结束之后马上就取消了对该企业的关注。这类社交网络的刺激策略虽然在短时间内能够出现一定程度的"繁荣"景象,但其能够带来的经济效应是非常有限的,很少有消费者会因为一时的口碑传播而形成对某品牌或企业的长期关注。如此看来,简单地通过经济激励等外在刺激方式去诱发用户的社会网络关系构建,而不从用户自发的关系构建中去探索和研究其背后的机制和规律,并不能保证企业在社会化商务中的长期获利,就算在短时间内获得了一定程度的用户关注,从长期来看,也难以给企业带来预期的回报。

因此,本书认为,在社会化商务时代,企业希望通过社区建设社区用户社会网络关系的涌现来实现挖掘其中的商业价值的目标,必须要回答以下几个关键问题:①在社会化商务社区中,消费者用户的社会网络关系涌现(如粉丝、关注等)与相应的企业用户的市场绩效究竟具有怎样的动态关系?例如在一个社会化商务社区中,一个单位的消费者对商家或商家对消费者关注数量的增加,会对相应商家的市场绩效带来多大的影响?②如果通过上述问题证明了社会化商务社区中消费者的社会网络关系涌现与相应的企业市场绩效具有显著的联动关系,那么我们需要进一步探索的是,在社会化商务社区这样一个特殊的背景下,用户相互之间关系涌现的动力究竟是什么?哪些因素能够促使社区中用户关系的初始形成?③由于上述研究问题普遍关注的是社会化商务社区中关系数量,包括关系数量与企业绩效的动态关系以及关系形成的主要动力等,而从长期来看,社区用户关系的质量往往是社区中的企业用户更为关注的结果。因此,我们也将最后的研究问题聚焦于社会化商务社区中用户关系的维持上,深入探讨哪些因素能够促进社区用户相互之间的社会网络关系形成之后能够维持更长的时间①?

与传统的社交社区不同,社会化商务社区在成员角色、参与动机、关系的形

---

① 考虑到一些社会化商务社区中的用户尽管在很长一段时间保持关注的状态,但实际上在社区中并没有发生任何交互(即我们通常所称呼的"僵尸粉"),因此,参照 Skyrms 和 Pemantle(2009)的做法,我们在研究中所定义的关系消除了那些直接取消了关注的用户之外,将连续一段时间内(本书分别选取了半个月、一个月和两个月的时间标准并做了相应的鲁棒性分析)未产生任何交互内容的用户也同样定义为关系消失。

成涌现和用户关系网络的结构等方面具有其特殊性（见表1-1）。结合以往文献对这两类不同社区的研究我们发现，社会化商务社区中的用户相互之间关系的构建并不等同于传统社交网络上的关系构建，例如，在Facebook、腾讯QQ和微信等主流社交网络中，关系的构建往往会有一个"好友认证"的过程，即关系是在双方认可的前提下建立起来的（Bilateral），因此社交网络中关系的构建主要受到规范性的影响（Normative Influence）而呈现出封闭性的聚合型网络关系结构（Newman，Park，2003）；而在典型的社会化商务社区中，用户相互之间的关系构建是通过单方面的关注来完成的（Unilateral），用户往往根据自身的兴趣爱好选择关注对象而不受到"好友认证"的限制，因此社会化商务社区中链接的形成主要受信息性的影响（Informational Influence）而呈现出开放性的发散型网络关系结构（Crandall等，2008）。

表1-1 社会化商务社区与传统社交型社区的差异对比

	传统社交型社区	社会化商务社区
代表社区	Facebook； QQ； 人人网	淘宝帮派； eBay社区； 蘑菇街、美丽说
成员角色和动机	亲人、朋友以情感交流为主	买家、卖家以产品信息交流分享为主
关系形成的驱动因素	聚类性（Clustering）； 同配性（Assortative Mixing）	选择性（Selection）； 同质性（Homophily）
关系的结构特性	聚合型（Convergent）	发散型（Divergent）
关系的性质	基于双方认可的双向关系（Bilateral）	基于单方关注的单向关系（Unilateral）
参考文献	Newman，Park（2003）； Watts，Dodds（2007）； Ansari等（2011）	Stephen，Toubia（2010）； Allcott等（2007）； Ang（2011）

在表1-1列出的文献中，关于网络关系形成机制的文献大多集中于社会学、计算机和物理等领域，且研究的对象往往以传统的社交型社区为主，主要关注人际网络的形成和涌现机制；而在管理营销领域中以社会化商务社区为背景的研究又往往注重网络关系形成所带来的结果（Consequences），而对社会化商务社区中用户的网络关系构建机制（Antecedents）研究较少。在关于一般网络关系形成的研究中，学者往往通过网络闭包理论（Network Closure）来解释网络中多个体

相互之间关系构建的过程（Burt，1987；Allcott，2007），而随着网络关系性质的变化和结构复杂度的增加，经典的网络闭包理论也需要考虑更多的因素，如网络关系的方向（Direction）、网络的结构（从单纯人际关系网络到同时考虑人际关系和网络社区活动内容的多元素网络）、成员网络关系形成的动机（规范性社会影响和信息性社会影响）等因素。

具体来讲，本书拟提出和回答以下五个研究问题：

研究问题一：社会化商务社区关系形成对企业市场绩效的影响。在社会化商务社区中，消费者用户的社会网络关系涌现（如粉丝、关注等）与相应的企业用户的市场绩效究竟具有怎样的动态关系？已有的一些研究从社区整体层面证实了企业在一个社区中拥有的网络关系数量对其产品销售的正向影响（Stephen，Toubia，2010），但在考虑关系方向性（Direction）的社会化商务社区中，企业发出的网络关系和收到的网络关系与其产品销售之间究竟具有怎样的动态关系？社区中买家与卖家每一条网络关系的形成一般会在多久之后达到影响的峰值？又会在多久之后开始减弱？另外，不同类型的网络关系的闭包，如单向的网络关系（Unilateral）和双向的网络关系（Bilateral）会对卖家产品销售在早期和晚期又分别具有怎样的影响？对上述这些问题的回答能够让社会化商务社区的参与者更加清楚地看到一些基于社会化商务的活动所带来的实际经济效益，从而更好地指导企业做出相关的市场决策。

研究问题二：在社会化商务社区这样一个特殊的背景下，用户相互之间关系涌现的动力究竟是什么？由于社会化商务社区在用户角色和动机、关系性质和形成涌现基础上与传统的社交网络社区具有本质的不同（Newman，Park，2003；Stephen，Toubia，2010），作为本书的基础问题，我们需要探讨在一般网络闭包理论中具有显著作用的社会影响动力（Social Influence），如信息性社会影响（Informational Social Influence）（Falk，Fischbacher，2006；Nowak，2006）、规范性社会影响（Normative Social Influence）（Young，2009；Burt，1987）和社会选择动力（Social Selection），如行为同质性（Behavioral Similarity）（Crandall 等，2008）和状态同质性（Relational Similarity）（Coleman，1988）等机制在社会化商务社区的情境下对用户网络关系的形成分别具有怎样的影响？社会化商务社区中用户自发的网络关系形成机制是什么？

研究问题三：社会化商务中买家与卖家之间的关系构建机制具有怎样的特殊性。事实上，社会化商务社区相对于传统的社交型社区的主要的不同在于其成员

之间的关系并不是传统意义上的"朋友关系（Friendship）"，由于社会化商务社区所特有的交易特性，社区中的成员不论是买家还是卖家在构建关系时，往往都会以具体的商品或社区活动（如以商品信息为主题的社区论坛讨论）为纽带。因此，我们认为社会化商务社区中买家与卖家之间的关系构建根据成员交易角色的特点呈现出一些特殊性。具体来看，买家与卖家之间的关系构建往往以商品有关信息的活动参与和分享为纽带的"二模嵌入（Two-mode Embeddedness）"结构完成。正因为社会化商务社区中买家和卖家在其成员特质、成员动机、关系性质、关系来源和关系演进动力等方面与传统的社交型社区均有着本质的不同，所以该部分研究将基于一般社会网络的闭包相关机制来揭示社会化商务社区中买家与卖家之间网络闭包（即社区关系构建）的特殊性和差异性，旨在帮助企业有效地将用户的社会性融入交易社区的经济性中，从而实现其社会化商务价值。

研究问题四：社会化商务社区的关系维持机制。哪些因素能够促进社区用户相互之间的社会网络关系形成之后能够维持更长的时间？考虑到关系的质量在社会化商务社区中所起到的关键性作用，而目前关于社会网络关系的研究大部分都只是探讨了用户之间的关系的建立，却很少有研究能够回答为什么一些关系的建立能够在未来很长的一段时间内带来丰富的交互甚至最终的消费，而一些关系在建立之后并没有再发生任何实质性的交互。例如，以往关于社会网络关系涌现的文献大部分都关注了社会影响动力和社会选择动力对社会网络中成员相互之间关系形成的促进作用（McPherson 等，2001），而在关系一旦形成之后，两种动力机制是否仍然能够促进关系的长期维持，或者说，两种动力机制在关系维持阶段的作用机制和在关系涌现阶段的作用机制存在什么样的区别？

研究问题五：社会化商务的病毒式营销策略研究。病毒式营销（Viral Marketing）（Hinz 等，2011）是企业在社会化商务背景下广泛采取的一种社会化营销策略。该策略的一个基本前提假设是：消费者之间存在着社会影响（Social Influence）（Aral，2011）和口碑传播（WOM）（Trusov, Bucklin, Pauwels, 2009）。然而，一些学者对这种基于社会影响的扩散策略提出了质疑：①在网络中识别和测量人际间的影响会受到同质性和环境变量的混淆，因此，早期的研究可能过高地估计了社会影响和人际间传播的作用（Aral, Walker，2012）。②即使一些研究将人际传播的影响从主要的混淆变量中剥离出来，人际间的传播也可能因为在现实中较少出现因而并不能达到病毒式营销的效果。本书锁定的社会化商务社区与传统的社交网络有着本质的不同：以淘宝帮派社区为例，由于社区成员之间都是陌生的,其关系的建立并不像传统的社交网络关系(朋友、同学、亲人等)那样稳定,成员间更多的是以兴趣爱好、功能和商品交易等为纽带建立的关系(文献综述部分将进一步探讨社会化商务社区在网络结构和内在属性上的特殊性)。因此我们的问题是:①在社会化商务社区中实施病毒营销策略如何同时考虑人际传播的社会影响和用户本身属性的同质性影响?基于此,我们通过ABMS仿真模型比较基于社会影响机制和同质性机制的社会化营销绩效。②社会化商务社区和传统社交网络在关系构建上具有本质的不同,基于此,我们进一步探讨社会化商务社区独特的网络拓扑结构对社会化营销策略绩效的影响。

本书希望通过对上述五个研究问题的解答来打开社会化商务中用户相互之间的社区网络关系闭包形成的"黑匣子",并以此为基础帮助社区中的卖家通过有效的网络闭包诱发策略来吸引社区中买家自发地关注,最终帮助社会化商务社区中的卖家利用这些社会化资源提升其市场绩效、实现社会化商务价值。

1.2 研究意义和创新

从研究对象来看,本书针对的是社会化商务中的企业用户和消费者用户的交互内容(包括沟通交流和关系构建等)以及社会化商务社区中企业用户的产品销售记录。由于以往的关于社会网络关系构建的研究主要集中于一些主流的社交型社区当中,这些社区的封闭性(如好友认证功能就限制了研究者方便地获取用户的社会网络关系数据)导致了用户关系数据获取难度的增加,另外,这些社交型的社区也很少为买家提供直接的商品交易功能,因此,通过这些社交型社区的网络关系构建探讨对企业商品交易的影响往往是间接的,无法追溯网络关系构建的用户究竟是否对关系内的卖家形成了商品交易关系。而本书选取的社会化商务社区则很好地解决了这一问题,通过社区用户唯一的ID,我们能够建立买家在社区中网络关系构建和产品购买的直接关联,帮助我们更准确地探讨社区网络关系的形成和产品销售的因果关系。

从研究内容来看,本书完整地探究了社会化商务中社区网络关系的构建及其影响的一系列问题。已有的研究往往关注的是一个网络关系形成的驱动力(如计算机、物理学领域关于一般网络形成涌现的机制研究)或网络关系形成之后的结果影响（如管理营销领域关于网络意见领袖和成员网络位置的作用及影响机制研究）。而本书通过对上述研究问题的回答，从整体上构建了从社会化商务中社区关系的构建到企业的维护和利用社会化关系的机理，再到最后产生的市场绩效的影响等完整的社会化商务中基于网络关系的分析框架。从理论上来看，本书有助于对社会网络涌现理论和传统的线下关系营销理论（Relationship Marketing）的拓展，也能够结合本书提出的具体的研究内容帮助企业更全面和系统地了解社会化商务社区中的网络关系闭包机制以及制定和实施相应的管理营销策略。已有的关于用户创造内容的文献往往从内容本身的数量（Volume）、效价（Value）和离散程度（Variance）来探讨用户在网络社区中参与行为所带来的影响。而本书通过结合用户在社会化商务社区中的内容创造（如沟通交流的次数、用户的发帖回帖等）以及用户中心网络的结构（如用户的关注、粉丝等网络结构）来探讨用户创造的内容在既定的网络结构中的传播以及对网络结构的改变所带来的影响。因此，本书考虑了用户创造内容与其参与社区的网络关系结构的交互作用，深化了以往关于用户创造内容或用户网络关系结构所分别展开的一些研究。

从研究方法来看，本书结合网络科学、复杂网络和文本分析等方法运用在社区网络关系计算和用户相互之间沟通交流的内容分析当中。通过网络爬虫程序的编写以及与数据库 MySQL 的对接，可以实现针对海量的社区用户交互数据的跟踪抓取、储存、抽取和分析。因此，本书从研究方法上突破了传统的营销科学中所采取的问卷调查方法和实验方法，采用基于客观用户行为数据的网络爬虫和社会网络计算的方法能够帮助企业更加全面、实时和准确地分析社会化商务中用户的网络关系构建模式及其对企业市场绩效的影响。

1.3　研究思路

接下来的部分将详细介绍本书的整体研究思路。本书的主题部分根据上述提出的研究问题一共分为五个相关的子研究来完成。在本书主体部分的第一个研究中，我们需要回答一个基础问题，社会化商务社区中用户相互之间的网络关系对社区中的商业活动是否存在积极的影响以及存在怎样的影响？一直以来，社会化关系的商务价值的实现问题并没有得到学术上一致的认可，相关的讨论可以参照

Curty 和 Zhang（2011）在关于社会化商务研究综述中的观点。一些学者提出由于关于社会化关系和商务价值的研究往往并无关联的两套数据（即社会化关系的发展和企业商务价值的实现往往是在不同的网络平台中发生的）。因此，从科学角度建立起社会化关系的发展与商务价值实现的因果关系仍需要更多的实证研究来探讨，而这两者之间的因果关系又是我们进一步探讨网络中社会化关系形成机制的基础，因此，我们在第一个研究中就是要通过具有直接关联的社会化关系数据和商务价值实现数据（确保从同一个网络平台中搜集同时发生的社会化网络关系数据和企业的市场绩效数据）来进一步探讨两者之间的动态关系。本书主体部分的第二个研究是在前一个研究的基础上展开的，目的在于深入了解社会化商务社区中用户相互之间网络关系形成的驱动机制。考虑到社会化商务社区与一般社交网络社区的不同，社会化商务社区具有其本身的特殊性，而鉴于其融合一般社交网络平台的社会性和交易性网络平台的商业性，对该社区用户网络关系形成机制的探讨有利于更加了解社会性和商业性融合的关键问题。因此，该部分的研究主要回答的是社会化商务社区中用户之间是如何相互关注和构建关系的。本书主体部分的第三个研究是对第二个研究问题的进一步拓展，在第二个研究中探讨了社会化商务社区用户相互之间关系构建的驱动机制，而从社会化商务市场实践出发，如果我们能够区分社会化商务社区中每一个用户的商业角色则更有利于深入探讨成员的关系构建机制。因此，在该部分的研究中，我们进一步从数据中识别出用户是买家还是卖家并从买家和卖家不同的交互动机出发提出两者相互之间关系构建的机制。在本书主体部分的第四个研究中，我们探讨了社会化商务社区中的卖家在其客户关系管理中更关注的一个问题，即如何维持一段已经构建了的客户关系。由于当前社会化商务中存在大量的关系在建立后的短期内迅速消失，该现象导致社会化商务中的卖家很难维持与买家之间的长期关系，而相关研究表明，只有形成长期稳定的客户关系才能更好地促进卖家市场绩效的提升，因此，该部分的研究有利于帮助社会化商务中的企业参与者更有效地管理其客户关系，促成长期有效的关系交互。本书主体部分的第五个研究从企业实践出发，详细分析了企业在社会化商务背景下如何采取有效的病毒式营销策略，在该部分中，我们采用 ABMS 仿真的方法，对不同的网络结构下选取不同的种子用户对比其信息传播和行为扩散的效率和效果的影响。

本书的总体结构如下：第 1 章是引言部分，介绍了本书的整体研究背景和研究意义，提出研究问题。第 2 章是对本书三个子研究中所运用到的理论背景和关

第 1 章 引言

键概念进行介绍和评述。从第 3 章到第 7 章是本书的主体部分，包括了对上述五个子研究问题的探讨。第 8 章是对本书做出的总结，并提出本书的局限和未来的研究方向。图 1-1 是对本书的整体内容框架和研究思路的示意，我们将每一个研究内容中的主要研究结论和发现也表示在该图中，以便读者更清晰地了解本书的逻辑结构。

本书章节	研究目的和主要结论
第1章 引言	阐释本书的现实背景和理论背景，明确主要研究问题和研究思路
第2章 相关理论	综述相关领域的文献，包括社区的定义、复杂网络分析、社会化商务的发展以及网络社区关系涌现和演化的相关探讨
第3章 研究一：社会化商务社区中的关系形成对企业市场绩效的影响	本书目的在于探讨社会化商务社区用户网络关系涌现和社区内企业用户市场绩效的动态关系。结果发现，社区中用户单方发出的关注和双方相互关注的网络关系都会带来社区中卖家整体市场销售的提升，单向关系数量对企业市场绩效的促进作用在2天之后就失去了显著性；而互惠关系涌现的促进作用能够维持7天左右
第4章 研究二：社会化商务社区中的关系涌现机制研究	本书目的在于探讨社会化商务社区用户网络关系的涌现机制。结果发现，社会影响和社会选择是驱动社会化商务社区关系涌现的两类主要动力。社会化商务社区本身普遍存在的信息不对称环境使社会选择类因素的影响力度相对于社会影响类因素更强
第5章 研究三：社会化商务社区中买家与卖家的关系构建机制	本书目的在于探讨社会化商务社区中买家与卖家两种不同的角色相互之间的关系构建机制。结果发现，买家和卖家构建关系的主要动力来源于选择性影响机制，即社区成员主要是基于与自身相似性的角度选择是否嵌入关系
第6章 研究四：社会化商务社区中的关系维持机制	本书目的在于探讨社会化商务社区用户网络关系的维持机制。结果发现，在社区用户网络关系形成之后，社会影响类和社会选择类中基于社会化因素的变量开始占据了主导作用，主要体现在规范性社会影响对用户关系维持的促进作用，而信息性影响逐渐变得不显著，甚至对用户之间的关系维持带来负面影响
第7章 研究五：社会化商务社区中的病毒式营销策略	本书目的在于探讨社会化商务社区中如何设计相应的种子营销策略。结果发现，在控制了网络关系密度的基准网络下，基于社会影响的扩散与基于同质性的扩散差异显著；在同样的网络密度基础上，改变仿真网络的拓扑结构使其符合真实网络的特性（随机抽取真实网络中的关系），社会影响和同质性影响的扩散差异依然显著
第8章 结论与展望	总结本书的研究结论和意义，介绍本书的管理启示和理论贡献，指出研究不足和未来研究方向

图 1-1 本书的整体内容框架和研究思路

第 2 章 相关理论

2.1 社会化商务及其社区网络关系相关研究综述

2.1.1 社会化商务的定义

随着互联网技术进入 Web2.0 时代，社会网络技术（Social Network Sites，SNS）在互联网平台中的发展也越来越受到业界和学者的关注。社会化商务正是在这样的背景下产生，它是指利用社会化媒介（Social Media）等互联网工具，促进消费者和商家通过网络社区交互的形式共同参与到产品或服务的交易过程中的一种新的电子商务模式（Stephen，Toubia，2010；Curty，Zhang，2011）。Yahoo 公司在 2005 年的创新实践中明确地提出了社会化商务这个概念，Zhang 和 Wang（2012）在研究中从用户（People）、商务（Business）、技术（Technology）和信息（Information）4 个维度分别探讨了社会化商务的内涵和发展，而 Curty 和 Zhang（2012）也从时间的维度系统地梳理了一些与社会化商务相关的概念，如用户中心社区（Consumer Centric Community）、多渠道购物（Multichannel Shopping）等以及社会化商务概念本身的发展。这些研究共同认可社会化商务是一种新的电子商务模式，主要是通过用户之间的网络关系和内容交互来实现社会化商务的价值。

2.1.2 社会化商务的价值创造和实现

Surowieck(2004)在《群体的智慧》一书中提到的通过群体智慧实现更优的决策是早期对社会化商务价值创造来源的探索。在接下来的一些研究中,一些学者也从社会化商务的各个方面探讨了社会化商务价值创造的来源。例如,Vul和Pashler(2008)在他们的研究中提出了社会化商务价值创造的三个主要方面:①内容多样性。即社会化商务中的内容和观点创造突破了传统电子商务的内容,从更多的视角和主体中能够产生多样化的内容和观点。②用户的相互依存性。即社会化商务作为一个完整的生态链,其中的用户相互之间是相互依赖的,通过相互之间的内容交互和分享来创造社会化商务作为整个生态结构的价值。③去中心性和集聚性。在Vul和Pashler(2008)的研究中,去中心性和集聚性是社会化商务价值创造的两个不同的过程,两者是共同存在于社会化商务社区中的,只是体现了内容价值演化的不同阶段。例如去中心化能够促进社会化商务中内容价值在更广的范围内得到传播,而集聚性能够汇集社会化商务中有价值的内容并最终促进社会化商务价值的实现。在接下来的文献整理中,我们主要整理出了社会化商务的价值创造的两个方面:一方面是从消费者及其互动视角形成的社会化商务价值资源;另一方面则是在社会化商务环境下,企业通过其战略调整而形成的一些社会化商务价值资源。

通过表2-1我们可以看出,社会化商务社区的主要价值创造来源可以分别从消费者(Buyers)的角度以及企业(Sellers)的角度出发,两者的各自活动以及交互效用都会带来社会化商务价值的产生。相比较而言,在传统的电子商务中,消费者相互之间的交互行为是很难产生的,一些传统的电子商务网站提供的功能也仅仅是针对交易过程的工具应用,并没有为消费者之间的交互提供空间,而这与社会化商务的价值创造模式是具有本质区别的。在接下来的文献整理中,我们进一步从用户交互和企业战略调整两个方面的视角,从社会化商务模式产生初期和发展阶段的时间演化维度来整理社会化商务价值创造的发展脉络。

在上述的讨论中,表2-1从用户和企业的角度整理了社会化商务价值创造的一些代表性的模式,表2-2则按照社会化商务从早期到发展阶段的时间维度探讨了社会化商务价值创造是如何从用户、企业和技术三个方面逐步发展起来的。在对这些社会化商务价值创造模式整理的基础上,我们也从实际案例中列举出了一些实现这些社会化商务价值模式的具体方式和途径,如表2-3所示。

表2-1 基于用户交互和企业战略调整的社会化商务价值创造模式整理

视角	社会化商务价值创造模式	价值创造方式说明	相关研究
基于消费者及其互动视角的社会化商务价值创造	消费者中心社区（Consumer Centric Community）	一个允许群体协作交互的虚拟社区，潜在的消费者通过在该社区中的相互交流来整合关于产品价格、交易等方面的信息	Leitner 和 Grechinig（2008a；2008b）
	众包（Crowdsourcing）	众包指的是一个公司或机构把过去由员工执行的工作任务，以自由自愿的形式外包给非特定的（而且通常是大型的）大众网络的做法。众包体现了大众智慧的重要性	Leitner 和 Grechinig（2007b；2008a；2008b）
	社会化购物（Social Shopping）	尽管在早期有学者将社会化购物与社会化商务交换使用，但也有学者认为社会化购物是指消费者之间相互分享购物体验的行为，因此它是社会化商务中的一个环节	Tedeschi（2006）；Beisel（2006）
	用户创造内容（User Generated Content）	是指用户在交互过程中产生的产品评论、产品描述、个人博客以及其他一些用户自发创造的内容	Fader 和 Wine（2012）
基于企业战略调整的社会化商务价值创造	多维渠道购物（Multichannel Shopping）	是指运用不同的技术，通过不同的渠道方式的（网上产品品类浏览、电话购物、网上购物等渠道）来增强消费者的购物体验的一种商业模式	Leckner 和 Schlichter（2005）
	社会化商务收入模式（Revenue Models）	是指在商品交易环节中通过创新的社会化商务模式来创造价值、获取利润，比如网站广告、将消费者引导至第三方公司、网上会员费用以及直接的网上销售收入等收入模式	Leitner 和 Grechinig（2008）；Kang 和 Park（2009）
	面向服务体系构架（Service Oriented Architecture）	SOA 是指为了解决在网络环境下不通业务集成的需要而构架的软件系统，包括对商务活动和任务的识别、对多渠道方式的组合以及针对用户的即时应用	Liu 等（2005）

表2-2 基于用户、企业和技术的社会化商务价值创造模式

视角	时间阶段	社会化商务价值创造基础和演进	价值创造模式的探讨和发展	相关研究
基于用户交互视角的社会化商务价值创造	2005年	同伴影响（Peer Influence）	相对于企业主导的营销信息，消费者更依赖于其他消费者的影响（Peer Influence），更愿意把其他消费者创造的内容作为信息来源	Rubel（2005）
	2006年	社会化过程与购买决策	消费者在购买决策的过程中，并不总是具有明确目标的，而且消费者愿意同其他人共同购物，并通过社会化的交流来产生更清晰明确的购买目标	Tedeschi（2006）；Beisel（2006）
	2007～2008年	消费者的理性（Rational）和信任（Trust）消费者的非理性和社会情感	到了2007年，关于社会化的消费者出现了两种相对应的假设前提，一种假设认为消费者是理性的，因此他们在社会化购物过程中，是理性的信息寻找者，他们需要从朋友或类似的消费群体中获取可靠、值得信任的信息，因此社会化网络的作用机制就与同伴影响力和信任、可靠性的机制相关；与该假设相反的是社会化购物中的消费者是无意识的，在信息搜集的过程中并没有明确的购物目的，他们在社会网络中的连接性质更多是一种情感型的，而且一些购买行为的发生也是之前并没有计划的	McCarthy（2007）；Gordon（2007）；Voight（2007）
	2009～2011年	消费者主导性与关键消费者识别	到了2009年，研究者认识到，消费者有能力基于自身的兴趣来搜索相关购物信息，在这一时期，社会化商务面临的挑战是如何在社会化购物环节与消费者合作而不是控制消费者；企业如何识别一个虚拟社区中具有影响力的消费者	Cray（2009）；Hoffman（2009）

续表

视角	时间阶段	社会化商务价值创造基础和演进	价值创造模式的探讨和发展	相关研究
基于用户交互视角的社会化商务价值创造	2012年以后	社会化商务消费心理机制探究	一些探索性的研究系统地揭示了消费者在社会化商务中的心理机制，包括：社会证明（随大流）、权威性、稀有性、喜欢、一致性、互惠性等，同时也出现了相应的企业战略。对社会化商务中消费者的心理机制也从描述性进入了理论和探索性的分析	Fader 和 Wine（2012）
基于企业战略调整的社会化商务价值创造	社会化商务早期	从广告宣传吸引眼球到对用户的决策支持	企业在网上的广告宣传重点从直接吸引潜在的目标顾客转为向顾客提供购买建议，提供购买决策需要的信息而允许消费者自主选择	Rubel（2005）
	社会化商务发展阶段	即期利益与长期利益	企业从电子商务营销中的即时营销思维（通过吸引眼球来刺激购买）转化为长期营销思维（寻找新的商机和强调产品或服务的差异化）	Tedeschi（2006）；Beisel（2006）
		从对交易效率的注重到对用户交互的注重	注重交易环节是电子商务的主要特点，而在社会化商务中，企业更多的是为消费者提供社会化的空间（论坛、博客、空间等），通过群体交流来增强购物体验	Carroll（2008）
社会化商务价值创造的技术支持	社会化商务早期	对传统搜索引擎的改进	在技术上社会化商务在2007年开始超越了一半的搜索引擎。一般的搜索引擎的缺陷包括：①它无法告诉消费者其朋友或其他消费者的想法和购买行为；②一般的小规模企业由于预算有限，也无法在搜索结果中排在前列社会化商务就是从技术上的一个新的突破，因为他综合了搜索引擎和社会网络两者的功能	McCarthy（2007）

续表

视角	时间阶段	社会化商务价值创造基础和演进	价值创造模式的探讨和发展	相关研究
社会化商务价值创造的技术支持	社会化商务早期	支持用户创造内容技术平台发展	社会化购物网站在2007年大量涌现。技术平台从博客（Blog）发展到社交网站（SNS），再到更大范围和形式的用户创造内容（UGC），这些网站的功能也变得更加多样化	Gray（2009）；Hwang（2009）
	社会化商务发展阶段	通过多维渠道（Multichannel）创造价值	从2009年开始，技术支持除了传统的博客、论坛之外，又出现了微博和移动手机网络。移动网络显然是未来社会化商务发展的重要趋势。多维渠道的概念此时就显得更加明显：首先是社会媒体对网上渠道和网下渠道的整合，其次体现在购物活动通过不同的社会媒介和社会网络来实现。例如Smith指出，Facebook在一个特定的企业事件发生前具有很强的推广作用，而Twitter则是在该事件正在发生时支持用户的参与行为	Smith（2009）

表2-3 社会化商务实现价值创造的具体活动

社会化商务价值创造方式	概念解释	具体内容	相关网站及链接
促进用户创造、内容可信性（UGC，Credibility）	一方面吸引用户进行内容创造，而另一方面，客观的评论对于社会化商务网站，尤其是以推荐引导销售为主要模式的社会化商务网站来说是至关重要的	（1）吸引用户创造内容：社会化购物（推荐、评分、评论）；社会化生产（众包、共同创造） （2）确保内容可信性：认证买家；认证用户	http://www.buzzillions.com/; http://www.shopwiki.com/; http://www.wikipedia.org

续表

社会化商务价值创造方式	概念解释	具体内容	相关网站及链接
社会化渠道（Social Channel）	社会化渠道的搭建本质上就是建立和完善消费者之间相互交流的平台	通过网络渠道分享用户的信息包括： （1）用户个人基本信息； （2）照片、视频等多种形式的信息； （3）用户活动动态； （4）消息提醒； （5）用户的关注和粉丝	http：//www.facebook.com/； http：//www.renren.com/
基于网络外部性的资源互补（Complementary Resources）	通过在一个网络中嵌入另外一些网络的接口，利用网络外部性来增强社会化网站之间的互补	WishPot 网站在 2010 年引入了通过 Facebook 的账户登录的功能，提供了二者之间的跨越链接；Epionions 也在 2006 年首次应用了标签云的方式来实现互补性资源的整合 然而也有一些企业并不愿意引入其他网站的接口，因为他们想更好地通过内部控制来管理用户。因此这种基于网络外部性的资源互补的效果仍有待进一步的研究	http：//www.wishpot.com/； http：//www.epionions.com/
即时信息推送（RSS）	基于用户选择的企业信息推送，是一种半用户主导、半企业主导的信息传递模式	使用 RSS 订阅能更快地获取信息，网站提供 RSS 输出，有利于让用户获取网站内容的最新更新。网络用户可以在客户端借助于支持 RSS 的聚合工具软件，在不打开网站内容页面的情况下阅读支持 RSS 输出的网站内容	http：//rss.huanqiu.com/； http：//www.163.com/rss

续表

社会化商务价值创造方式	概念解释	具体内容	相关网站及链接
产品推荐系统	个性化推荐系统的发展	（1）基于特征选择的智能推荐系统； （2）基于用户历史操作行为的推荐； （3）基于大数据挖掘的个性化推荐系统	http://www.buzzillions.com/； http://www.pcpop.com/； http://www.autohome.com.cn/
基于移动互联网的社会化商务	社会化商务新渠道	直到2010年，还只有少数的网站提供移动网络服务的支持。亚马逊早在2002年就开始提供移动互联网的相关服务，包括竞价提醒、产品更新提醒等基于移动电话的服务。而如今，基于移动互联网的社会化商务已经成为所有社会化商务活动中的一个非常重要的内容	http://www.taobao.com/； http://www.amazon.com/

2.1.3 社会化商务社区的定义和特性

一些基于互联网平台出现的网络社区往往针对特定的一些用户群体：以工作、同事关系为主的网络社区，如 LinkedIn.com；以情感交友为主的网络社区，如 Friendster.com；以分享和交流兴趣爱好为主的网络社区，如 MySpace.com；或是以在校学生相互交流的网络社区，如校内网（人人网最初建立时的市场定位）以及 Facebook 最初建立时的市场定位（Ellison，Steinfield，Lampe，2007）。社会化商务社区，如 eBay 社区、淘宝帮派、蘑菇街等，与传统的一些情感交流型的社区以及功能信息型社区具有一些共同之处，例如每一个社区成员都会有自己的主页，主页中一般会列出该成员的个人基本信息以及该成员所分享的信息内容和感兴趣的话题等，社区中的成员相互之间可以自由地根据自身的兴趣爱好来关注自己感兴趣的社区成员以及参与社区活动。但社会化商务社区也具有自身的一些特点，例如，社区成员作为买家和卖家在社区中按照自己感兴趣的信息内容构建网络关系和参与社区活动，不同于纯粹以情感交友为主的一些社交型社区，社区中的成员主要针对产品或服务的信息或体验构建网络关系和展开讨论（Valenzuela, Park, Kee, 2009），也不同于单纯地以交易功能实现为主的一些社会化商务社区，成员之间在形成实际的交易关系之前也往往会有一定程度的沟通交流和社会化交互等（Huang, Benyoucef, 2013）。

以往的研究指出，在一些社交型网络社区中用户相互之间网络关系的形成对消费者产品购买的影响往往是间接的（Indirect Effect），因此，这些用户网络关系作为社会化资源的商业价值受到一些学者的质疑（Curty, Zhang, 2011），而在社会化商务社区中，用户在相互之间构建网络关系的同时可以根据社区提供的产品购买链接进行直接的商品交易，而且用户在参与社区交互和产品购买时的社区ID是一致的，这也便于社区中的卖家从产品交易的记录中辨别出那些曾经与自己产生过社区交互或形成过网络关系链接的买家（例如在蘑菇街或美丽说等社区中的用户可以直接跳转到相应的淘宝等平台的店铺进行商品购买）。因此，研究者可以探索社会化商务社区中用户之间形成的网络关系资源对社区中卖家的产品销售所带来的直接影响（Direct Effect），进而为社会化商务社区中的市场营销实践者提供更有效的决策支持和经济价值（Marsden, 2010）。表2-4列出了以往的一些学者对社会化商务中社区网络关系构建的影响的代表研究。

表2-4 社会化商务中社区网络关系的形成及其影响的相关研究

参考文献	研究关注点	研究背景/数据	相关理论	主要研究发现
Chen、Wang 和 Xie（2011）	口碑和观察学习基于社区网络关系的传播机制	对亚马逊上数码相机产品维持的跟踪调查数据（1.5年）	口碑传播观察学习可接近性—诊断性理论	社区中的用户购买行为受到网络中其他用户的影响，并随着产品生命周期的变化而影响减弱
Goel 和 Goldstein（2014）	社会网络数据对预测社区内用户行为的准确性	雅虎社区内的用户网络关系数据（2个月）	社会网络理论	社区中用户的社区参与行为会影响与其关联的其他用户

续表

参考文献	研究关注点	研究背景/数据	相关理论	主要研究发现
Katona、Zubcsek 和 Sarvary（2011）	社会网络和成员特性对用户产品购买决策的影响	用户加入一些网络社区的影响因素（3.5年）	传播扩散理论 社会网络理论	与已经购买过产品的用户的关联会提升自身购买的概率，关系密度会增强自身受到影响的概率
Stephen 和 Toubia（2010）	卖家之间关系构建对产品销售的影响	亚马逊中卖家之间的相互链接（1.5年）	社会网络理论	社区中允许卖家之间形成网络链接能够提升卖家的产品销售，卖家在网络中的位置也会影响其产品销售
Zhu 等（2012）	网络社区的参与对感知风险和决策的影响	线上的P2P借贷社区实验（Field Experiment）	决策理论	用户会基于感知到的整个社区其他用户的帮助而采取更高风险的决策，该研究发现来源于社区中具有强关系的用户
Anderson 和 Srinivasan（2004）	电子商务中消费者的满意度对顾客忠诚的影响	消费者的网上购物行为的调查研究（Survey）	关系营销	消费者对网络购物的满意度主要受到便利性动机、对网站的信任以及与其他用户的关系构建的调节
Verma、Sharma 和 Sheth（2015）	在线上零售中关系营销的作用	元分析研究（Meta-analytic Study）	关系营销	在社会化商务中，用户的信任和满意主要受到他们与卖家的相似性和卖家的专业程度的调节

基于上述文献整理，我们发现关于社会化商务中用户社区网络关系构建的研究主要关注了网络关系构建所带来的结果和影响，一些研究也分别从理论上和实证上探讨了社区网络关系构建对社会化商务价值实现带来的正向影响，但缺少对社会化商务中社区网络关系构建本身的驱动机制进行探讨。因此，本书将结合社会化商务社区自身的一些特点来探讨其用户的网络关系涌现机制。

2.1.4 社会化商务中的用户创造内容

用户创造内容（User Generated Content，UGC）是指用户在交互过程中产生的产品评论（Reviews）、产品描述（Descriptions）、个人博客（Blogs）以及其他一些用户自发创造的内容（Fader，Winer，2012），和传统的以中心辐射向外扩散的模式如权威发布不同的是，用户创造内容更多体现了用户的自发性，内容的产生过程也体现了去中心化和非权威性（赵宇翔、朱庆华，2009）。海量的用户创造内容数据吸引了许多国内外学者对其展开研究，而研究的重点往往集中于用户创造内容的动机，即为什么参与共享内容的创造（Moe，Schweidel，2012；Godes，Silva，2012；李国鑫、李一军、陈易思，2011）；用户创造内容的传播机制即如何传播信息给其他用户（Ransbotham，Kane，Lurie，2012；Mallapragada，Grewal，Lilien，2012；姚灿中、杨建梅，2012）；用户创造内容的结果影响，即如何影响关联用户的行为（Zhang 等，2012；Netzer 等，2012；潘洪涛、王新新，2011）。

事实上，社会化购物（Social Shopping）是将用户创造内容与网上商店进行有机结合的一种创新的社会化商务模式，它是利用消费者在网上购物时的相互交互产生的内容（包括评价、评论和关联搜索等）来进行购买决策的购买（如购买之前消费者选择较多的产品，购买前查阅之前消费者的评价和评论意见）（Tedeschi，2006）。正由于社会化购物模式对消费者决策的巨大影响性，包括国际和国内最大的网上商店/商城（如淘宝、亚马逊、当当和京东）都注意到了这一变化，纷纷提供支持社会化购物的功能和营造社会化购物的环境。一些传统的零售巨头也跟随转型，如在 2011 年 4 月，沃尔玛以 3 亿美元的价格收购 Kosmix 公司，该公司是一家基于社交网络的话题性内容组织平台（即社会化购物平台），试图适应社会化购物时代消费者购买行为模式的转变。问题是，消费者在进行社会化购物时所产生的内容是自发性的和社会性的，作为网上企业很难驾驭和控制用户创造的内容，而且企业过多进行干预的话，可能会破坏用户内容创造的自发性和社会性，反过来抑制消费者对创造内容的信赖和利用，削弱了社会化购物对消费者的影响性。因此，在社会化购物环境下，要利用用户创造内容来影响消费者购买决策，就必须深刻理解用户在社会化购物时的行为模式，进而把握用户在社会化购物时的内容创造机制，以便网上企业因势利导和借力打力实现高效的基于社会化购物的社会化营销，实现企业的营销目标。

必须指出的是，用户创造内容从本质上来说就是一种动态的群体口碑交互形成的过程，这是因为用户在社会化购物时对产品服务的评价和评论其本质是一种个人感觉的表达，同时表达的目的是为了与其他消费者分享购物心得，这些特性就是一种类似于口碑的传播模式（Huang 等，2011）。当然，它与以往的基于人际传播的个人口碑有着本质不同，是一种可记录回溯（Traceable）、可交互（Interaction）、可演化（Evolution）、可关联（Connection）和可视化（Visualization）的信息动态演化过程（黄敏学、王峰，2011），而这种动态演化又是嵌入在一个由用户、产品和事件等多类元素及其之间的相互连接构成的多重关系网络中的，由于用户创造内容的可视性（社会化购物网站提供关联用户的购买情况和交流情况）和可记录性（可以保留很长一段时间的用户浏览行为、购买行为和评价行为），使消费者在进行社会化购物时是可以受到这些交织在一起的多重关系网络所影响的，这也是基于用户创造内容的社会化购物与一般环境下基于口碑传播影响的购物模式有着本质区别点所在。可见，用户及其创造的内容形成演化的载体并不是一个单一关系结构的网络，而是一个融合了多重关系的复杂网络，不同的关系层面之间也会存在着交互作用。

2.2 社区的定义、识别及其影响

2.2.1 社区的定义

目前关于社区并没有一个十分精确的定义。但是结合以往的研究，关于社区的定义也可以分为两个层面，第一层面为心理学：主要认为，社区是感知到的，比如，Park 和 Lessig（1977）把社区定义为"与个体的看法、愿望和行为有着显著关联的实际或想象中的个体或群体"；Escalas 和 Bettman（2003）认为，社区是对消费者来说很重要的社会群体，消费者会将自己的行为与该群体进行比较；Hawkins 和 Mothersbaugh（2009）则认为社区包含三个或是三个以上用户，内部成员知道对方的存在，并且能够感知到相互之间作为一个整体而为了共同的目标而努力。第二层面则是从社会网络的网络结构出发，考查社区内部的网络链接，如 Radicchi 等（2004）认为，社区是由若干个消费者（节点）组成，消费者在社区内部相互之间的链接比与社区外部的链接更多；Malliaros 和 Vazirgiannis（2013）也认为社区内部的用户聚集性更强，用户链接更多。在本书中，我们总结以上研究，认为社区具有以下三个特点：第一，社区是由若干个消费者（节点）组成；

第二，社区内部成员之间有着比社区外部成员更强的相似性（或价值观）；第三，社区内部成员之间有着比社区外部成员更多的链接（见图 2-1）。

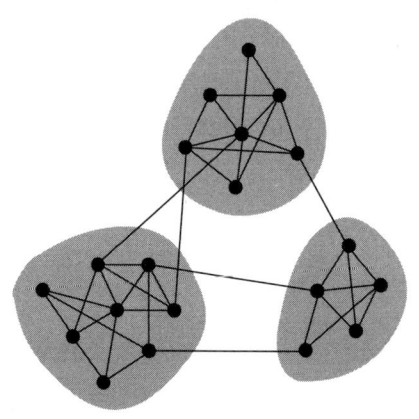

图 2-1　社区示意

资料来源：Newman（2006）。

2.2.2　社区的识别

在传统的营销学研究中，学者多采用实验操纵的方法，用量表的方法请消费者来确定自己受到哪些消费者的影响（Park，Lessig，1977），后续有很多从心理学视角出发的研究，如 Bearden 和 Etzel（1982）、Brinberg 和 Plimpton（1986）与 Escalas 和 Bettman（2003）等，都采用类似的方法来识别社会影响的影响源。尽管这样的方法能够帮助企业更好地理解社会影响的内部机制，探究消费者的社会影响。但是，这些研究并没有为企业如何鉴定影响源提供支持，因此我们把视角转向其他学科。

在社会学的研究中，最早关于社区的研究也是从实验操作的方式开始，类似于上文介绍到的营销中的方法，即通过实验操纵的方式来为被试创造社区的情境（Forsyth，2009）。之后，随着社会网络分析理论的发展，学者们开始使用社会计量学（Sociometry）的方式来研究社区。早期的研究是从消费者（节点）的视角出发，根据消费者的不同而划分不同的社区（Fortunato，2010）。这种划分方式对于小规模的数据或者稀疏网络使用比较方便。但是，随着互联网的大规模应用以及复杂网络的兴起，数据呈几何倍数增长。以往的基于社会计量学的划分方法就凸显出了一定的计算困难（Fortunato，2010）。之后，许多学者基于复杂网络提出了更为精确的方法。如 Radicchi 等（2004）提出社区成员内部的链接会大于社区内部成员与外部成员链接的假设，他们利用迭代，不断逼近最佳的分类方式。这种分类方式的一个重要假设是消费者只专属于一种社区，而实际上，无论是线上还是线下，消费者可能隶属于不同的社区。为了解决这一问题，Ahn、Bagrow 和 Lehmann（2010）提出从消费者之间关系的视角来分类，以关系为唯一的分类标准，使消费者（节点）能够出现在不同的社区之中。但是他们在鉴定社区时只考虑了关系的相似性，并没有考虑节点之间的相似性，而节点相似性是在以往基于节点来界定网络的重要考量因素（Fortunato，2010）。

2.2.3 企业自建型社区和企业参与型社区

随着 Web2.0 时代的到来，企业越来越多地依赖社区来进行社会化营销。其中，常见的社区主要分为两类：一类是企业自建型社区（Firm - hosted），例如小米社区、华为社区等品牌社区；另一类则是企业参与型社区（Firm - participated），例如在淘宝或蘑菇街等网站中，由许多个企业或品牌共同参与，从一个更大的消费者圈子中吸引自身品牌的潜在消费者的一类社区。学术上对于网络社区的研究主要集中在第一类社区中，研究重点包括品牌社区中用户参与的动机以及用户参与所带来的实际影响，也有从企业角度出发探讨企业在该类社区中的管理策略及其效果等（见表 2 - 5）。

表 2 - 5　企业自建型社区和企业参与型社区相关研究

研究关注点	主要研究结论	相关文献
用户参与动机	社区参与主要来自于用户感知的价值和用户之间的社会影响	Dholakia 等（2004）
	创新性用户受到社区认同的影响为社区提供更多的创新价值	Jeppesen 和 Frederiksen（2006）
	基于用户交互的收益（如社会学习等）能够促进用户的持续参与	Nambisan 和 Baron（2007）
	用户感知的责任感（Responsibility）、自我形象强化和专业强化能够促进用户的参与和贡献	Wiertz 和 deRuyter（2007）

续表

研究关注点	主要研究结论	相关文献
用户参与影响	关系型社会资本，包括互惠和社区认同能够促进社区中的用户的积极参与	Adjei 等（2010）
	社区中用户之间的交互和交流能够增加产品的购买量以及同一品牌不同品类的购买	Tompson 和 Sinha（2008）
	高水平的社区参与和用户交互能够促进新产品的扩散	Goh 等（2013）
	社区参与能够提高社区内用户的消费支出水平获得用户认同的在线社区同样能够获得更多的用户对企业品牌产品的认同	Manchanda 等（2015）；Zhou 等（2012）
企业参与管理的影响	社区认同能够增加未来的社区参与并唤醒社区内的规范性社会影响	Algesheimer 等（2005）
	企业通过提供有质量的社区内容能够促进社区用户的嵌入度	Porter 和 Donthu（2008）
	相对于线上的交互互动，线下的一些营销活动更能够促进消费者和品牌之间的关系发展	Stokburger-Sauer（2010）
	企业对在线社区的参与在开始阶段能够促进消费者的情感，但过多地参与会降低用户的品牌情感	Homburg 等（2015）

相对而言，学术上对于第二类社区的研究则相对较少，一方面，由于企业参与型社区往往建立在一个大的电子商务平台上，如 eBay 和淘宝等，从这些大规模的网络平台中获取全面的多企业参与数据难度较大；另一方面，在企业参与型网络社区中，用户的品牌关注普遍关注度较低，而且用户的行为更加具有自发性，企业在公共平台中能参与的内容本身就很受限，在该类平台中构建有效和稳定的属于自己的社区相对于在自己构建品牌社区中吸引和维持用户难度更大。但这并不意味着企业参与型网络社区在社会化商务中的价值就更小。事实上，随着社会化商务的发展，越来越多的企业参与型网络社区正在形成和发展起来，如近几年蘑菇街为淘宝带来的顾客流量就一直在增加。企业参与型社区突破了品牌社区仅仅是在已经成为自己粉丝的用户群体中构建和维护关系，能够在更大的用户群体中从其他品牌的关注用户中吸引更多的用户流量，另外，用户在这类网络社区中所感受到行为的自发性，能够让用户体会到更多的平台公平性，而使消费者对其所关注的品牌和企业形成更多的信任。因为，我们在本书中主要探讨这类企

业参与型网络社区的用户关系构建机制以及这些关系涌现给企业的市场绩效所带来的影响。

2.2.4 社区用户间的社会影响

社会影响是指个人的行为或决策会受到他人的行为、态度或观点的影响，描述由于用户之间相互接触，导致信息、规范不断传播，从而对周围其他人行为、意见的一种确认和跟随的过程（Deutsch, Gerard, 1955; Jahoda, 1959）。在营销学的研究中，关于社会影响的研究主要从两个视角展开（Contractor, DeChurch, 2014; Risselada, Verhoef, Bijmolt, 2014）：第一，从心理学的视角探究社会影响的机制和过程（Cialdini, Goldstein, 2004; Deutsch, Gerard, 1955; Kelman, 1961），强调社会影响的内在过程。比如，从影响者的视角来看，社会影响主要传递两个方面的因素（Burnkrant, Cousineau, 1975），一种是信息性影响，即关于产品或意见的信息，从而使用户的了解更为全面；另一种是规范性影响，即其他消费者起到目标消费者达到的状态，目标消费者遵从规范行影响，主要是为避免可能得到的惩罚或是得到奖赏（Raghunathan, Corfman, 2006）；从被影响者的视角来看（Kelman, 1958; Kelman, 1961），社会影响的接受主要被分为三个阶段，即内部化（Internalization）、顺从（Compliance）和认同（Identification）。在心理学的视角下，社会影响的影响源多被界定为参照群体（Bearden, Etzel, 1982; Witt, Bruce, 1972; 贾鹤等, 2008），与个体的看法、愿望和行为有着显著关联的，被用来和用户现阶段行为相比较的，实际或想象中的个体或群体。本书主要考虑社区对于消费者行为改变的影响，类似于 Risselada, Verhoef 和 Bijmolt 的（2014）研究。第二，从社会学的视角探究基于社区的社会影响是否对于用户行为有着更为有效的预测作用，哪些用户或网络结构更容易传播或是采用企业的产品（Ferrara, Yang, 2015; Hu, Van den Bulte, 2014; Iyengar, Van den Bulte, Lee, 2015）。

在社会学的视角下，以往的研究主要关注信息或新产品在整个网络中的扩散过程（Du, Kamakura, 2011; Van den Bulte, Lilien, 2001），强调其传染效果，因此，社会影响也被称为社会传染。以往以个人中心视角来界定社会影响的研究主要分为两个方面，基于地理接近性和用户之间的链接。

社区存在于整个网络之中，并有着一定的边界（见图 2-1）。以往的研究并没有从社区的视角来探究社会影响，主要探究的是信息性影响和规范性影响。但是，由于社区内的消费者拥有共同的兴趣、爱好或产品购买（Hawkins, Mothersbaugh, 2009），相比于其他类型的社会影响，如基于用户中心视角的社会影响，社区影响有着一些独特的方面。第一，在信息性影响方面，由于社区内部能够更容易形成紧密的、相似的和熟悉的关系，既增长了相互之间的信息传递和信任（Gulati, 1995），也能够为消费者过滤掉其他多余的信息，从而更快地找到最适合自己的信息（Kaplan, Miller, 1987）。第二，在规范性影响方面，因为社区成员之间有着或明确或隐含的关系（Hawkins, Mothersbaugh, 2009），更有可能树立哪些行为是正面的促进，哪些是负面的惩罚，更有可能促使社区内成员在自我认知上与整体趋向一致（Kuan, Zhong, Chau, 2014）。第三，从影响范围来看，社区可能拥有更为广泛的影响，因为社区的存在可能会跨越地理接近性和链接的限制。第四，从营销实践来看，以个人中心视角的研究更鼓励企业针对每个消费者来制定营销策略（Iyengar, Van den Bulte, Valente, 2011），而对于同一社区内的消费者，则可以社区的范围来制定营销策略，从而会节省企业的营销资源。因此，总结来说，基于社区的社会影响，其产生的影响力可能会更大。

2.3 社会网络和复杂网络相关研究

基于社会网络视角的相关研究在市场营销研究领域得到了深入的发展并积累了大量的文献。社会网络（Social Network）是指社会行动者（Social Actor）及其间关系的集合（刘军，2004）。随着大数据时代的到来，传统社会网络研究中所关注的单一人际网络关系已经不足以概括大数据时代，特别是移动互联网环境下企业能够获取的复杂网络关系，因此，社会网络中的多节点类型、关系的多维性在目前的研究中逐渐地受到营销学者们的关注，而营销学中研究的社会网络从单一的人际网络扩展到异质节点、多维关系的网络实际上是借鉴了复杂网络科学领域的相关概念和数据挖掘技术（周涛等，2005）。

2.3.1 关于社会网络节点和边性质的相关研究

传统的社会网络研究大多从单一的人际网络视角出发，探讨网络中的节点和边（关系）的性质，这些研究的主题往往包括社会角色、经济学、信息传播、

第 2 章 相关理论

控制和交换等领域。

网络中的节点：社会角色（Social Role）。角色理论（Role Theory）是戏剧化的暗喻（Biddle，1986），认为社会互动的有效性取决于关系准则的共同理解，关系准则就是不同人群、不同社交情境下行为的合适性（Heide，Wathne，2006）。期望是角色行为的主要影响因素（Biddle，1986），期望是指应该去做的行为（Turner，1974）。有两种主流的角色理论流派：功能角色理论（Bates，Harvey，1975；Parsons，1937）和结构角色理论（Burt，1982；Winship，Mandel，1983）。例如零售商和批发商属于功能角色；分销网络的属性和互动模式就属于结构角色。角色类型有朋友角色和商人角色，朋友角色是基于合适性原则（Appropriateness），强调内在导向（Intrinsic Orientation）。商人角色基于结果原则（Consequences），强调效用最大化，商人会通过选择策略（例如合作或背叛）来最大化个人回报，可能会选择投机性行为，以牺牲伙伴为代价（Klein，1996），是一种工具导向（Instrumental Orientation）。本书将利用该理论来探讨多元素大数据中社群用户的影响力差异性以及不同类型社群中用户角色的差异性。

网络中的关系：信任（Trust）。组织研究认为，信任包含两层含义：一是对交易伙伴诚实、履行义务以及不占便宜的预期（Brommily，Cummings，1992）；二是存在不确定性的情况下，愿意展露脆弱性，展现自己的利益依赖于伙伴的行为，而且相信对方不会借机牟利。由于电子商务的虚拟性，信任成为了电子商务中被广泛研究的一个重点问题，已有文献主要集中在信任机制构建和产生信任的影响因素上，如网站信息、服务质量、历史交易和用户评价等（Lee 等，2011），对于企业通过社会交互活动来主动构建信任关系则很少，而社会化媒体强大的社会交互功能让企业有可能主动地与用户建立信任关系，构建出满足企业经营需要的计算性虚拟社会网络（Hite，Hesterly，2001）。本书将结合全景式社群化赋能策略，探究企业如何利用多元素与社群用户建立连接并形成信任。

网络经济学：社会嵌入（Social Embeddness）。社会嵌入的概念首先由 Polanyi 提出，他认为人类的经济活动嵌入并缠结于经济与非经济的制度之中，个体行动者既不外在于社会环境，也不是固执地坚守其既有的、普遍的社会规则与信条，而是"嵌入"于具体的、当前的社会关系网络中；正是在这种格局中，社会个体做出符合自己目的、能实现自己愿望的选择（Polanyi，1968）。Granovetter（1973）发展了 Polanyi 的概念，认为嵌入关系使组织间充满了信任与私人联系，而不仅是依靠成文的合同制约双方行为，这使行动者的预期更加准确，从而有利于降低交易的监督成本。嵌入的类型有两种：第一种是结构性嵌入，是指组织之间不仅具有双边关系，而且与第三方有同样的关系，使群体间可以通过第三方进行联结，并形成以系统为特征的关联结构。第二种是关系型嵌入，是指关系双方重视彼此间的需要与目标的程度。嵌入的强度有强关系和弱关系。嵌入对组织的影响（Noordhoff 等，2011）表现为，强关系促进组织间的协调和合作并提高信任程度，而弱关系有助于获得异质性信息。社会嵌入理论为企业与用户构建社会网络形成有效关系提供了指导，本书将借鉴这一理论来探究社群演化中的动力模型。

2.3.2 具有异质节点和多维关系的复杂网络相关研究

在之前的论述中我们提到，复杂网络中的情景信息不仅包括消费者的个体行为信息，还包括消费者与场景、产品等建立起来的关联信息。因此，当把多元素大数据中丰富的情景信息与传统的社会网络结合起来时，我们可以得到具有异质节点和多维关系的复杂网络模型（杨建梅，2010）。我们在研究中将情景信息以多元素网络来刻画具有异质节点和多维关系的复杂网络，表2-6列举了本书所涉及的复杂网络的主要组成部分并根据网络的构成要素、研究视角、连接性质、影响机制、关系特点和演化规律六个方面比较多元素网络中各个部分之间的差异。

表2-6 多元素复杂网络的构成

	层面1：直接网络 （人际网络关系） （Granovetter，1973）	层面2：间接网络 （"消费者—场景"位置关系、 "消费者—产品"关系等） （Faust，1997）
网络构成的要素	消费者、消费者之间的联系	消费者、消费者浏览的店铺（Event）、产品品牌、消费者与事物和事件之间的归属关系（Affiliation）
网络关系研究视角	消费者间的交互（Interaction）	节点间的归属（Affiliation）
网络联接的性质	消费者之间的社会关系联接	网络成员与其兴趣、爱好的联接
网络影响的 主要机制	人际传播（WOM）、 意见领袖（Opinion Leader）、 社会影响（Social Contagion）	兴趣发展（Similarity）、 选择影响（Selection Effect）、 社会学习（Social Learning）

续表

	层面1：直接网络 （人际网络关系） （Granovetter，1973）	层面2：间接网络 （"消费者—场景"位置关系、 "消费者—产品"关系等） （Faust，1997）
网络关系的特点	成员角色稳定、关系的嵌入性（Embeddedness）强，不易变化	成员在不同活动中的多角色性、关系的嫁接性（Brokerage）强，具有动态演化的不稳定特点
网络演化的规律	成员行为趋向一致性（Uniformity）	小集团（Clan）划分、网络多样性（Diversity）

资源来源：由笔者汇总整理。

传统的研究中关于社会网络的探讨并不限于营销科学领域，事实上，从营销科学的视角研究消费者之间以及社会网络形式交互和相互影响往往基于其他学科的一些研究成果。表2-7列出了以往研究中关于单一人际网络的主要研究内容和研究成果。

表2-7 从单一人际网络到多元素复杂网络的相关研究

研究主题	代表文献	关系性质	研究背景	主要变量	研究结论
单一人际网络的前置变量（社会学、物理、计算机科学以及营销等领域）	Burt（2005）；Coleman（1989）	同事	医生职业关系	结构等价性；关系黏性	当两个节点共同地连接到某同一个节点时，这两个节点之间将会有更高的概率产生链接关系或其本身拥有关系强度会增加
	Granovetter（1973）；Rogers（2003）	亲人；朋友；同事	社交网络	关系强度	人际网络由具有强关系的节点相互聚集而产生，这些内部存在着强关系的聚集节点之间由一些弱关系作为桥梁连接起来
	Kossinets和Watts（2006）	同学	学校同学关系	同质性；结构等价性；关系强度	人际网络中关系强度和结构等价性相对于基于用户特征的同质性对关系的形成有更强影响

续表

研究主题	代表文献	关系性质	研究背景	主要变量	研究结论
单一人际网络的后置变量（营销领域关注的网络绩效）	Stephen 和 Toubia（2010）	合作	亚马逊卖家	网络中心性	卖家之间的相互关联能够产生新的经济价值
	Aral 和 Walker（2011）	亲人；朋友	脸书上的用户	主动推荐；被动传播	人际网络中来自朋友的口碑信息传播能够正向促进消费者的购买
	Libai	亲人；朋友	脸书等社交网站用户	社会影响	通过ABMS仿真将基于单一人际网络的口碑传播绩效按照扩散时间和扩散范围进行分解，对比不同网络结构的不同绩效
多元素复杂网络（从单一人际关系拓展到由人、场、物组成的多维关系）	Chan 和 Hsu（2009）	直接交互；间接关系	电子商务背景下的在线销售平台	消费者之间；消费者与企业、产品等组成的多维关系	通过消费者、企业、产品等元素组成的多维网络来提升消费者服务中的价值创造
	Newman 和 Park（2003）	合作关系；引用关系	学术文献平台	直接合作（Coauthor）论文引用关系	通过直接的共同作者与论文引用中的间接关系来重新计算论文平台中作者和文献的网络位置属性
	Bauch 和 Galvani（2013）	社会关系网络；病毒传播网络	病毒传播	社会关系和疾病传播网络	过去人们研究流行病传播建立很多模型，但都没有考虑社会网络中关于疾病传播的信息会影响流行病的传播
	D'Agostino 和 Scala（2014）	网络的网络；多重关系	理论建模	多重关系	构建多层网络来区分多重关系，同一层网络中只有一种性质关系，不同层之间的节点是相同的，只是关系连接不同；层之间连接表示的是不同关系的耦合性

资料来源：由笔者汇总整理。

综上所述，我们在本书中的研究对象不仅是传统的社会网络研究中的单一的人际关系网络,更包括了社区用户所参与的社区活动以及用户自身的一些状态属性等元素,而这些也构成我们在本书中运用复杂网络分析方法的数据基础。

2.3.3 复杂网络中的社会传染和社会学习

社会影响(Social Influence)是指人的态度、行为、意见等受到其他人(或同伴)的影响而发生改变的过程(Jahoda, 1959; Wood, 2000)。社会影响是人们最早关注的话题之一,关于社会影响的探讨与研究已经绵延了很长时间(Deutsch, Gerard, 1955)。关于社会影响的研究拓展到了许多行业和实践中,从早期关注较多的耐用品(Bass, 1969; Mahajan等, 1990),药品(Van den Bulte, Lilien, 2001),到现阶段的社会网络网站[如Facebook(Aral, Walker, 2014)、Twitter(Harrigan等, 2012; Shi等, 2014)等],网络评论(Muchnik等, 2013; Sridhar, Srinivasan, 2012),通信行业(Nitzan, Libai, 2011),品牌社区(Algesheimer等, 2005; Thompson, Sinha, 2008),政治投票(Bond等, 2012; Lazarsfeld等, 1944; Pacheco, 2012),企业战略管理(Fiss, 2006; Reppenhagen, 2010),汽车行业(McShane等, 2012),虚拟世界(Eisenbeiss等, 2012; Mäntymäki, Salo, 2013)等。特别是在移动互联网时代,有众多社交工具和移动设备,如Facebook、Twitter、微博、微信等,使消费者之间的联系越来越紧密(Kaplan, Haenlein, 2010),社会影响的作用也越来越强,甚至超过了大众媒体的影响,如广告、促销等(Kumar等, 2007; Trusov等, 2009)。

社会影响在不同的研究框架下有着不同的研究假设和方向,如我们在文献中经常看到的社会传染、社会影响和社会学习等。社会传染是一种主要应用于营销领域的假设,是指已经采用的消费者能够对未采用的消费者产生一定比例的影响作用(Du, Kamakura, 2011; Young, 2009)。关于"传染"的概念最早起源于生物科学,它描述疾病通过群体之间的相互接触而传播的过程,重点强调个人对于周围身边其他个人的可见行为一种确认和跟随(Van den Bulte, Lilien, 2001)。一般来说,社会影响更强调消费者的说服、消费者形态态度改变的过程(Wood, 2000)。相比于社会传染关于已采用人数呈一定比例的影响为采用者,社会影响更关注消费者确认的过程,即消费者在处理信息时会经历内在化(Internalization)、鉴定化(Identification)以及服从化(Compliance)的处理过程(Burnkrant, Cousineau, 1975)。社会学习更多的是来自于一种经济学的假设,它认为学习的过程不仅仅是通过观察其他人的行为,也需要通过自身以往的经验及寻求其他消费者的意见（Bandura，McClelland，1977）。同社会影响的产品扩散类似，基于社会学习的扩散过程在最开始的可能是加速的，也可能是减速的，但是一旦过了临界点之后（即消费者完成评估过程之后），就会呈现出指数的扩散曲线（Young，2009）。表2-8中总结了三者的联系。

表2-8 社会传染、社会影响和社会学习的比较

构念	影响因素	关注重点	经典模型
社会传染	f（已采用人数）	已采用人数	Bass模型
社会影响	f（已采用者，心理过程）	影响的心理过程	三阶段：内在化、鉴定化以及服从化
社会学习	f（已采用者，个人以往行为，心理评估过程）	结合个人以前行为	三种来源：个人以前的行为，其他消费者的因素以及整体环境的因素

从以上的总结中，我们不难看出，社会影响在不同的学科内有着不同的假设和界定。我们在表2-9中总结了以往关于社会影响的研究。

表2-9 以往关于社会影响的研究关注点和代表性文献

主题	关注点	代表性文献及结论
关键用户及相互之间的关系	影响者个人特征	Iyengar等（2011）发现意见领袖有更大的影响力，Aral等（2012）发现女性比男性有更大的影响力
	影响者网络特征	Harrigan（2012）发现个人嵌入度高，互惠性程度更高的影响者能够发挥更大的作用，Goldenberg等（2009）发现处于网络中心位置的采用者更有可能促进社会影响
	易感者个人特征	Nitzan等（2011）发现那些自身经验较多的易感者较不容易受到其他人的影响，Angst等（2010）发现相比于年轻的、小的医院，老的、大的医院的易感性更强
	易感者网络特征	Iyengar等（2011）发现那些自身网络中心度低的消费者更有可能成为被影响者，Hu和Van den Bulte（2014）发现处于中间社会地位（入度中心度）的医生更容易成为被影响者
	关系强度	"强关系"下能够使信息更好地传播，从而产生更大的影响力能够影响社会（Aral，Walker，2014；Bond等，2012；Brown，Reingen，1987；Burt，1987；Nitzan，Libai，2011；Risselada等，2014；Steffes，Burgee，2009），但"弱关系"是维系网络存在的关键所在（Onnela等，2007）

续表

主题	关注点	代表性文献及结论
关键用户及相互之间的关系	关系同质性	以往的研究不仅仅关注同质性对于社会影响的促进作用,即同质性高的关系能够更好地促进社会影响(Brown, Reingen, 1987; McPherson 等, 2001; Nitzan, Libai, 2011; Risselada 等, 2014);另一个重要的关注点为,如何区分或控制同质性的影响,从而更好地探究社会影响的作用(Aral 等, 2009; Aral 等, 2013; Aral, Walker, 2012; Centola, 2011; Ma 等, 2014; Shalizi, Thomas, 2011)
影响过程	影响者施加影响的内在动机	信息性影响和规范性影响(Burnkrant, Cousineau, 1975; Deutsch, Gerard, 1955):信息性影响主要是通过消费者与周围人群的交流,所传递的关于产品的信息,规范性影响是指影响者所产生的规范性压力(Van den Bulte, Wuyts, 2007)
	易感者的接受影响的过程和动机	影响过程方面,易感者接受影响被区分为三个过程:即消费者在处理他人的影响时时会经历内在化,鉴定化以及服从(Kelman, 1958);动机,信息准确的需求、群体归属的需求以及保持自己的自我概念(Cialdini, Goldstein, 2004)
内容	什么样的内容更容易激发社会影响	Dobele 等(2007)发现相比于其他情绪的形象,带有惊讶情绪的信息最能够被其他消费者所接受,Berger 和 Milkman(2012)在控制了信息所带有的不同情绪后(如惊讶、高兴等),那些能够引起消费者高唤起(正面或负面)的信息更能够获得消费者的传播。而 Milkman 和 Berger(2014)则探究了什么样的产品更容易激发社会影响:第一,信息能够对传播者有一定的增强作用或是给其他人留下更深的印象;第二,能够和其他消费者建立一定的社会联结。社会影响在很多载体中能够发挥作用
	不同内容的差异性影响	Bearden 和 Etzel(1982)讨论了公开产品和私下产品的区别,发现对于公开产品,社会影响的作用更大;Schulze 等(2014)探究了在实用型产品情境下的社会影响对于享乐型和实用型产品的区别

从以上的总结中,可以有很多涉及社会影响的研究,但是涉及本书所关注的问题略显不足:第一,既然社会影响从不同的角度出发,在其作用机制上存在着较大的差异,那么我们需要从社会影响机制本身的差异进一步深入探讨不同类型的社会影响对特定社区中的用户在不同的阶段会产生怎样的影响;第二,以往的文献更多地默认用户之间只存在一种社会关系,更多的是从人际关系的视角出发,很少从社区用户的实际行为和状态属性等多元信息的角度来探讨社会影响的作用机制,而事实上,对于更全面的用户信息的掌握和分析能够帮助我们更加明确社会影响产生作用的不同机制,也能在一定程度上提升我们对用户相互之间社

会影响行为建模的准确度。

2.3.4 社会化商务社区识别及其网络关系挖掘

许多研究注意到消费者在与产品交互时,还与其他消费者进行互动形成以品牌为载体的品牌社区（Muniz, O'Guinn, 2001）。以往品牌社区的研究较多注意社区的参与动机和影响机制（见表2-10），但是很少研究企业如何经营和管理品牌社区,如何利用品牌社区的演化性进行有效的营销管理。本书的研究将突破这一局限。

表 2-10 社会化商务社区的相关代表性研究

领域	文献	重要概念	方法	主要结论
社会学视角下的品牌社区	Muniz Jr 和 O'Guinn（2001）	规范、文化和共同感	社会学质性研究方法	社会化商务社区的基本特征
	Schau、Muniz Jr 和 Arnould（2009）	规范、能力与情感	社会学的质性研究方法	社区价值的三大因素：理解规范；获得能力；情感表达
	Seraj（2012）	社区价值	网络志方法	社区价值的三个方面：智力价值；社会价值与文化价值
社区参与的影响因素	Dholakia、Bagozzi 和 Pearo（2004）	价值感知；社会影响	问卷调研的结构方程模型	有用性和感知规范会影响社区参与
	Nambisan 和 Baron（2007）	社会互动	问卷调研的结构方程模型	互动利益（如学习,社会整合和享乐）促进社区参与
	Wiertz 和 Ruyter（2007）	社会资本	问卷调研的结构方程模型	关系社会资本（互惠和承诺）导致社区参与
	Jeppesen 和 Frederiksen（2006）	社会赞许；社会地位	问卷调研的结构方程模型	对创新型的用户而言,其参与由兴趣和社区赞许驱动
	Nambisan 和 Baron（2010）	社会认同	问卷调研的结构方程模型	责任感,自我形象提升和社区认同是社区参与重要因素
社区参与的影响	Adjei、Noble 和 Noble（2010）	沟通质量	问卷调研的结构方程模型	社区互动影响产品购买数量和交叉购买
	Thompson 和 Sinha（2008）	社区参与新产品	基于社区二手数据的分析（生存分析）	社区参与提高消费者采用新产品购买的速度

续表

领域	文献	重要概念	方法	主要结论
社区参与的影响	Goh、Heng 和 Lin（2013）	社区参与购买支出	二手数据的定量分析	社区参与正向影响品牌购买支出
	Zhou 等（2012）	认同与承诺	问卷调研的结构方程模型	社区认同与承诺影响品牌认同与承诺
	Manchanda 等（2015）	社区参与	二手数据的定量分析	社区参与导致购买支出增加
企业管理社区	Porter 和 Donthu（2008）	提供内容促进互动和嵌入	问卷调查的定量分析	提供内容和嵌入促进信任，而互动并不促进信任
	Stokburger-Sauer（2010）	线上与线下活动	问卷调查的定量分析	线下活动比线上活动更有效
	Homburg、Ehm 和 Artz（2015）	企业回复消费者帖子	二手数据的计量分析	企业应适度回复消费者帖子

2.3.4.1 社会化商务时代的社区研究还处在起步阶段

社会化商务的发展，网络中消费者的群体影响越来越显著。在微博中，消费者互相分享内容；在网络社区中，消费者谈论共同感兴趣的话题；在网络游戏中，玩家结成团队，协同作战；在开源知识共享社区中，共享知识，共同维护词条。总之，在不同的场景下，消费者结成群体，互相影响。这些活动的场景通常被称为消费者社区。社区一般分为关系性社区、交易性社区、兴趣性社区和幻想性社区（Hagel，Armstrong，1997），如表2-11所示。品牌社区只是兴趣社区一种，为此本书将拓宽社群依存的社区概念，用场景来区分不同情景下的社区及其特点。

表2-11 广义社区的类型与特征

社区类型	焦点	关系强度	互动性	营销模式	社区特征
交易类	产品或服务买卖	弱	弱	利益模式	增加产品或服务知识或寻找买卖机会
关系类	交际；交谈；交流	强中	强	情感模式	维持相互之间的关系

续表

社区类型	焦点	关系强度	互动性	营销模式	社区特征
兴趣类	特定主题的互动	弱	强	兴趣模式	因兴趣而于网络聚集
幻想类	角色扮演	弱	弱	娱乐模式	交互、角色扮演以及社会游戏

资料来源：由笔者汇总整理。

2.3.4.2 社区识别方法从结构识别拓展到全景识别

社区为用户间的社会交互提供了载体和平台，在社区中相似的用户会聚集在一起形成若干社群，当然，不同社群之间存在一定的交叉，因为有些用户可能同时参加多个社群。为了更好地刻画用户参与不同社区形成不同性质的社群，本书采用场景的概念来将用户参与不同类型社区进行区分，也就是说在一个网络层中表示用户参与社区的一种场景（比如微博、微信是不同场景下的人际交互，他们分属不同层次的复杂社会网络层），在该场景中用户只参与一个性质的社区（这里社群识别是指在微博、微信中分别进行识别）。

目前社区识别技术均来源于复杂网络的社群（在计算机领域中很多文献翻译为社团，在这里是统一含义，为统一起见本书统一称为社群，Community）识别技术。早期的社群识别技术，包括 kernighan – Lin 算法、基于 Laplace 矩阵的谱平分法等，都是基于非重叠社群的，他们的一个共同点是在划分的结果中，各个社群相互独立，每个节点只属于一个社群（见表 2 – 12）。然而在实际网络中，一个节点很可能同时存在多个社群中，即社群并非完全独立，而是存在重叠的现象。基于重叠社群的普遍性，近年来又有学者提出了重叠社群的识别方法，例如 CPM 算法、EAGLE 算法等。社群识别过程如图 2 – 2 所示。

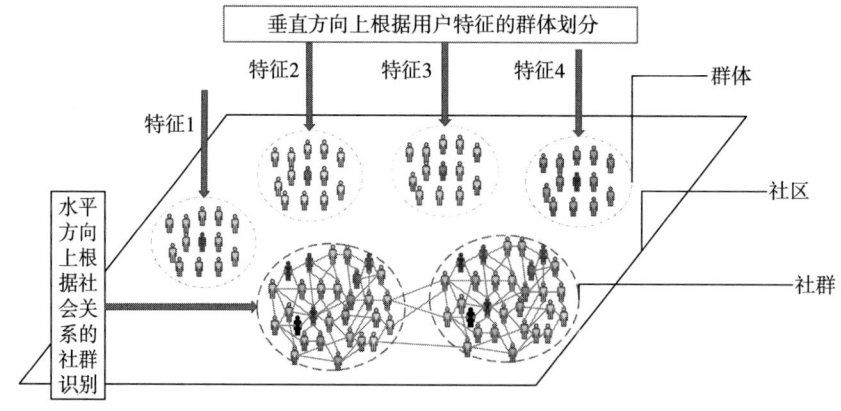

图 2 – 2　基于网络结构的社区识别

表 2-12 社区结构识别方法

方法	原理	优点	缺点
分裂法	根据相似度,从上往下,将整个网络划分成层级嵌套的社群,划分过程中,不断删除相似度最低的节点,直至划分的层级社群符合划分目标为止	算法简单	缺乏有效的评价标准的情况下,无法确定哪个层次的划分是最优的,通常只能得到局部最优解
凝聚法	根据相似度,从下往上,将整个网络所有节点整合成层级嵌套的社群,整合过程中,不断加入相似度高的节点,直至整合的层级社群符合社群划分的目标为止	算法简单	缺乏有效的评价标准的情况下,无法确定哪个层次的划分是最优的,通常只能得到局部最优解
谱分算法	如果网络中两个节点属于同一个社群,那么这两个节点对应到的Laplacian矩阵非零特征向量的值应该非常相近。那么计算节点的矩阵非零特征向量,将向量值相近的节点归为一个社群	当社群数量较少时,迭代次数较少	需要计算矩阵的特征值和特征向量,仅适用于规模较小的计算。当第二小特征向量有阶梯状分布划分效果非常有效。其算法复杂度为 $O(N^3)$
Kemighan-Lin算法	根据社群之间以及社群内部的连接,计算其差值,即增益函数Q。通过贪心算法,找出最大增益增量时对应的社群	检测精度较高,结果较好	需要已知社群数量
SCAN算法	通过节点共同的邻节点进行社群识别检测。若个体之间如果存在很多共同的朋友,他们极可能形成一个社群。如果共同朋友越多,那么他们之间的关系就越紧密	可以在社群数、社群中节点数未知的情况下,实现社群的识别检测,还能够找出网络中的特殊节点	结构相似度阈值 ε 会直接影响社群划分的结构。而在复杂网络中,社群内部所有节点间连接紧密程度存在差异,无法选择一个全局相似度阈值 ε

续表

方法	原理	优点	缺点
CPM 算法	将 K 个相互连通的节点组成的完全子图视为社群，记为 k-clique。如果两个 k-clique 之间共享 k-1 个节点，则这两个 k-clique 为邻接 k-clique。多个可达的邻接 k-clique 组成 k-clique 链，如果两个 k-clique 属于同一个 k-clique 链，则成为连通的 k-clique。所有连通的 k-clique 则构成一个社群	理论基础简单，算法思想易理解。可应用到重叠社群的识别	完全子图较少的情况下，只能识别少量社群，造成节点丢失。降低了算法的实用性。社群划分结果受参数 K 的影响很大。算法精度较高
EAGLE 算法	用极大团作为初始社群，根据社群的相似性，应用凝聚法来合并社群，以此找到重叠的层次化社群结构	处理的对象不是单个节点而是极大团。可以识别重叠社群	由于要重复计算社群的相似度，算法复杂度极高，很难应用于大规模的实际网络
FCM 算法	根据节点具有模糊聚类的特征，引入了隶属度矩阵 U	给出每个样本隶属于某个聚类的隶属度，即使对于很难明显分类的变量，模糊 c-均值聚类也能得到较为满意的效果。可应用到重叠社群的识别	对于一些稍微复杂的数据，如果没有其他像去除小簇之类的机制的话，FCM 算法很难将非常接近的类聚类到一起

资料来源：由笔者汇总整理。

在社会网络中，研究的对象是人和人之间的关系，当我们基于某种特定需求进行社群识别时，就不能单纯地根据水平方向上的连接作为识别的依据，可能需要多维度的考虑。特别是在市场营销研究的实际社会网络中，除了用户与用户之间的交互，还包括与产品的交互，与场景的交互，我们将基于这三者交互的社群识别称之为全景式社群识别。事实上，在"互联网+"时代，消费者是移动的，是分散的，但是企业基于原有的社会网络，可以借助大数据、移动设备、社交媒介、传感器和定位系统等技术支撑，获得更多消费者信息。例如，企业挖掘潜在客户社群时，不仅需要考虑客户自身人际关系网络，也会考虑客户是否具有产品印象标签和所处的场景信息等情况。其过程如图2-3所示：

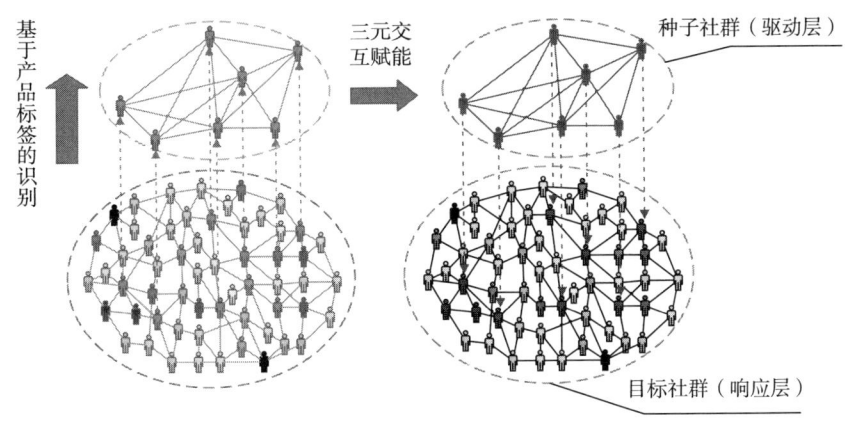

图2-3 基于结构与产品属性标签的种子社群识别

当前研究主要结合结构识别与产品属性标签识别来提升现有社群识别的有效性。同时认为，企业可以设计场景平台，发送产品刺激，根据用户活跃、响应的程度来划分核心社群，从而形成种子社群。最终通过种子的易感染性、易传播性的特征，实现对更多用户的影响。

2.3.4.3 社区关键用户识别

利用关键用户的采用（或购买）来促进其他用户的购买是现阶段企业进行产品传播的重要手段，企业通过关键用户的行为以及其与其他用户的互动，使产品的信息迅速扩展出去。同样地，关键用户的研究也引起了以往众多学者的关注。以往的学者主用从三个方面探究哪些用户是社会影响的关键用户：第一种是从用户的个体特征，如Iyengar等（2011）发现意见领袖有更大的影响力；第二种是从用户的网络特征入手，这也是现阶段关注最多的视角，如Harrigan等（2012）发现个人嵌入度高、互惠性程度更高的影响者能够发挥更大的作用；第三种则是尝试着把这两方面的研究结合起来，进一步优化寻找影响者（Chen等，2013；Chen等，2012；Malliaros等，2016；Zhang等，2013），这是随着社会化媒体迅速发展所产生的视角。如Malliaros等（2016）提出了K簇子图法，在考虑关键用户的同时，不仅考虑用户的个体特征，如节点中心度，还考虑了用户的网络特征，并通过实证研究发现，这种方法比以往的仅考虑中心度的方式和其他的集群方法更能鉴定病毒营销中的关键用户。表2-13简要总结了以往关于关键用户的研究，我们不难看出以往的文献更多的是从网络整理的视角出发，把整个网络看成一体。而实际上，随着社会化媒体的发展，企业有越来越多的机会与消费者互动，如企业公众化、品牌社区、网络评论等（Kaplan，Haenlein，2010），企业能够管理的消费者动辄以百万或是更大的数量级。以往那种基于小网络来寻找关键用户的方法变得效率较低（Chen等，2013；Chen等，2012），因此迫切需要一种能够适应现阶段大数据管理的方法来更为有效实施企业的营销措施。

表2-13 社会网络中种子用户的相关研究

研究视角	代表性文献	关键用户的特征	研究结果
个体特征	Angst等（2010）	医院的年龄、大小等	在采用电子记录系统时，本书发现个人特征能影响最终的影响效果。如老的、大的医院比年轻的、小的医院影响力更强
	Iyengar等（2011）	个人意见领袖程度	在采用新药时，个人意见领袖程度高的用户更有影响力
	Aral和Walker（2012）	性别、婚姻、年龄等	在采用APP时，男性比女性有更大的影响力，相比于影响男性，女性更容易影响女性等
	Wang等（2013）	同伴、下级、上级、专家	在采用知识管理系统时，同伴和下级的影响力更大，而上级和专家的影响力一般
网络特征	Burt（1987）	网络凝聚力和结构平衡	在新药的采用中，网络凝聚力和结构平衡度高的用户更有影响力
	Goldenberg等（2009）	网络中心度	网络中心度高的用户产生的影响力更大
	Harrigan等（2012）	个人嵌入度，互惠性程度	个人嵌入度高，互惠性程度更高的影响者能够发挥更大的作用
	Ugander等（2012）	用户连接VS用户邻居	在使用Facebook的影响中，那些与用户有联系的人更有影响力，而不是他们的邻居
	Fang等（2013）	同质性、结构平衡性	同质性高、结构平衡性强的用户更有影响力
	Aral和Walker（2014）	嵌入度、关系强度	本书发现，嵌入度和关系的强度都能增强用户采用的影响力
	Risselada等（2014）	关系强度、同质性	用户拥有更高的关系强度、更高的同质性会有更多的影响力

续表

研究视角	代表性文献	关键用户的特征	研究结果
网络与个体特征相结合	Chen 等（2012）	半局部中心度	半局部中心度比中心度和介度更能代表群体中的种子用户
	Chen 等（2013）	ClusterRank 算法	在以往寻求种子用户的基础上，不仅考虑邻居的数量，还考虑邻居的聚集程度，即 ClusterRank 算法
	Zhang 等（2013）	k-medoid 算法	在寻求种子用户时，不仅要考虑个人中心度等特征，还要考虑用户的社区结构
	Malliaros 等（2016）	K-truss 算法	在寻求种子用户时，还要考虑用户周围的集簇程度（truss）
	本书	网络特征、个体特征、交互特征	考虑社群内种子用户、社群间种子用户、多层网络间种子用户

考虑到用户之间越来越呈现聚群化的现象，用户会因为不同的兴趣、生活方式以及行为习惯呈现出很强的聚群特性（Easley, Kleinberg, 2010），即每个社群内部节点之间的连接相对较为紧密，各个社群之间的连接相对较为稀疏（Girvan, Newman, 2002）。并且，相同的行为如果在不同的群体内可能会导致迥然相异的结果（Muniz, O'Guinn, 2001; Thompson, Sinha, 2008）。本书借用分层复杂网络的建模方法，来将用户间不同性质关系划分为不同层面的网络层，在简化复杂网络计算的同时，也为选择合适种子社群用户提供了机会。然而以往研究主要是从单层网络来做分析，鲜有考虑跨层的网络间影响力。

2.3.4.4 社会化商务社区网络关系演化动力

有关社会网络演化的动力模型，主要分为两类：一类是类似于流行病感染模型（SIR 和 SIS）（Maksim Kitsak 等，2011）和谣言传播（Yamir Moreno 等，2004）的常微分方程，这一类模型在流行病和物理学复杂网络动力系统研究领域应用较多；另一类是以 Bass 模型为主导基于概率模型的产品扩散模型的推广（Dodds 等，2007; Goldenberg 等，2009; Stonedahl 等，2010; Iyengar 等，2011; Haenlein 等，2013）。

目前，研究最为广泛的经典传染病模型是 SI 模型、SIS 模型和 SIR 模型，其中 S、I、R 分别表示易感染状态（Susceptible）、已感染状态（Infective）和恢复状态（Recovered）。其中 SI 主要用来研究感染后难以治愈或控制的疾病；SIR 主要用来研究治愈后具有很强免疫力的传染病；SIS 主要用来研究治愈后容易再感染的疾病。在过去十年里，诞生了众多流行病传播解析方法：从经典的平均场方法到更为严格的定量化数值解析方法（Keling R. P.，2010；Danon 等，2011）。表2－14 总结了相关模型。

表 2－14　感染模型相关研究

感染模型	模型含义	模型	代表文献
SI	感染后难以治愈的传染病：艾滋病、黑热病	$S + I \xrightarrow{\beta} 2I$	University of Missouri – Kansas City（2005）
SIR	治愈后具有很强免疫力的疾病	$S + I \xrightarrow{\beta} 2I$ $I \xrightarrow{u} R$	Newman 等（2002）
SIS	治愈后会被再感染的传染病：流感	$S + I \xrightarrow{\beta} 2I$ $I \xrightarrow{u} S$	Vespignani 等（2001）
MK	谣言的传播，考虑传播者对信息价值进行评估	$S + I \xrightarrow{\beta} 2I$ $I \xrightarrow{\alpha} T$	Yamir Moreno 等（2004）

注：其中 S（Susceptible）指健康的还未被感染的节点，I（Infected）指已被感染并能传播流行病的节点，T（Stifler）指已接收谣言但不再传播谣言的节点。

描述社会网络上的信息、产品扩散的研究是以 Bass 模型为主流的一系列研究（见表 2－15），Bass（1969）模型从最早被提出以来，作为一种描述新产品扩散的数学模型在被提出的 50 年以来都是最具影响力的扩散模型之一，得到企业界和研究领域的广泛认可。然而，作为一种宏观扩散模型，只能用微分的方法在有限的程度上对企业提供指导，与感染模型一样，宏观模型同样未考虑节点的异质性，并且早期的 Bass 模型中也不包含与营销组合相关的变量，因此，其对企业新产品绩效的解释水平和预测效果也遭受质疑。后来有学者开始在 Bass 模型的基础上考虑加入营销组合（产品、价格、促销、渠道）变量从而更好地评估企业策略（Ruiz – Conde 等，2006）。相关的方法主要有两类：第一类通过一个单独的变量；第二类通过一个联合方程（Ruiz – Conde 等，2006），前者假设营销组合变量对销量有直接营销，与扩散过程无关，后者认为营销变量调节产品扩散过程。但是，包括营销组合变量的传统宏观模型是非常复杂的，在何种模型中应该包括何种变量也是研究中遇到的难题。并且，包含了价格的宏观扩散模型也并没有提高模型对现实情形的解释水平（Bottomley PA，1998），同时，Meade 和 Islam（2006）指出在过去的 25 年里，宏观扩散模型只是在解释过去的行为而不具备预测性，对企业的策略和政策的指导非常有限。

表 2-15 感染模型与 Bass 模型的对比

模型分类	层级	研究变量	研究异质性	影响机制
感染模型	宏观	自变量：感染概率、免疫概率 因变量：感染范围	同质系统，或考虑节点度异质	感染强度、免疫强度
Bass 宏观类模型	宏观	自变量：外在影响、内在影响 因变量：产品使用概率	同质系统	外在影响、内在影响
本书	微观-宏观	自变量：外在影响、内部影响（感染概率、传染方对内容的价值感知系数） 调节：社会影响、社会学习、社会选择 因变量：传播/使用范围、传播/使用效率、传播/使用速度	异质系统：网络结构异质、节点结构/功能/性质异质	外在影响、内在影响（社会影响、社会学习、社会选择）

资料来源：由笔者汇总整理。

基于现有模型进行营销相关的研究都有两个相同的前提：其一，忽略了网络节点之间的异质性，即认为网络中每个消费者个体状态改变的条件和概率都是相同的，完全不受到网络结构和其他因素的影响；其二，研究对象都是基于个体，比如选择什么样的种子可以使传播范围更广，即没有考虑用户社群结构对传播的影响。

2.4 网络社区的关系涌现相关研究

2.4.1 传统社会网络的关系涌现理论

由于社会网络中用户之间关系性质的差异以及网络成员的异质性，研究社会网络关系的构建是一个非常复杂的过程（Borgatti 等，2009；Kossinets，Watts，2006）。早期的一些研究提出的社会网络闭包理论（Network Closure Theory）从社会网络最基本的单位出发，探讨了社会网络中的成员相互之间关系形成的主要机制（Burt，1987；Coleman，1988）。该理论指出，在一个网络结构中，连接到同一个节点的两个节点相互之间也相互关联，这样三元闭包的结构（Triadic Closure）在传递信息方面会更加有效，三个节点彼此之间的关系也会更加稳定，这是由于"共同的好友"（Mutual Friends）能够创造出更多的信息传播路径，使与其相连接的其他网络节点之间增强信任（Trust）和关系强度（Tie Strength）。因此，社会网络闭包理论认为，连接到相同节点的相互之间尚未构建关系的节点在以后构建关系的概率会更大。在计算机领域，Newman 和 Park（2003）对社交网络中普遍存在的聚类性（Clustering）网络涌现机制的发现也从实证的角度证实了网络闭包理论的科学性（社会网络中聚类系数的增加体现在网络结构上的变化就是以三个网络节点为单位的网络闭包的形成）。但是，网络闭包理论在一定程度上解释了一般社会网络涌现的驱动和机制，却并没有考虑到一些特殊的网络属性下的具体网络闭包形式。例如网络链接的方向性（Direction）（Leicht，Newman，2008）、网络成员的动机（Motivation）（Aral，Walker，2012）以及网络成员具体参与的网络社区活动（Activity）（Kossinets，Watts，2006）等。因此，本书在经典的社会网络闭包理论的基础上考虑网络关系的方向性和用户所参与的社区活动来拓展网络闭包的具体形态。具体来讲，以往的研究中主要探讨了互惠、传染、关系相似性和行为相似性等不同类型的网络关系涌现。

互惠性（Reciprocity）是在所有人际关系演化规律中一个非常基础的特性，Nowak（2006）也通过实证的研究证明了互惠性是人际关系涌现的一个比较稳定的影响因素。从实际情况来看，"互粉"现象在社会化商务社区中也非常的普遍。能够促进网络关系在人际交互的网络中形成。Young（2009）在研究中区分了"社会影响""社会学习"和"社会传染"三种扩散模型，其所定义的"社会传染（Social Contagion）"指的是"当某成员所关注的人采取了某种行为时，该成员也随即采取此行为的现象"，它对社会网络涌现的直接作用就是产生新的节点或新的连接。

在社会网络的涌现中出于社会比较和社会支持的目的，人们有很强的选择同那些与自身具有共同特征的人聚拢在一起的倾向（McPherson，Smith-Lovin，Cook，2001），这就是一种基于成员相似性的网络涌现动力。这种关系涌现的动力与之前提到的社会影响具有本质区别。人们通过自身的兴趣爱好选择那些与自己有共同点的人们聚集在一起,其根本出发点是自身的一些状态和行为特质;而社会影响主要强调的是人们受到其所处环境的外部影响而调整自己的行为方式和状态。

总的来说,我们可以将以往研究中关于社会网络闭包形成的机制分为两大类:一类是由外向内的社会性影响机制,如互惠机制(Reciprocity)和社会传染机制(Contagion);另一类是由内向外的选择性影响机制,如关系相似性机制(Relational Similarity)和行为相似性机制(Behavioral Similarity)。驱动网络关系形成的社会性的影响指的是网络中的用户相互之间构建关系时所受到的来自周围环境的社会规范影响(Normative Influence)(Kaplan,Miller,1987),即网络社区中的用户会根据一些显著的社会规范(Norm)和准则(Rule)来调整自己的社区行为(如关系构建和参与活动等)(Mercken 等,2012)。互惠性和传染性则是在传统的社交网络中普遍存在的社会规范和准则,因此也成为社会性影响中驱动网络闭包形成的两种重要的机制(Nowak,2006;Young,2009);另外,驱动网络闭包形成的选择性的影响指的是网络社区中的用户受到其自身的行为特点和兴趣爱好的影响,自发地、主动地选择(Selection)与其自身具有相似特征的对象建立网络关系(McPherson,Smith-Lovin,Cook,2001)。行为相似性(Behavioral Similarity)和关系相似性(Relational Similarity)在以往的文献中一般作为用户基于选择性影响形成网络关系闭包的两种重要的机制(Crandall,2008)。

2.4.2 个体层面网络关系的涌现

关于网络涌现的相关研究主要关注网络连接的形成规律,即通常所说的基于三元闭包(Triadic Closure)的网络拓扑(Topology)(Doreian,Stockman,1997;Kumpula 等,2007),但是出于对网络观察的不同视角,这一领域的研究也包括了两种:一种研究是从网络整体结构的视角出发,并不强调网络中成员的心理因素,认为"网络中的个体影响对整个网络的影响力很低"(Mayhew,1980;White,1992;Wellman,1988);另一种研究是从网络成员的心理因素出发,探索网络组织中的个体行为模式及其对网络组织形成的影响(Agnew 等,2001;Bott,1957)。我们认为,个体行为视角和网络整体结构的视角是一个从微观到宏观的过程,对于我们了解网络涌现的规律都是不可缺少的,因此,我们对网络涌现的研究先从个体行为角度出发,了解个体的行为模式,例如人际平衡等理论的作用机制（Heider，1958）。如何推动网络组织的形成和涌现，然后从网络整体结构出发，了解网络在结构上的变化趋势，例如网络的同质性结构（Festinger，1954；Blau，1964）和异质性结构（Krackhardt，Hanson，1993）的形成原因。

从个体视角出发，网络组织的形成实际上是网络节点间关系形成的过程。因此对网络中个体行为的研究可以帮助我们了解一个网络组织是如何形成和涌现的，以及网络组织背后的运行机制是什么。上述相关研究提到的同质性与异质性现象是网络组织形成的结果，对该现象背后原因的探索需要深入了解网络中每一条链接形成的机制，即网络组织中的链接为什么形成，许多学者都对此问题作出了相关的研究和回答。主要包括人际平衡理论、社会影响以及社会选择在个体网络关系涌现中的作用。

人际平衡理论是从一些简单的关于人们偏好的推测开始研究的（Davis，1963；Crockett，1982；Wasserman，Faust，1994）。人际平衡理论认为，人们喜欢其友谊关系是相互的，而且希望自己的朋友们彼此间也是朋友，例如，当 I 把 J 当作朋友，J 就会感到有压力要把 I 也当作自己的朋友，即二方关系平衡的"相互性"；当 I 把 J 当朋友，而 J 将 K 当朋友，那么 I 就会感到压力，也需将 K 作为自己的朋友，即三方关系平衡的"传递性"。所谓平衡，就是指社会联结的相互性和传递性。Nowak（2006）指出两方关系中相互性现象背后是一种互惠性（Reciprocity）的机制，但三方关系（或多方关系）中传递性背后的机制却要复杂很多。尽管平衡论指出了网络涌现的这种传递性的规律，但究竟是什么原因导致了关系的传递性的产生是需要进一步探讨的问题。接下来提到的选择影响和社会影响就是一些学者对平衡理论中关系传递性现象的进一步解释。

Kossinets 和 Watts 在 2006 年研究了选择影响在多大程度上决定人与人之间连接的形成。其研究发现在没有一个共同的焦点（在本书中就是共同学习的课堂）的情况下，网络中两个陌生人互相连接的概率随着网络距离（Distance）的增加而迅速降低；而在有共同的焦点时，即两个陌生人在有一个共同好友的情况下相互认识的概率会增加 2 倍，而两个人没有共同好友的情况下相互认识的概率会增加 140 倍。本书指出了人们之间连接形成的过程中，选择性影响（共同的兴趣焦点）与社会影响（共同的好友）所起到的作用。Crandall 等（2008）也同样对选择影响和社会影响的交互作用做了实证的研究，他们利用来自维基百科的文章编辑数据，对用户的相似性（选择影响的基础）进行了量化，测量相似性的过程可以视为是以下方法：基于相似性的选择影响 =（用户 A 和 B 共同参与的事件或共同认识的朋友）/（用户 A 或 B 参与的事件或认识的朋友）。

也有许多研究关注了社会影响的作用，尤其是在营销学领域，关于社会影响的研究很多，例如"病毒营销"（Viral Marketing）（Domingos，2005）、"口碑"（WOM）（Trusov, Bucklin, Pauwels, 2009）、"社会传染"（Social Contagion）（Iyengar, Bulte, Valente, 2011）等，实际上都是关注社会影响对个体行为的作用。社会影响是一种与选择影响相反的作用机制，它强调个体所处的外界环境对其行为的改变。Young（2009）将社会影响归类为三类不同的影响扩散模型，分别是社会传染（Contagion）、社会影响（Social Influence）和社会学习（Social Learning）。社会学习是当人们从自己所处的圈子中观察到了足够多的证据来证实采取某一特定行为是值得的；社会传染是指圈子中的某个人所产生的直接影响；社会影响就是指圈子中所有人影响的加权总和。虽然 Young 将社会影响区分了这三种不同的作用机制，但本质上就是在描述一个原理：当你身边有许多人在做一件事（或认识一个人）的时候，你也去从事同样的事情（或认识同样的人）的可能性有多大。可见，社会影响与选择影响的最本质不同在于其影响的由外向内性，它是个人按照外在的环境来调整自己行为的一种机制。

综上所述，选择影响和社会影响是人际关系平衡理论中传递性现象的一对相反的作用机制。它们会影响网络中的成员参与事件和认识朋友，在一定程度上解释了平衡论中的关系传递现象，连同互惠性影响一起推动着网络组织的形成和涌现。除此之外，我们还应该看到网络成员的连接行为并不总是可以用人际关系的平衡理论来解释，因为许多人的连接行为可能并不受网络效应的影响。比如就有很多网络成员即使在不存在选择影响、社会影响、互惠影响的条件下仍然会参与一些事件，认识一些朋友。

2.4.3 组织层面网络关系的涌现

个体行为层面的网络涌现相关研究帮助我们了解了网络组织中的个体是如何参与到网络中来，以及为什么参与事件或认识朋友。当影响人们参与网络的因素权重发生变化时，网络组织在整体结构上也应该会发生相应的改变。关于网络组织在整体结构上呈现的特点已经有很多相关的研究：基于 Festinger 在 1954 年提出的社会比较理论，我们通常和自己的朋友间会有一些相同的特点（Easley, Kleinberg, 2011）。人们在选择朋友时，并不是从人群中随机地抽取一个，从总体上看，一群朋友在种族、观念、职业和兴趣等方面会有很多相似的特征

(Blau, 1977; Ibarra, 1992)。虽然我们也会有一些"特别另类"的朋友,但是从普遍上看,社交网络中互相连接的人倾向于相似(Homogeneity)。

另外,出于社会比较和社会支持的目的,人们有一种很强的、同那些与自身具有共同特征的人聚拢在一起的倾向,因此,网络组织中的非正式网络就很有可能分裂为彼此间互不接触或很少接触的割裂的群体(Balkanization),即异质性的形成(Krackhardt, Hanson, 1993)。近来在社会网络研究中的许多成果都是对异质性理论的拓展,如弱联结和结构洞的观点(Granovetter, 1973; Burt, 1992)。同质性与异质性的同时存在并不矛盾,同质性指的是非正式网络中的一个小集团(Clan)内部的同质性(Kohli, Kettinger, 2004);而异质性指的是从整个网络的角度来看,存在着许多个不同性质(兴趣)的小集团(Krackhardt, Hanson, 1993)。上述提到的相关研究和文献都证实了同质性和异质性在网络涌现中的表现,及其对组织行为和绩效的影响。因此,同质性与异质性是一个网络组织发展必须同时具备的特征,前者使网络组织具有更强的信息加工和传播能力;后者使网络组织更加具有创造性(Kohli, Kettinger, 2004; Kirsch, 2004)。网络组织的这种同质性和异质性是否可预测?如何预测?本书就是对上述问题的探索。在个体行为层面的分析中已经提到,网络组织中个体的行为会受到内生性影响、互惠性影响、选择影响和社会影响等。因此,在分析网络组织的同质性和异质性特征时,就不得不考虑这些个体行为的影响机制。当网络中影响个体行为的因素权重发生变化时,网络组织整体的同质性和异质性也应该会发生相应的变化,而作为管理者在弄清楚网络组织所呈现出的一些特点背后的机制后,就能够预测和引导网络成员的参与行为,在特定的社区中引导同质性能够促进更专业和高效的信息交流,而在一些社区中引导异质性能够使网络组织整体具有创造性和多样性。

2.4.4 社会化商务社区中网络关系的涌现

在之前的论述中提到,社会化商务关系的本质是企业利用与消费者在一系列的社会化媒体平台中构建社会化关系以及在其基础上的交互行为而产生经济利益关系。因此,社会化商务中企业与消费者之间构建的关系实际上是一种非正式的组织关系。相对而言,正式的组织关系中往往具有一些固定的规则(Rules)、程序(Procedures)和结构(Structures),而在非正式的组织关系中,个体的行为和交互往往呈现出一些涌现性的特征(Emergent Patterns)。因此,非正式社会组织成员之间的规范（Norms）、价值（Values）和信仰（Beliefs）也是基于个体的行为特征和相互之间的交互（Interactions）涌现出来的（Roethlisberger，Dickson，1939；Smith - Doerr，Powell，2010）。20世纪60年代到70年代，组织行为研究领域中的大部分集中探讨了正式组织的架构和运行机制（Lawrence，Lorsch，1967；Van de Ven，Delbecq，1974），相对比而言，在刚刚过去的二十几年时间中，该领域的研究开始集中于非正式的组织关系的探讨，也正是在此阶段中，关于非正式社会组织关系（Informal Social Structures）得到了广泛的关注（Kilduff，Brass，2010；Nohria，Eccles，1992）。

2.4.4.1 涌现网络关系的理论基础：非正式的组织关系

组织行为研究领域中的研究关注点从对正式组织关系向非正式社会组织关系的转变主要基于以下几个方面关于组织关系理论的发展：首先，Granovetter（1985）在他的研究中指出应该将对组织的经济行为的研究拓展到更广泛的社会化的背景中来，也就是说组织中的经济行为不应仅存在于在企业内部严格的组织关系当中，企业内部个体之间一些非正式的关系以及企业与企业之间通过个体形成的非正式关系也同样驱动着企业经济利益的产生（Krackhardt，Hanson 1993）。在该观点的支持下，一些学者通过社会网络的研究方法探讨了组织中的非正式的关系如何影响组织的最终绩效，包括生产力的提升（McEvily等，2012）、组织创新（Fleming等，2007）和市场绩效（Mors，2010）等。其次，组织通过扁平化和去中心化的结构来减少资源的流动以及整合组织的成员，也在一定程度上促进了近些年组织行为领域的研究关注点，从正式的组织关系到非正式社会组织关系的转变。最后，社会网络研究方法的发展和数据的可获得性的增加也促使了组织行为研究对非正式的成员关系的探讨（Wasserman，Faust，1994）。

2.4.4.2 基于个体成员需求的涌现网络关系

根据以往的关于正式的组织结构和非正式社会组织关系的研究，我们发现两者之间存在的本质区别在于其关系的性质的不同。对于非正式的组织关系（例如一些社会团体和兴趣圈）成员与成员之间关系的涌现来源于群体中成员自身的功能性（Instrumental）需求和社会情感（Socio - emotional）需求；相比较而言，在正式的组织关系中，关系来源于组织定下的规则和规范，包括合法性权威（Legitimate Authority）和组织目标（Organizational Goals）等。另外，正式组织关系和非正式社会组织关系的区别还体现在以下几个方面：在正式的组织关系中，个体的力量（Power）产生于组织规定的合法性权威，而在非正式的组织关系中，个体的力量来源于其所嵌入的网络中心性（如受欢迎程度、度中心性和中介中心性等）；领导者（Leadership）在正式的组织关系中是被明确指定的，而在非正式的组织关系中，领导力隐藏于非正式的成员交互当中。

在正式的组织关系中，成员之间关系的产生和交互是以组织的设计为基础的，以提高效率（Efficiency）和实现统一的组织目标（Collective Goals）为最终目的（Aldrich，1976）；而在以社会网络形式呈现的非正式的组织关系中，成员之间关系的形成和相互之间的交互是自发地产生（Spontaneously）的，其目的也在于满足个体成员自身的需求（Simon，1976），因此，在此基础上出现的"涌现网络"的概念（Emergent Network）也是用来区分正式组织关系中那种强制性的、事先计划和设计好的关系性质（Monge，Contractor，2003）。正如学者 Krackhardt（1994）在其研究中所指出的，非正式的网络关系与正式的组织关系最本质的区别在于这些关系是在网络群体中涌现出来的（Emerge），而不是通过事先计划和设计出来的（Preplanned）。

尽管基于涌现关系的非正式社会组织与正式组织中的成员关系具有上述的本质不同，但非正式社会组织中成员的决策（Decision Making）、资源转移（Mobilizing Resources）以及关系协调（Coordinating）时，也会基于成员之间涌现关系的交互系统来实现（Lincoln，Miller，1979）。因此，尽管非正式社会组织关系中的成员会根据自身的需求和目标通过自下而上的方式（Bottom-up）涌现出一些社会网络关系，成员之间也会通过交互来产生和影响一些组织行为（Organizational Activities）。

综上所述，非正式的组织中成员之间以涌现的方式形成的社会网络关系既存在着一些特殊性（例如成员所基于的是自身的需求和目标，关系形成也是通过自下而上的涌现形式来完成），也会呈现一些与正式的组织关系中类似的组织行为。

2.4.4.3 非正式组织涌现关系的形成机制

在以往的文献中，社会影响（Social Influence）和社会选择（Social Selection）被认为是驱动着非正式组织中成员之间涌现关系形成的主要动力。其中，社会影响起源于学者们对一些从众现象（Conformity）的探讨，例如，处于一个群体中的个体的行为往往会受到群体中的其他个体或大部分成员（Majority）的影响而出现与周围成员相似的行为（Burnkrant，Cousineau，1975）。因此，社会影响在对非正式组织中成员之间涌现关系的影响在于，非正式组织中的成员往往会参照其周围邻居（Neighbor）（即在人际网络中距离较短的一些可到达的节点）的行为来构建关系。与社会影响所强调的从外向内的影响过程不同的是，非正式组织中成员之间涌现关系的另一个主要动力来源于一种自内而外的社会选择。正如"物以类聚，人以群分"的社会现象，学者们对社会选择的定义简单概括起来就是"那些具有一些相似属性的社会成员会相互吸引而形成社会关系网络"（Lazardsfeld，Metron，1954），而社会选择的基础也就是人们所感知的相互之间的相似性，也即是一些学者在其研究中所定义的"同质性"（Homophily）（Centola，Van de Rijt，2014）。

2.4.4.4 社会化商务社区网络关系涌现策略研究

以往研究指出，在社会化商务中，用户相互之间社区网络关系的形成能够提升社区内卖家店铺的"可到达性"（Accessability），从而正向影响社区内卖家的产品销售（Stephen，Toubia，2010）。因此，一般社会化商务社区中的卖家会采取具体的策略来引导社区中潜在的买家关注自己，即形成网络关系的闭包。已有的研究已经提出了用户在参与一些网络社区中通常使用到的一些策略及其理论基础。

第一，一些学者在其研究中重点关注了针对用户的直接沟通交流策略（Communication）的效果。作为交互关系的基础，沟通交流不论在线上还是在线下都是企业与消费者相互之间关系构建的重要方式（Mohr，Jakki，Nevin，1990），沟通交流相关的一些交互行为也是能够成功吸引和保留客户的重要因素（Zhang，Hiltz，2003）。通过沟通交流，社区中的卖家能够与潜在的买家直接交流从而了解他们的关注点和对自己产品的兴趣。

第二，在关于社会网络关系涌现的探讨中，也有一些学者重点关注了一些社会化规范因素对网络关系涌现的影响，我们称这一类的关系策略为关系聚类策略（Relational Clustering）。在一些社会网络中，关系的聚类是指社区中的用户会参照自己已经形成的关系网络圈子来考虑与哪些社区成员构建新的网络关系（Newman，Park，2003），例如，腾讯QQ和微信就提供"朋友圈推荐"的功能帮助其用户寻找到可能感兴趣的朋友。因此，卖家的关系聚类策略是指社会化商务社区中的卖家并不直接与潜在的消费者沟通交流，而是通过关注其朋友圈或得到其朋友圈某些成员的关注来间接地诱发社区中的买家关注自己，形成网络关系的闭包，例如一些企业用户在微博和微信的推广中，往往通过关注目标消费者所关注的用户或关注目标消费者的"粉丝"来争取目标消费者的关注。

第三，也有一些学者从信息类因素出发，探讨了信息性社会影响因素对社区网络关系涌现的影响，例如Shriver等（2013）在其研究中主要探讨的一些企业在网络社区中所采取的预期线索策略（Expectancy）。社会化商务社区中的卖家所采取的预期线索策略是指社区中的卖家通过在社区中发布专业性的、观点鲜明的信息来提升社区中的买家对其信息资源的预期（Shriver等，2013；黄敏学等，2015）。以往关于社会网络的一些研究指出，网络中的节点被认为是利益（Benefit）或资源（Resource）的来源，并且是一种可以被其他节点通过网络关系闭包所利用的资源（Bala, Goyal, 2000；Goyal, Vega – Redondo, 2005）。而在社会化商务社区中，用户相互之间通过网络关系闭包带来的好处是可以互相提供商品或服务交易的各种信息资源，如产品价格、购买体验和顾客评论等，也在一定程度上减少了社区中买家与卖家之间的信息不对称。因此，对重要信息线索的心理预期是社会化商务社区中买家对卖家形成网络关系闭包的关键因素。

第四，从社会选择的角度出发，也有一些学者探讨了企业利用社区中用户所感知的同质性而产生的关系涌现，我们称这一类策略为协同参与策略（Collaborative Practice）。社会化商务社区中的卖家所采取的协同参与策略是指社区中的卖家通过参与买家发布的社区活动（如买家的发帖、产品讨论等）来提升买家所感知的与自身的相似性（Similarity），从而诱发买家对自己形成网络关系的闭包。以往的研究指出，社会网络中的成员会寻找那些与自身具有一定相似性的成员构建网络关系（Kossinets, Watts, 2006），而在社会化商务社区中，受到信息性的社会影响，社区中的买家往往会按照自己的兴趣爱好选择那些与自己"志同道合"的卖家构建关系（McPherson, Smith – Lovin, Cook, 2001）。与预期线索策略不同的是，协同参与策略并不是强调卖家本身需要在社区中发布专业性的观点鲜明的信息资源，而是通过对社区中买家社区活动的支持和参与来提升买家对自身的兴趣。这是因为消费者能够通过卖家的协同参与增强对卖家产品或服务的信心（Mathiassen, 2002），从而提升买家关注那些参与过自己发帖讨论等社区活动的卖家的概率。表2-16总结了上述每一种网络闭包诱发策略的相关研究并作出了相关的研究述评。

第 2 章 相关理论

表 2-16 企业针对网络关系闭包的诱发策略相关研究

网络关系涌现策略	策略解释	理论依据	相关文献
沟通交流策略（Communication）	卖家 J 通过采取与买家 I 直接沟通交流的社区交互的方式获取买家 I 的关注	关系营销（Relationship Marketing）；信息不对称性（Information Asymmetry）	Mohr, Jakki 和 Nevin (1990)；Zhang 和 Hiltz (2003)
关系聚类策略（Relational Clustering）	卖家 J 通过采取关注买家 I 的好友或粉丝的方式来间接获取买家 I 的关注	网络聚类性（Network Clustering）；参照效应（Reference）	Newman 和 Park (2003)；Katona 等 (2011)
预期线索策略（Expectancy）	卖家 J 通过在社区中发布专业性的观点鲜明的信息内容来获取买家的关注	意见领袖（Opinion Leader）；信息不对称性（Information Asymmetry）	Shriver 等 (2013)；Goyal 和 Vega-Redondo (2005)
协同参与策略（Collaborative Practice）	卖家 J 通过支持、参与买家 I 在社区中发布的信息分享、讨论等活动来获取买家 I 的关注	社会化生产（Social Production）；同质性（Homophily）	Kossinets 和 Watts (2006)；Ransbotham 等 (2012)

上述文献在不同的社区环境下探讨了用户通常采取的一些网络关系闭包策略的效果及其理论依据，但这些研究往往针对的是一些传统的社交型社区或线下团体，本书将主要基于社会化商务社区自身网络关系涌现的特殊性，来探讨上述这些网络关系涌现策略背后相关的理论在社会化商务社区中可能产生的不同作用。

2.5 跨学科视角下社会化商务和复杂网络相关研究

对社会网络演化机制的研究大多出现在物理学和计算机网络等领域当中，而管理营销领域中对社会网络演化机制的研究相对较少，大部分从营销角度出发对社会网络的探讨关注的是社会网络关系形成之后企业如何利用这种社会化的资源（Consequences），例如关于意见领袖和口碑信息在社会网络中的传播和作用机制（张闯，2011；黄敏学等，2015；罗晓光、溪璐路，2012；姚铮、胡梦婕、叶敏，2013）以及这些网络关系本身所具有的结构特性（杨震宁、李东红、范黎波，

2013）。在计算机、物理学等领域对复杂网络的形成和演化的一些研究往往以社交网络、技术网络和交通物流网络等为研究对象，探讨不同网络类型中节点和边的特性，例如，崔爱香等（2011）和陆君安等（2015）在复杂网络的研究中以"共同的邻居"作为驱动人际关系网络演化的主要动力，并在一些实证分析中，以网络节点共同的邻居作为预测整个网络形成和演化的基础；吕琳媛等（2010）和周涛等（2005）则从复杂性科学的视角出发对不同类型的复杂网络做出了大量深入地研究，如复杂网络中的链路预测的问题，复杂网络在信息推荐系统中的应用，以及将复杂网络与人类动力学结合的相关研究。在国内管理营销领域探讨社会网络形成与演化的一些研究中，研究者所关注的社会网络对象也具有很大的差异，如张宝建、胡海青和张道宏（2011）针对企业创新网络的生成和进化进行了实证分析，分别从社会资本和结构洞的理论出发解释企业创新网络的生成机制；黄敏学等（2015）针对咨询网络中的意见领袖，从网络结构和预期线索的角度出发，探讨了该网络中意见领袖的形成机制；王涛和罗仲伟（2011）基于动态边界二元距离的视角探讨了社会网络演化与内创企业嵌入的问题。

上述计算机、物理等学科领域中关于复杂网络的研究探讨了网络形成演化的一般性的机制，而国内管理营销领域的学者则更注重从市场经济、商业价值的角度探讨不同类型的网络链接本身作为社会化资源的作用，这些网络类型包括企业网络、消费者咨询网络等。但在社会化商务中，网络社区参与者的角色和动机更加复杂和多变，他们并不是简单的消费者之间的网络关系，也不是单纯的企业之间的关联，而是包括了两者交互演化的社区（陶晓波、杨学成、许研，2015）。因此，我们需要从一般的网络闭包机制中探索社会化商务社区背景下网络关系闭包机制的独特性，从而帮助企业加深对其所参与的社会化商务社区的理解，并最终提升其在社会化商务社区中的产品销售和市场绩效。

通过以上对国内外相关研究的梳理发现，已经有丰富的文献关注了人际网络、企业网络和消费者网络等不同类型网络关系涌现的机制，却很少有研究基于社会化商务社区本身的特性探讨其用户之间网络关系涌现的机制及其给市场绩效带来的直接影响。本书正是从社会化商务这一特殊且重要的背景下出发，探讨出现在其中的社会化商务社区用户相互之间的网络关系涌现机制及其对社会化商务价值实现所带来的直接影响。

2.6 大数据视角下社会化商务和复杂网络相关研究

2.6.1 大数据驱动的管理决策范式变革

基于大数据的营销管理决策研究主要集中于如何利用大数据资源和技术工具的优势，来优化企业现有的营销管理决策系统，力图提升营销效率和精准性。"大数据"的概念在2008年提出，Nature与Science随之出版专刊，从互联网技术、计算机科学和生物医药等领域讨论了大数据的作用与前景（Frankel，Reid，2008）。目前，有关大数据的学术研究一方面侧重于宏观层面，探讨政府决策机制、公共安全等问题；另一方面立足于计算机和信息科学，探讨数据挖掘、存储和处理等问题（Bryant，Katz，Lazowska，2008；程学旗等，2014）。针对企业管理决策，大数据的规模化、多元化和高速性使企业面临着数据实时性、组织开放性、沟通交互性、产品定制性和顾客社会性等更多挑战（冯芷艳等，2013；徐宗本等，2014）。

表2-17是对大数据背景下的相关营销方面问题研究的简要梳理。有从网络化联盟视角研究的，大数据可帮助企业解决整合产业生态价值链资源（Aulet，2008）、协同合作伙伴关系（Li等，2008）、生态系统中的分配与激励机制（Kalaignanam，Shankar，Varadarajan，2007）等问题。有从用户的特征变化和需求满足视角研究的，大数据可帮助企业解决识别消费者社会化行为（Toubia，Stephen，2013）、用户创造内容及其传播机制（Archak，Ghose，Ipeirotis，2011；Ghose，Han，2011）、社会资本的构建（Robert，Dennis，Ahuja，2008）、消费者知识创造行为（Huang等，2014）等问题。有从用户的价值创造探究的，大数据提供了从顾客关系管理到顾客圈子管理（Baird，Parasnis，2011）、从满足顾客需求到顾客生命周期过程的实时参与产品创造（Huang，Singh，Srinivasan，2014）、从企业内部研发到顾客众包（Ghose，Ipeirotis，Li，2012）、从企业传播到精准营销与精准定位（Goldfarb，Tucker，2011）。

表 2-17 相关大数据背景的管理问题研究

主题	文献	管理问题	行业背景	研究结论
移动互联网与精准营销	Avery 等（2012）	跨渠道管理	零售	新增加的渠道短期内会降低另一渠道的销售，但是长期内会增加销售
	Bart 等（2014）	手机广告	互联网	高涉入度（VS 低涉入度）和实用型（VS 享乐型）产品更适合手机展示广告
	Chung 等（2009）	推荐优化	电子音乐	作者提出了一个适应性个人推荐系统，该系统能够显著提高推荐效果，提升消费者使用体验
	Forman 等（2009）	在线购物	零售	线下交通成本、线上折扣以及价格对比会决定消费者在线上线下购物渠道的选择
	Ghose 和 Han（2011）	用户生成内容	互联网	消费者的用户生成内容使用和贡献存在一个负向依存关系，并且消费者的地理位置也会产生影响
	Luo 等（2014）	移动精准定位	互联网	根据时间和距离的远近能够提升精准营销的效果
	Fang 等（2015）	基于位置促销	促销	基于位置促销可提升用户购买冲动，提升购买力
	Andrews 等（2016）	移动广告定位	广告	在乘坐地铁时，人群的密度越大，越愿意接受和阅读广告
大数据驱动的管理决策	Archak 等（2011）	产品定价	电子数码	消费者的在线评论能够用来了解消费者对不同产品特征的偏好，进而预测未来的销售变动
	Baird 等（2011）	客户关系管理	互联网	企业可以利用社会化媒体进行客户关系管理，但是需要保证消费者在不同渠道之间的无缝体验
	Ghose 等（2012）	搜索引擎排名	酒店服务业	根据消费者的在线评论能够挖掘消费者的偏好和效用，从而设计出针对产品更好的排名
	Goaldfard 和 Tcuker（2012）	在线广告	互联网	在线广告可以通过提高与网站内容匹配度或者提升广告醒目性来提升效果，但两者不能同时提高
	Huang 等（2014）	新产品开发	电子数码	消费者在众包创新平台中倾向高估自己想法的价值，低估执行成本，但是这一局限会随时间改善
	Fang、Li、Huang 和 Palmatier（2015）	双边市场	电子商务	电子商务平台企业如何开发和利用双边市场的客户（卖方、买方）来获取收益的最大化
	Lu、Ba 和 Huang（2013）	口碑促销	餐饮业	探讨了促销与口碑的关系，发现口碑量与优惠券存在替代关系，而与关键字广告存在互补关系
	Shi 等（2015）	知识挖掘	知识管理	通过引入决策树和优化搜索公式来提升向量自动机的知识挖掘效果
	Toubia 和 Stephen（2013）	用户生成内容	互联网	消费者是出于自我展示和提升的动机贡献用户生成内容，而粉丝数量与动机强弱呈现正相关

续表

主题	文献	管理问题	行业背景	研究结论
大数据驱动的管理决策	Wang、Li 和 Ye（2016）	口碑嵌入产品描述（OED）	电子商务	通过眼球跟踪数据分析了将口碑嵌入产品描述（OED）中，对消费者产生显著的正面影响
	Zhang、Guo 和 Chen（2016）	个性化推荐	电子商务	本书提出了考虑预测不确定性的推荐排名系统（RPU），可显著提升推荐效果
	蒋国银等（2014）	产品扩散	电子商务	广告在产品进入市场初期效果显著，但是随着市场成熟广告效果逐渐下降

在企业管理与决策中，大数据的相关问题研究，虽然探究了生态系统管理、社会化行为识别、顾客需求洞察以及精准定位等问题，但是相关研究的一个基本思路是将大数据作为一种方法和工具去优化现有的管理与决策，还没有完全适应大数据所带来的用户行为决策模式的碎片化、场景化和移动化，以及挖掘大数据的4V特性带来的深层价值性，这需要构建以大数据为本的、大数据驱动下的新型管理与决策范式（Barabási，2012；冯芷艳等，2013；胡恩华、刘洪，2007；徐宗本等，2014），如表2-18所示。

表2-18 大数据驱动的新型管理科学范式特点

	经典的管理科学体系/范式	大数据驱动的复杂性科学体系/范式
理论基础	机械论、还原论，整体等于部分之和	整体论、系统论，整体不等于部分之和
组织形式	层次、等级，比较稳定	网络、扁平，与时俱进
信息传递	自上而下、命令链	交互作用、协同运作
未来方向	有计划地设计结果	部分及环境互动涌现的结果
相互关系	因果关系、线性关系	非因果关系、非线性关系
行为状态	个体或系统行为是已知、可预测或可控制的	个体或系统行为是未知、不可预测或控制的
环境要求	稳定、确定，长期未来可预测	不稳定、非确定，长期未来难以预测
组织变革	少数领导者设计与决定组织变革的方向	组织成员决定组织变革的方向或自发涌现变革
决策依据	根据事实和相关数据做出判断	根据系统的状态与行为模式做出响应
管理逻辑	基于目标导向的线性流程式的控制型管理	基于迭代优化的系统支持式的响应型管理
研究哲学	简化主义（Reductionism）—简单就是美的	复杂系统（Complex Systems）—网络科学

2.6.2 大数据背景下单一人际网络向三元复杂社会网络的扩展

基于社会网络视角的相关研究在市场营销研究领域得到了深入地发展并积累了大量的文献。社会网络（Social Network）指的是社会行动者（Social Actor）及其间关系的集合（刘军，2004），文献中对关系（Ties）有很多理解和含义，一般定义为"人和人或人和事物之间某种性质的联系"，人际关系（中国的特定背景下翻译为：Guanxi）是人和人之间通过交往或联系而形成的对双方或者多方都发生影响的一种"心理连接"（庄贵军，2012）。随着大数据时代的到来，传统社会网络研究中所关注的单一人际网络关系，已经不足以概括大数据时代特别是移动互联环境下企业能够获取的复杂网络关系，因此，社会网络中的多节点类型、关系的多维性在目前的研究中逐渐地受到营销学者们的关注，而营销学中研究的社会网络从单一的人际网络扩展到异质节点、多维关系的网络实际上是借鉴了复杂网络科学领域的相关概念和数据挖掘技术（周涛等，2005）。

三元交互大数据中的情景信息不仅包括消费者的个体行为信息，还包括消费者与场景、产品等建立起来的关联信息。因此，当把三元交互大数据中丰富的情景信息与传统的社会网络结合起来时，我们可以得到具有异质节点和多维关系的复杂网络模型（Bauch，Galvani，2013）。

传统的研究中关于社会网络的探讨并不限于营销科学领域，事实上，从营销科学的视角研究消费者之间以及社会网络形式交互和相互影响往往基于其他学科的一些研究成果。表2-19列出了以往研究中关于单一人际网络的主要研究内容和研究成果，并基于此提出了本书的定位和创新。

表2-19 单一人际网络的相关研究和本书的定位

研究主题	代表文献	关系性质	研究背景	主要变量	研究结论
单一人际网络的前置变量（社会学、物理、计算机科学以及营销等领域）	Burt（2005）；Coleman（1989）	同事	医生	结构等价性；关系黏性	当两个节点共同地连接到某同一个节点时，这两个节点之间将会有更高的概率产生链接关系或其本身拥有关系强度会增加
	Granovetter（1973）；Rogers（2003）	亲人、朋友、同事	亲人、朋友等社交背景	关系强度	人际网络由具有强关系的节点相互聚集而产生，这些内部存在着强关系的聚集节点之间由一些弱关系作为桥梁连接起来

续表

研究主题	代表文献	关系性质	研究背景	主要变量	研究结论
单一人际网络的前置变量（社会学、物理、计算机科学以及营销等领域）	Kossinets 和 Watts（2006）	同学	学校	同质性；关系强度；结构等价性	人际网络中关系强度和结构等价性相对于基于用户特征的同质性对关系的形成有更强影响
单一人际网络的后置变量（营销领域关注的网络绩效）	Stephen 和 Toubia（2010）	合作	亚马逊卖家	网络中心性	卖家之间的相互关联能够产生新的经济价值
	Aral 和 Walker（2011）	亲人；朋友	脸书上的用户	主动推荐；被动传播	人际网络中来自朋友的口碑信息传播能够正向促进消费者的购买
	Libai（2013）	亲人；朋友	脸书等社交网站用户	社会影响	通过 ABMS 仿真将基于单一人际网络的口碑传播绩效按扩散时间和扩散范围进行分解，对比不同网络结构的不同绩效
三元交互复杂网络（从单一人际关系拓展到由人、场、物组成的多维关系）	Chan 和 Hsu（2009）	直接交互；间接关系	电子商务背景下的在线销售平台	消费者之间、消费者与企业、产品等组成的多维关系	通过消费者、企业、产品等元素组成的多维网络来提升消费者服务中的价值创造
	Newman 和 Park（2003）	合作关系；引用关系	学术文献平台	直接合作（Co-author）论文应用关系	通过直接的共同作者与论文引用中的间接关系来重新计算论文平台中作者和文献的网络位置属性
	Bauch 和 Galvani（2013）	社会关系网络；病毒传播网络	病毒传播	社会关系和疾病传播网络	过去人们研究流行病传播建立很多模型，但都没有考虑社会网络中关于疾病传播的信息会影响流行病的传播
	D'Agostino 和 Scala（2014）	网络的网络；多重关系	理论建模	多重关系	构建多层网络来区分多重关系，同一层网络中只有一种性质关系，不同层之间的节点是相同的，只是关系连接不同；层之间连接表示的是不同关系的耦合性

续表

研究主题	代表文献	关系性质	研究背景	主要变量	研究结论
三元交互复杂网络（从单一人际关系拓展到由人、场、物组成的多维关系）	本书	用户/社群、场景、产品三元多维关系	移动互联网环境下的三元交互网络	异质节点；多重关系	通过大数据获取的三元交互信息构建复杂社会网络，通过社群识别和社群分析，来全景式洞察用户的行为模式与需求特征

为了适应用户的碎片化、场景化和移动化的行为决策特点，需要构建"用户—产品—场景"的三元交互复杂网络来捕捉用户，进行响应式服务。我们将在二元网络的基础上，引入场景新元素，通过网络四元组来构建出三元复杂网络，在不增加复杂网络计算的复杂性的基础上，来更好地支持企业的响应式管理与决策服务。

2.6.3 大数据背景下基于复杂网络的市场群体划分与识别

市场群体的研究一直是市场研究的基础性问题，也是企业营销战略的基础和支撑，但大多假设市场是相对稳定的，企业关注的是如何选择和定位有效的目标市场。自20世纪50年代由美国市场学家R. Smith提出市场细分以来，如何有效进行市场细分，一直都是营销领域研究者们关注的热点问题。早期的研究（20世纪六七十年代）侧重于对细分变量选择，主要经历了从人口统计变量（Henry等，1968）、地理变量（Claude等，1977）、心理变量和行为变量的演变（Russell, Haley，1968）。而在20世纪八九十年代，更多的研究人员开始关注细分方法的选择（Edwin等，1980），从事前描述性细分到事后预测性细分（Seymour, Fine，1980）以及相关算法的优化，从分步骤算法、聚类分析到多维度混合回归模型等发展（Thomas等，1990）。而20世纪90年代后，更多的研究则集中在细分变量和模型算法的组合在针对不同产品、不同场景时的细化（Barry等，1995），以及市场细分效果评价方式上的研究（Michael等，2003）。在大众媒体时代，消费者获取产品的信息主要来源于企业（Moorthy，1984），从企业角度出发，基于交易的垂直细分为企业决策提供了合理的依据（Imran, Currim，1981）。而在社会媒体时代，消费者间的交互会对产品信息获取、购买决策等行为产生重要的影响，因此在移动互联网时代的市场细分是否应考虑消费者间的关联呢？

在传统的基于交易的垂直细分中，企业选择根据消费者需求、购买力等消费者或产品上的特征差异，结合企业自身情况，把一个潜在的市场或者消费群划分为具有相似需求、属性的若干个消费者群体。这样的细分，有利于企业利用大众媒体做营销刺激，提高资源利用率。而在社会化媒体时代，用户可以从社会网络中获取到更多的信息和资源，用户之间的交互的频率、强度等特征，也形成用户间关系强弱的差异。这些用户间交互差异性的积累，导致社会网络中的社群的出现，即社群内部用户间关系密切，社群之间关系稀疏。传统的市场细分方法可能会将隐含在用户间的交互关系割裂开，破坏了用户群体的交互性。在社会网络中，为用户之间的交互提供场所和平台的载体是社区。根据不同的交互需求和社区功能的差异，可将社区划分为兴趣型社区、交易型社区、幻想型社区和社交型社区，如表2-20所示。

表2-20 市场细分的相关研究

文献	研究重点	
	细分变量	模型、方法、评价方式
Twedt's (1965)	数量	—
Frank M. Bass、Douglas J. Tigert 和 Ronald T. Lonsdale (1968)	年龄、收入、教育背景、职业	—
R. E. Klippel、J. F. Monoky (1974)	职业、收入水平	—
Kotler (1976)	市场因素、产品偏好	—
Claude R. Martin 和 Roger L. Wright (1977)	用户外部特征、决策时间	—
Seymour H. Fine (1980)	用户偏好、选择方式	—
Imran S. Currim (1981)	方便性、经济性、安全性	—
Edward R. Bruning、Mary L. Kovacic 和 Larry E. Oberdick (1985)	品牌偏好	潜在类分析法
Grover 和 Srinivasan (1989)	品牌偏好	细分市场大小、消费者反馈参考调节
Kamakura 和 Russell (1989)	—	联合分析法
P. E. Green 和 A. M. Krieger (1991)	消费者行为	混合结构等价模型
Wagner A. Kamakura 和 Thomas P. Novak (1992)	—	基于K值和重叠聚类算法的细分方法

续表

文献	研究重点	
	细分变量	模型、方法、评价方式
Kamel Jedidi、Harsharajeet S. Jagpal 和 Wayne S. DeSarbo（1997）	地理、人口、心理	自然网络模型
Anil Chaturvedi、J. Douglas Carroll、Paul E. Green 和 John A. Rotondo（1997）	—	聚类双线性偏好模型
Jafar Ali 和 C. P. Rao（2001）	—	基于管理约束的细分模型
Wayne S. Desarbo、Rajdeep Grewal 和 Crystal J. Scott（2008）	数量	—
Sunghoon Kim、Sinon J. Blanchard、Wayne S. Desarbo 和 Duncan K. H. Fong（2013）	年龄、收入、教育背景、职业	—

2.6.3.1 经典营销战略中的静态市场细分

为追求规模经济效益，企业营销策略通常着眼于消费者群体。传统群体营销战略是指在市场细分阶段，以用户特征为依据将用户分为不同类型（群体）（Henry 等，1968），并针对不同的类型群体制定相应的营销策略（Frank 等，1968）。然而，在这个过程中忽略了个体之间的交互，导致群体更像是独立的消费个体的集合，即企业或商家提供产品和服务的对象，它代表了企业传递价值的目标市场区间（Imran，Currim，1981），消费者群体所描述的是所有个体在特征上的相似性。行为学和心理学研究表明，个体长期受到某种刺激而做出行为或决策，容易形成固定的思维模式或行为习惯，认为个体在属性或行为上具有一定的稳定性。因此，经典营销市场细分在缺乏个体间交互影响的机制下，认为个体是在受到企业的信息影响后独立做出购买决策，因此，所划分得到的细分市场（群体）主要是受到企业信息的影响，是相对稳定和静态的。所以，群体营销其本质上还是采用垂直控制的模式来影响用户群。其营销策略是以企业为主导，通过大众媒体单向广播式对静态细分市场中所有消费者进行标准化刺激。然而，利用大众商业媒体（例如广告、报纸等）进行营销活动，其成本决定了它无法频繁更换营销内容，成本高、周期长、缺乏与用户的交互，成为大众商业媒体的致命伤，如图 2－4 所示。

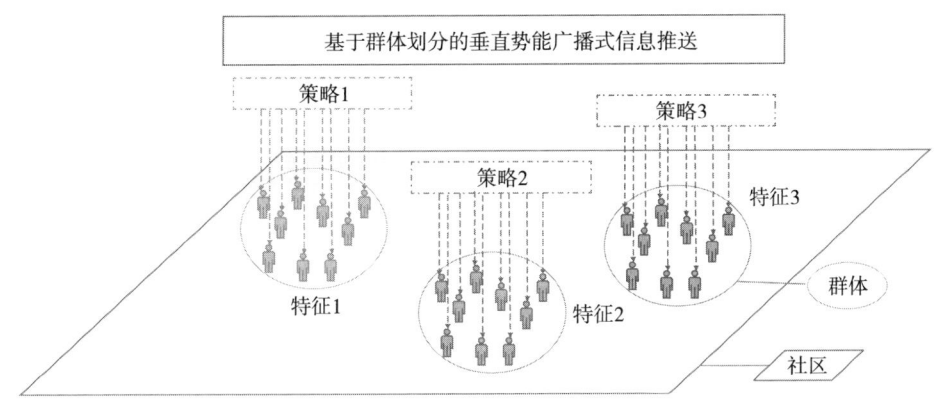

图2-4 基于市场细分的经典营销模式

2.6.3.2 社会网络中动态社群识别

传统的群体市场细分只考虑了个体的属性特征并没有考虑个体间的交互。而在社会媒体时代，用户间的频繁交互对消费者的行为产生很大的影响。如果此时仍以用户属性进行市场细分（比如男女、籍贯等），则无法体现个体间交互的作用。若市场细分精确到每个消费者个体间的交互层面，一方面大数据时代消费者个体行为数据量大，难以完全捕获消费者个体的行为（比如消费者心理），另一方面消费者个体行为的获取是需要企业付出成本的，企业需要在细分标准与市场细分绩效上需求一种平衡。复杂网络的研究表明，社群结构是一种基于整体和个体之间的中观粒度的集合。社群既有内部个体间的交互相似性，又有外部社群间的差异性。在不同条件下，社群行为既可以反映出个体的行为偏好，又可以分析整体的普遍性特征。

不同于经典市场细分以属性为划分标准，社群的划分是根据个体间的关联。从经典STP视角来看，社群内部节点之间在某个单一维度上具有异质性的特点（例如群里具有不同籍贯、不同教育背景的用户），社群内用户关联紧密，在频繁交互下社群用户在行为上特别是对企业刺激或产品偏好上具有行为相似性（Beckett，2016），在频繁交互背景下消费者容易受到来自社群内其他用户的影响，而社群整体因为交互的存在可以在短时间内产生行为和偏好的变化。此外有研究表明，社群内的强关系有利于提高S信息扩散的速度，社群间的弱关系有利于扩大信息扩散的范围，因此社群用户在不同条件下会受到来自社群内部和外部的信息影响，所以社群是一种动态的整体，同时，在一定程度上对外显示出整体行为和偏好的一致性。因此,社群可以作为移动互联网时代的一种细分市场,然而社群划分的主要依据是节点间的关系的强弱,社群的规模存在不确定性。如果企业仍采用统一的标准化策略去刺激社群中所有消费者,无异于只是将传统的规模化营销策略移植到社会网络中,并不能激活社群用户关系交互的优势(Lemmens 等,2012)。而社群营销的关键是利用用户间的关系进行企业产品信息的扩散,起到四两拨千斤的效果(倪得兵,2006)。

社群是在社区的平台之上,由于用户关系聚集而形成的集合。不同于传统营销战略 STP 的群体营销,社群营销中社群内部用户是在某个属性维度上是异质的,且用户间是相互关联的,而这个关联是动态的(Wayine 等,2008),如表 2–21 所示。

表 2–21 两种营销模式下的市场细分策略比较

比较内容	垂直细分群体营销	水平关联社群营销
细分市场内部	同质用户	同质、异质用户共存
细分市场外部	细分市场间异质特征	社群间异质特征
细分市场内用户间	忽略用户关系	考虑用户关系
细分标准	用户统计特征	用户交互下对产品偏好和行为的相似性
细分标准的特征	用户统计特征相对静止	用户间关联动态演化
传递信息	信息精度高,步骤多,更新慢	信息随意性强,步骤少,更新快

经典营销战略中的消费者群体划分标准是基于交易的垂直细分变量,主要集中在地理、人口、心理和行为等个体统计特征上(Ramaswamy 等,1996)。而在社会化媒体背景下,从用户视角出发,基于交互的水平群分时,根据用户交互行为在传统细分维度下的表现出的行为相似性,进而提取出用户在产品相关场景下的社会网络中的属性特征作为细分变量(Wayine 等,2008)。

第3章 研究一：社会化商务社区中的关系形成对企业市场绩效的影响

3.1 引言

尽管社会化商务概念提出已经有很长一段时间，一般可以追溯到2005年Rubel在雅虎中提出并初步解释的这种新兴的现象，并且在之后的很长一段时间内，不论是业界还是学术界都认可了社会化商务作为一种新的价值创造模式在如今商务世界中的价值。但一直困扰着业界和学术界的一个重要的问题是，很少有研究能够从实证的角度来证明社会化商务能够直接带来参与其中的企业的经济价值，尤其是对社会化商务所带来的实际价值贡献的科学量化，也很少能够从现实中或相关的学术研究中捕捉到。一方面是由于社会化沟通和产品消费购买之间关系的间接性，研究者很难从以往的数据中将两者的关系直接建立起来，因为两者往往发生在不同的网络平台上；另一方面也在于社会化商务平台往往包括了海量的消费者和商家行为数据，如果不设置一定的范围来确定研究样本的ID以进行相应的行为追溯，而是对整个社会化商务平台中全部用户进行行为分析，其造成的计算时间复杂度和计算空间复杂度也很难在短时间内实现。

已有的一些研究往往关注的是社会化商务社区中成员之间的网络关系（Social Network）给相关的企业和产品销售所带来的间接影响，例如Curty和Zhang（2011）在他们的研究中通过对一些企业在传统社交媒体上的营销活动，如Facebook和Twitter等，间接性地指出企业在这些社交媒体上的活动对企业整体的品牌形象和市场表现具有正向的促进作用。但由于Facebook和Twitter等主流的社交媒体本身并不是一个商品交易的场所，企业在这些社交媒体上与潜在消费者的互动与企业产品销售的变化并没有直接的关联性。而在我们研究的样本中，企业在淘宝这样一个社区中是可以直接进行商品销售的，因此，他们在社区中所获取的每一条关注都有可能直接转化为最终的产品购买。因此本书的数据背景能够让我们在一个同时具有社会化和商务化的平台中探讨企业所参与的社会化行为（如关系构建等）与其商务化活动（如产品销售等）具有怎样的动态关系。

3.2 理论背景和假设提出

3.2.1 社会化商务社区中的单向关系对市场绩效的影响

近期关于社会化商务社区的一项研究表明，消费者加入进去一个社区并与社区中的其他买家或卖家构建单向的关系（Unilateral Ties）（关注彼此或成为彼此的粉丝）会正向促进该社区中的消费者进行更多的消费（Manchanda，Packard，Pattabhiramaiah，2015）。Manchanda等（2015）在研究中以一个由许多零售商参与构建的网络社区为研究背景，通过对社区中的用户之间的社会网络关系数量的统计和社区中零售商的销售数据，得出了用户关系的构建能够正向地促进其商品购买行为。但本书并没有区分社区中关系构建的类型，只是概括性地提出了社区关系的总量与社区中消费者的消费总量之间的关系。因此，在本书中，我们将进一步探讨不同类型的关系构建，如社区中买家对卖家的关注或卖家对买家的关注分别对社区中的卖家的商品销售带来怎样不同的影响。总的来看，与之前的研究一致，我们认为在社会化商务社区中用户之间的相互关注，不论是买家对卖家的关注还是卖家对买家的关注，都会在一定程度上提升社区中卖家的产品销售。

当社会化商务社区中的卖家首先发出一条单向关系去关注社区中的买家时，该行为标志着卖家对其所关注的买家品质（Quality）在一定程度上的信任以及愿意在该买家身上进行关系投资（Relational Investment）的意愿，而作为反馈，买家从关注自己的卖家那里在未来进行产品购买的概率也会增加（Rust，Chung，2006）。基于此，在本书中，我们认为，那些更愿意主动关注其他买家的卖家相对于社区中的其他卖家在市场绩效上会有更佳的表现（如产品销售额更高等）。

另外，根据Palmatier等（2006）的研究，当社会化商务社区中的买家首先发出一条单向关系去关注社区中的卖家时，其主要目的是通过与卖家的关系构建以获取及时可靠的产品相关信息并形成信任（Trust），从而降低网络购物中的信息不对称（Information Asymmetry）所带来的风险。基于此，在本书中，我们认为，那些能够获取到更多社区中的买家主动关注的卖家在市场绩效上会有更佳的表现。因此，在上述关于社会化商务社区中的单向关系形成影响的讨论基础上，我们提出了以下研究假设：

H_1：社会化商务社区中的单向关系的形成，会正向促进相应卖家的产品销售。

3.2.2　社会化商务社区中的互惠关系对市场绩效的影响

在社会化商务社区中，除了上述我们提到的由社区中的卖家或买家单方面发出的关系链接之外，还有另外一种关系类型，即由买家和卖家双方相互关注的关系类型（Reciprocal Ties）（即我们通常所说的"互粉"状态）。以往的研究指出，双边关系是关系营销中一个至关重要的关系类型，因为它标志着关系双方的共同投入（Commitment）和相互信任（Trust），也能在此关系的基础上形成基本的交换规范（Exchange Norms）（Cialdini，2009），而这些最终都能够促进关系中卖家的产品销售（Dahl，Honea，Manchanda，2005）；另外，在社会网络研究领域，也有一些研究指出互惠性的双边关系是网络关系中一种关键的具有结构稳定性（Structural Stability）的关系类型（Ansari，Koenigsberg，Stahl，2011）。因此，在社会化商务社区中用户之间的网络关系中，互惠的双边关系相对于由卖方或买方单边发出的关系而言更加具有价值，并且，随着时间的推移以及社区中的卖家和买家的成长，这种互惠的双边关系从长期来看更能够让关系的双方产生信任，提升买家的网络购物体验和品牌忠诚（Loyalty）（Palmatier等，2009），甚至最终促进买家形成正面的口碑（Word of Mouth，WOM）从而吸引更多买家的产品购买行为（Chevalier，Mayzlin，2006；Reinartz，Kumar，2003）。正因为如此，在本书中，我们认为，在其他条件相同的情况下，社会化商务社区中互惠的双边关系相对于由社区中的卖家或买家任意一方发出的单向关系而言，能够通过顾客保留（Retention）和扩散（Expansion）机制给相应的卖家带来更好地产品销售表

现。基于此,我们提出了以下研究假设:

H_2:社会化商务社区中的互惠关系的形成会正向促进相应卖家的产品销售。

H_3:社会化商务社区中的互惠关系的形成相对于社区中单向关系的形成,会对相应的卖家的市场绩效带来更强的正向促进的作用。

3.3 向量自回归模型的构建

为了探讨上述变量之间的动态关系和内生性(如不同类型的关系的构建与卖家产品销售的互相影响),我们在本书中采用了向量自回归的方法(VAR)(Dekimpe,Hanssens,1995;Stephen,Toubia,2010)来拟合各个变量相互之间的影响。在 VAR 模型中,每一个变量都被视为具有潜在的内生性,该模型的主要目的是展示相互影响的一系列变量之间动态的、复杂的、相互依赖的关系。另外,考虑到上述研究假设中提出的一系列变量均为堆积数据(Cumulative Data),VAR 模型通过对堆积数据稳定性的检验可以分析研究假设中提出的单向关系和互惠关系的动态变化对相应卖家的实时产品销售的影响(Dekimpe,Hanssens,1995)。具体来讲,在本书中,我们分别用 NU、NR 以及 SALE 来表示一个社会化商务社区中每天形成的单向关系和互惠关系的数量以及社区中所有卖家每天销售额(单位:元)的总和。因此,根据上述变量之间相互影响的关系,我们可以构建以下向量自回归模型:

$$\begin{bmatrix} SALE_t \\ NU_t \\ NR_t \end{bmatrix} = \begin{bmatrix} C_{SALE} \\ C_{NU} \\ C_{NR} \end{bmatrix} + \sum_{j=1}^{J} \begin{bmatrix} \omega_{11}^j & \omega_{12}^j & \omega_{13}^j \\ \omega_{21}^j & \omega_{22}^j & \omega_{23}^j \\ \omega_{31}^j & \omega_{32}^j & \omega_{33}^j \end{bmatrix} \begin{bmatrix} SALE_{t-j} \\ NU_{t-j} \\ NR_{t-j} \end{bmatrix} + \begin{bmatrix} \sigma_{SALE,t} \\ \sigma_{NU,t} \\ \sigma_{NR,t} \end{bmatrix} \quad (3-1)$$

其中,$SALE_t$ 表示某社会化商务社区截止到 t 时刻,社区中所有卖家的产品销售额的总和;NU_t 表示截止到 t 时刻,该社区中所形成的单向关系数量的总和(包括由卖家发出的和由买家发出的);NR_t 表示截止到 t 时刻,该社区中所形成的互惠关系数量的总和;C_{SALE}、C_{NU} 和 C_{NR} 分别表示各个变量的常数项来控制一些可能被忽略的因素所带来的影响(Fang 等,2015);j 表示由 AIC 准则所确定的最优的滞后阶数,体现了各个变量之间相互影响所存在的滞后性。

3.4 数据来源和变量测量

本书所使用的数据来自于在淘宝帮派中选取的不同品类的产品的帮派关系构建以及帮派内卖家的产品销售数据。借助于前文介绍的网络爬虫程序，本书记录了所选取的帮派内所有买家与卖家在一段时间内的一系列的行为表现。这些行为主要包括了买家与卖家相互之间的关系构建（Ties Formation）、卖家每天的产品销售情况（Sales Performance）以及买家和卖家各自淘宝账号所公开的基本资料（如账号等级、社区发帖数量、个人信誉以及评分等）。由于本书在数据中无法辨别每一个购买记录的买家 ID（尽管淘宝公布了最大范围为 100 页，每页包含 20 次的成交记录，但这些成交记录中只有产品的购买量和价格是完全公开的，买家的 ID 则是经过加密处理的），因此，本书并不能通过用户在社区上的 ID 来匹配他们的实际交易行为，只能通过 VAR 模型来构建用户的社区行为与社区中卖家的产品销售的动态相关性。

3.4.1 单向关系数量的测量

借助基于 Python 编写的爬虫程序，本书将选取的淘宝帮派的所有用户的粉丝和关注信息抓取了下来，以一个用户 ID 对应另一个用户 ID 的形式将数据储存在 MySQL 数据库中。具体来讲，本书设置了三个字段：第一个字段为社区中某一条关系发出者的 ID（即关注者 ID）；第二个字段为该关系接收者的 ID（即被关注者 ID）；第三个字段为该关系产生的具体时间。在测量社区用户每天单向关系形成的数量时，本书先构建一个以每一天为间隔的矩阵集合，其中，每一个矩阵都记录了社区中的某一天形成的所有关系，矩阵的行和列则为社区用户的 ID，通过对矩阵的行和列所对应的单元格赋值（1 表示当天构建了关系，0 表示当天没有构建关系）来记录社区中每一天的用户构建关系行为。因此，在测算单向关系的数量时，本书只需要将矩阵中所有单元格取值为 1，同时其对角线对应的单元格取值为 0 的元素加总，这样得到的就是某社区在某一天形成的单向关系的总数，并将此变量命名为 NU_t。

3.4.2 互惠关系数量的测量

在本书中,互惠关系指的是那些在社会化商务社区中相互关注的关系结构,与之前测算的单向关系不同,它是一种双方共同认可的双向关系,也即是我们所定义的互惠关系。在具体的测量方法上,我们采用的方法与前文中介绍的测量每天单向关系的数量类似。同样是基于 MySQL 数据库,我们将爬取的数据以关注者、被关注者和关注的时间这样的三个字段储存在数据库中,也同样针对每一天建立了一个含有时间标识的矩阵集合,其中的每一个矩阵都记录了某一天某社区中所形成的全部关系,而某一天所形成的互惠关系的数量则是将那一天所对应的关系矩阵中上对角线和下对角线所对应的单元格都为 1 的元素(即某一行的用户与某一列的用户形成互相关注的关系结构)进行加总,该变量命名为 NR_t。

3.4.3 社区市场绩效的测量

本书在分析社区的市场绩效时是将社区中卖家淘宝店铺具体的产品销售量作为代理变量进行分析的。正如前文所提到的,淘宝上公布的交易记录中对买家的 ID 是经过一定的加密处理的,因而,很难从某一个卖家的产品销售记录中识别出产品购买者是否来自该卖家的粉丝。另外,从个体层面探讨某一个卖家与其他用户的关系构建对其产品销售带来的直接影响是很难实现的,而且,不同卖家的个体差异性也可能对关系构建与产品销售之间的关系带来一定的干扰。因此,在本书中,从整个社区的层面出发,探讨整合社区的关系构建模式(单向关系的发生和互惠关系的发生)对社区整体市场绩效的影响,这在一定程度上控制了卖家的个体性差异,而且也能够从整体上判断社会化商务社区关系构建模式对社区市场绩效表现所带来的不同影响。具体来讲,在测量社区市场绩效时,本书通过爬虫程序将社区中每一个卖家的交易记录按照购买数量和金额进行加总,然后将各个社区中所有卖家的店铺销售记录进行加总,从而得到社区整体层面每天的市场绩效表现,并将该变量命名为 $SALE_t$。

3.5 关系形成与产品销售的动态关系检验

在具体的 VAR 分析中,我们参照的是 Fang 等(2015)在研究中应用 VAR

第3章 研究一：社会化商务社区中的关系形成对企业市场绩效的影响

模型时所采用的步骤。

在进行 VAR 分析之前，首先需要分析变量的稳定性，在本书中，我们主要关注的变量是用户单向关系的数量（NU）、互惠关系的数量（NB）以及卖家的销量（SALE）。由于我们所选取的原始数据是具有堆积性的（随着时间的涌现，这些变量的值具有不断累积增长的趋势），因此，有必要在进行 VAR 分析之前就检验变量的稳定性，如表 3-1 所示。

表 3-1 社区关系构建与产品销售的平稳性检验结果

变量	ADF 统计检验	P 值	检验结果
单向关系数量	-0.5638	0.8624	非平稳
△单向关系数量	-6.1757	0.0000	平稳
互惠关系数量	-1.9954	0.2865	非平稳
△互惠关系数量	-5.6919	0.0002	平稳
日销售量	-0.7215	0.6422	非平稳
△日销售量	-4.1551	0.0000	平稳

注："△"表示对变量进行一阶差分；检验过程中的常数项、趋势项和滞后阶数根据 AIC 最优准则确定。

从表 3-1 的结果中可以看出，本书所搜集的这些社会化商务社区所形成的单向关系的数量、互惠关系的数量以及社区所有卖家的销量本身并不是平稳的（ADF 检验结果显示均不能拒绝序列非平稳的原假设），而在对这些变量进行一阶差分后均显示出了平稳的性质。另外，根据 SBIC 准则（Schwarz Bayesian Information Criterion），我们进一步确定了合理的影响滞后期数。最终，我们选择模型（1）的滞后期分别为 2（SBIC = 5.61），并在对所有变量进行一阶差分得到最终平稳的数据后再来检验前文所提出的模型（1）。表 3-2 是对上述一阶差分后的各个变量的一系列描述性统计。

表 3-2 社区关系构建与产品销售等变量的相关性矩阵（对变量取一阶差分）

变量	均值	标准差	最大值	最小值	(1)	(2)	(3)
销售收入	3.458	1.354	10.135	1.235	1		
单向关系数量	6.325	2.242	14	2	0.128	1	
互惠关系数量	3.954	1.015	7	0	0.215	0.357	1

除此之外,我们为每一个变量添加了一个常数项作为外生变量来控制一些可能被忽略的因素所带来的影响(Fang 等,2015)。另外,为了更好地观察变量之间的变化关系,我们参照 Joshi 和 Hanssens(2010)在 VAR 检验中的方法,对模型中所有加入的变量进行对数化处理(Log - transformation),从而将模型中变量的影响系数转化为影响的弹性(Elasticity)。然后,我们再通过模型检验得到的脉冲响应函数(Impulse Response Function,IRF)来进一步分析对于一些内生变量一个单位的冲击在一段时间后会给其他内生变量带来多大程度的影响。在这一部分的分析中,我们参照的是 Dekimpe 和 Hanssens(1995)的整体化脉冲响应分析(Generalized IRF)方法。具体来讲,整体化脉冲响应分析能够控制变量放入的顺序对最终结果带来的影响,同时也能够控制住内生变量相互之间的同期影响(即处在同一个时间点上的变量相互之间的影响)。而在选取变量冲击带来的影响时间区间时(Duration of Shock),我们参照的是 Joshi 和 Hanssens(2010)在其研究中的处理方式,即对每一个变量的影响累积选取到 IRF 结果中 t 值的绝对值大于 1 的最后一期。

3.6 向量自回归模型检验结果及分析

基于上述分析所确定的,我们确定向量自回归模型的一些基本参数后(选择变量影响的最佳滞后期为 2,对变量序列进行 1 阶差分),表 3 - 3 列出了前文构建的向量自回归模型的检验结果。从总体来看,社会化商务社区中的用户相互之间形成的单向关系对社区中卖家的产品销售量具有显著的正向影响(弹性系数 = 0.13,$p < 0.01$),这一结果也验证了我们在前文中提出的研究假设 H_1;另外,互惠型的关系在社会化商务社区中对卖家的产品销售同样具有显著的正向影响(弹性系数 = 0.37,$p < 0.01$),这一结果也验证了我们提出的研究假设 H_2;对于之前提出的假设 H_3,我们采用的是失配分析检验(Pairwise Difference Test),具体参照的是 Fang 等(2015)在研究中所采用的检验方法。结果表明,社会化商务社区中单向关系形成和互惠关系形成对社区整体的市场绩效的影响确实存在差异,且社区中互惠关系的形成相对于单向关系的形成会对社区整体的市场绩效带来更强的正向促进作用(差异系数 = 0.22,$p < 0.01$)。

除此之外，VAR模型还能够帮助我们进一步地了解上述变量之间动态的内生关系。具体来讲，通过脉冲响应函数（IRF）的模拟，我们可以分别看到社会化商务社区中的单向关系和互惠关系分别给社区整体的市场绩效带来多久和多大强度的显著影响。从脉冲响应模型结果来看，单向关系数量的变化对社会化商务社区中整体的市场绩效表现的影响时间很短，仅在2天之后影响就失去了显著性（t值的绝对值小于1）；而互惠关系数量的变化对社会化商务社区中整体的市场绩效表现具有更长远的影响，事实上，从数据结果来看，互惠关系的形成在之后的一个星期内都存在持续显著的影响。

表3-3 单向/互惠关系数量与社区整体市场绩效的动态关系

影响路径		影响系数	影响持续期
社会化商务社区中涌现单向关系的数量→社区整体市场销售总额	H_1	0.13***	2
社会化商务社区中涌现互惠关系的数量→社区整体市场销售总额	H_2	0.37***	7
失配检验（Pairwise difference）（互惠关系数量→单向关系数量）	H_3	0.22***	
模型评价			
模型整体解释度 $R^2 = 0.23$			
调整后的模型解释度 $R^2 = 0.21$			
F值 = 141.3			
AIC = 1650.62			
BIC = 1696.64			

注：* $p < 0.05$，** $p < 0.01$。

3.7 本章小结

由于在关于社会化商务价值的探讨过程中，不论是学术界还是营销领域的实践者，很少能够在同一个平台环境下探讨社会化商务价值的实现问题，因此关于社会化商务是否存在价值以及如何实现价值的问题在学术上存在一定的争论（Curty，Zhang，2005）。一方面，在国内外的一些网络平台中，社会化交互和产品交易往往是在不同的两个平台进行，这就很难从实证的角度建立社会化交互与商业价值实现的直接关系；另一方面，一些较大的平台虽然同时包括了社会化交互和产品交易的功能,但平台内缺少更细的社区划分,而全平台的数据不论是在数据搜集还是在数据分析上都会带来庞大的计算时间复杂度和空间复杂度,这给从实证的角度探讨社会化商务价值实现的过程也带来一定的难题。本书所选取的淘宝帮派社区则是一个兼顾了用户社会化交互和产品交易的社会化商务社区,而且,其针对不同产品类别的社区划分也帮助本书大大降低了数据抓取和计算的复杂度。尽管阿里巴巴的社交功能在不断完善,淘宝帮派社区的更新和改版也在不断出现,但其社会化交互功能和产品交易功能始终没有取消,而且用户的ID和昵称也帮助本书可以在有限的数据抓取时间内回溯和匹配用户的社区参与行为,不断调整和完善数据抓取的准确性和代表性。

本书通过搜集淘宝帮派中用户的社会化交互行为数据(关注和被关注的形成和构建)和帮派内卖家网络店铺的市场销售绩效数据,试图构建两者之间的动态相关关系,从而为本书进一步探索社会化商务社区中用户社会化交互行为的特征奠定了基础。只有在确定了社会化商务社区中用户的社会化交互行为确实与商家商业价值的实现存在动态的相关关系,本书后续关于社区用户社会化行为机制的研究才是具有必要性和重要性的。

根据本书构建的向量自回归模型和脉冲响应模型检验的结果来看,社会化商务社区中用户相互之间的关系构建与社区中卖家的市场销售绩效存在着动态相关的关系。具体来看,不论是社区中用户单方面发出的关注还是两两用户相互之间形成的互相关注,都会在一段时间后带来社区中卖家整体市场销售的提升,从脉冲响应模型结果来看,单向关系数量的变化对社会化商务社区中整体的市场绩效表现的影响时间很短,仅在2天之后影响就失去了显著性(t值的绝对值小于1);而互惠关系数量的变化对社会化商务社区中整体的市场绩效表现具有更长远的影响,事实上,从数据结果来看,互惠关系的形成在之后的一个星期内都存在持续显著的影响。上述分析结果帮助本书进一步确定了社会化商务社区中,鼓励和促进用户相互之间构建关系是能够带来一定的商业回报,另外,本书通过关系构建影响的作用区间有一些有趣的发现,如单向关系在其产生后的两天内产生作用,而互惠关系在其产生后的一星期内产生作用,这些结果能够帮助社会化商务中的卖家更好地根据用户的社会化行为来预测社区整体未来的市场走向,虽然本书在研究中并没有精确到用户社会化关系的形成对某一具体商家的影响,但上述结论仍然有利于本书社会化商务社区中的卖家更好地了解社区整体市场环境的变化。

第4章 研究二：社会化商务社区中的关系涌现机制研究

4.1 引言

在前一章中，研究一已经初步探索了社会化商务社区中用户之间社会网络的构建与社区中卖家的市场绩效存在着动态的关联性，通过向量自回归模型的构建，也让我们进一步看清了不同类型的关系的形成如何在短期或长期内对相应的卖家的产品销售带来冲击和影响。那么，一个更为深入的问题是，在社会化商务社区中，这些对卖家的销售收入带来冲击和影响的关系在最初是如何形成的？要回答这个问题，接下来的研究需要进一步理解在社会化商务社区中形成的这些网络关系的本质是什么？以及这些网络关系形成背后的动力主要由哪些因素构成？例如，在计算机科学领域中，周涛等（2013）以及 Newman 等（2004）在其研究里通过将用户之间的社会网络关系描述为一个复杂的动力系统来分析和预测系统中的关系形成；另外，在社会学领域中，Granovettor 等（1973）和 Burt（2005）也从人们的心理微观层面探讨了社会网络关系形成的内在机制。在本章后面的部分中，将对这些问题进行探讨，目的在于了解在社会化商务社区这个特殊的背景下，用户相互之间社会网络关系形成的内在动力和机制。

4.2 理论背景和假设提出

表4-1 非正式组织关系涌现和涌现的动力系统

涌现动力来源	作用机制	动机和目标	涌现过程	涌现结果	相关文献
由外至内的关系涌现动力：社会影响（Social Influence）	信息性社会影响（Informational）	信息知识获取	内部化（Internalization）	无标度性（Scale Free）	Jahoda（1959）；Venkatesan（1966）
	规范性社会影响（Normative）	自我保持和强化	价值认同（Identification）	关系聚类（Clustering）、关系趋同（Conformity）	Burnkrant 和 Cousineau（1975）；Kelman（1961）
		外在回报和奖励	行为顺从（Compliance）		Deutsch 和 Gerard（1955）
由内至外的关系涌现动力：社会选择（Social Selection）	价值同质性（Value Homophily）	志同道合	群体多样化（Diversification）	群体划分（Clan Detection）	McPherson 等（2001）
	状态同质性（Status Homophily）	基于相似性的相互吸引	结构等价（Structural Equivalence）	同配性（Assortative Mixing）	Centola 和 Van de Rijt（2014）

4.2.1 社会影响（Social Influence）导致涌现关系的形成

学术上对社会影响的探讨最早可以追溯到 Asch 等（1953）和 Sherif 等（1936）对于从众现象的探讨。在 Jahoda（1959）的研究中，社会影响（Social Influence）指的是人们顺从于群体中的大多数（Visible Majority）这一简单的从众行为（Conformity）。Venkatesan（1966）在研究中提出，来自群体的压力是存在的，而且是有效的，它会促使群体中的个体遵从群体的规范（Venkatesan，1966）。

根据社会影响的不同来源和影响机制，一些学者将社会影响进一步划分为不同的类型，如 Deutsch 和 Gerard（1955）提出了两种不同类型的社会影响，一种是信息性的社会影响（Informational Social Influence），指的是人们通过与其他人的交互而认为他们对某一个事物的描述是事实（Evidence About Reality）；另一种则被定义为是规范性的社会影响（Normative Social Influence），指的是人们通过与其他人或群体的交互而认可他们的规范（Norm）和期望（Expectation）。而在Kelman（1961）的研究中，社会影响基于不同机制的作用方式也有相关的谈论，具体来讲，他在研究中指出社会影响主要通过三种不同类型的过程来起作用，分别是内部化（Internalization）、认同（Identification）和顺从（Compliance）。而上述的每一种社会影响的过程都与Deutsch和Gerard（1955）提出的社会影响的两种分类是对应的。具体来讲，信息性社会影响是通过内部化的作用机制来实现的，而被影响者的基本动机和目标是获取一些知识性的信息；另外，规范性的社会影响则是通过认同和顺从两种作用机制来实现的，其中，认同主要是出于人们自我维持（Self–maintenance）和强化（Self–enrichment）的动机，而顺从则是出于对外部环境获取回报的动机。

一些关于非正式的社会网络关系的研究指出，社会影响的驱动是促使非正式组织中的成员相互之间关系涌现的一个主要因素（Burnkrant，Cousineau，1975）。例如，在探讨信息性社会影响在非正式的社会网络关系中的作用时，我们可以看到，网络中的成员在对具体的目标信息不确定的情况下（如产品的功能、质量等信息），会通过关联网络中的一些资深专家（Experts）或意见领袖（Opinion Leader）来获取信息。因此，在本书所讨论的社会化商务社区中，社区中的用户会受到那些起着显著的信息和符号作用的因素影响，例如某用户已经拥有的粉丝数量，即意见领袖效应（Opinion Leader Effect）（Nair等，2010），以及某用户发帖子的数量，即专家效应（Experts Effect）（Simonsohn，2011）等。信息性的社会影响正是通过这样一个成员信息内部化的过程（Internalization）在非正式的组织中发挥作用并影响成员之间关系的涌现的。基于此，我们提出关于社会化商务社区中用户之间关系构建的一些研究假设如下：

H_4：社会化商务社区中的用户在信息性社会影响的作用下，(a)意见领袖效应以及(b)专家效应会正向促进社区中其他用户对自身关注的概率。

类似地，在探讨规范性社会影响在非正式的社会网络关系中的作用时，我们可以看到，网络中的成员在其所嵌入的社会网络关系中，会受到周围邻居的规范性影响。前文提到关于规范性社会影响的研究指出，认同和顺从是规范性影响包含的两种作用机制，而不论是哪一种机制在起作用，最终体现在非正式组织中对成员之间关系涌现的影响在于关系的聚合,即网络中的成员之间聚类系数(Clustering Coefficient)的增加(Newman,2004)。例如,当社区中的某用户发现自己所关注的一些用户都在关注某一个用户的时候,受到规范性社会影响的驱动,该用户也会有更大的可能去关注;另外,当社区中某用户的个人网络(一般指以社区中某用户为中心,三步网络关系距离内的所有关注和被关注的所有成员)具有更高的群体黏性(Cohesion,一般用群体的聚类系数来测算)(Burt,2005)时,该群体就具有相对较高的群体规范,因此,嵌入其中的该用户也更有可能与群体中的其他用户构建关系(Coleman,2005)。上述这些情况都是由社区中用户所嵌入的社会网络关系所带来的规范性社会影响的表现。基于此,我们提出以下研究假设:

H_5:社会化商务社区中的用户在规范性的社会影响作用下,(a)参照效应以及(b)结构等价效应会正向促进社区中其他用户对自身关注的概率。

4.2.2 社会选择(Social Selection)导致涌现关系的形成

与上述社会影响因素同时存在的还有另一个重要因素在驱动着涌现关系的形成,即来自社会选择的影响。关于社会选择对非正式组织中成员之间涌现关系的影响可以追溯至 Lazardsfeld 和 Metron(1954)的研究。本书的目的在于探讨为什么一些人际网络关系结构与成员之间的人口统计、信仰和行为特征等变量具有显著的高相关性,他们也首次在研究中提出了人们会选择性地(Selectively)与那些与自己具有类似特质(包括人口统计特征、信仰和行为特征等)的其他人构建关系(Ties Formation),而在整个非正式组织中,人与人之间通过这种社会选择的机制形成涌现关系的情况也是非常常见的。同时,Lazardsfeld 和 Metron(1954)也在他们的研究中提出了对社会选择作用机制的疑问,例如,在一些非常亲密的朋友关系中,社会选择机制是否还起作用以及对于不同类型的属性(Social Attributes)(如人口统计特征属性、宗教信仰属性和个体行为属性),社会选择的作用程度具有什么样的差异等。

随着学术上对社会选择机制研究的发展,也有一些不同的术语来表示社会选择的作用,如同质性(Homophily)和选择同质性(Choice Homophily)等。在一些研究中,社会影响和社会选择会被作为人们之间关系聚集和相互影响的两个平行机制(Competing Explanations),例如,如果不是基于长期的跟踪调查,很难判断一些肥胖或有抽烟习惯的人待在一起是因为他们本来具有肥胖或抽烟的特性而构建了关系还是因为他们在构建了关系之后肥胖和抽烟的特性通过朋友关系进行了传播。事实上,从上述关于社会影响的综述和该部分对社会选择的综述中我们发现,两种作用机制在非正式的组织关系中都是存在的,因此,我们在研究一个非正式的组织内成员之间的关系涌现时,可以通过每一个成员构建每一条关系背后的动机和原因来划分涌现关系的不同类型。例如,在上述社会影响机制中,我们至少可以将成员之间基于社会影响涌现出的关系进行划分,而在该部分,根据以往学者对社会选择的进一步探讨,我们同样可以将基于社会选择涌现出的关系划分为以下不同的类型。

Lazarsfeld 和 Merton(1954)在他们早期的研究中提出至少存在两种不同类型的社会选择,而 Centola 和 Van de Rijt(2014)也在他们的一项实证研究中证明了不同类型的社会选择会通过不同的作用形式促使网络中的成员之间关系的形成和涌现:一方面,人们可能因为行为同质性(Behavior Homophily)而涌现出一些进取型的关系(Aspirational Ties),例如,网络中的成员会根据自身的兴趣爱好设立一些目标(如健身目标、技能训练目标等),而非正式组织中的成员往往会选取那些与自己未来目标一致的其他成员构建关系;另一方面,网络中的成员也可能因为状态同质性(Status Homophily)(McPherson 等,2001)而涌现出一些相似属性型的关系(Homophilous Ties),例如,网络中的成员会根据自身的性别、年龄和社会阶层等一系列属性选择那些已经与自己具有一定相似性的成员构建关系。在具体的实证研究中,Centola 和 Van de Rijt(2014)基于一个线上健康组织(一种非正式的社会性组织)内部成员之间的关系网络信息和每一个成员在网络上公布的自身属性(如性别、年龄、地理位置等)和健康目标等信息(健身计划、需要克服的健康问题等),探讨了该非正式的社会性组织内部成员之间如何通过上述不同类型的同质性机制来构建关系(即非正式组织内成员关系的涌现)。基于此,我们提出以下研究假设:

H_6:社会化商务社区中的用户会以更高的概率关注那些与自己具有更高的(a)行为同质性和(b)状态同质性的用户。

4.2.3 用户社区成长的调节作用

前面我们已经提到,社会影响和社会选择是驱动社区成员相互之间涌现非正式组织关系的基本动力。随着用户在社区中的成长,这些关系涌现的驱动因素也会产生一些变化。例如,Kozinets 等(2010)在研究中指出,随着用户在网络社区中的成长,从一开始的观察学习慢慢转入目标明确的信息搜索。因此,对于社会影响的作用,信息性的社会影响对于在社区中成长时间较长的用户也会更强,而规范性的社会影响则会相对减弱;而对于社会选择的影响,随着用户在社区中的观察和学习,对社区的主要功能和信息特点越来越明确,其对"与自身相似"的判断标准也逐渐从一些静态的、主观的"状态同质"(如依据年龄、地区和等级等状态信息)转变为动态的、基于客观行为的"行为同质"(如共同参与的主题讨论等行为信息)(McPherson,2001)。基于此,我们提出以下研究假设:

H_7:随着用户的社区成长(社区参与时间增加),(a)意见领袖效应和(b)专家效应的正向影响会增强。

H_8:随着用户的社区成长,(a)参照效应和(b)结构等价的正向影响则会减弱。

H_9:随着用户的社区成长,(a)基于行为同质的社会选择对关系涌现的正向影响会增强;而(b)基于状态同质的社会选择的正向影响则会减弱。

4.3 研究方法与数据分析

与研究一中的数据来源类似,所使用的数据来自于本书在淘宝帮派中选取的不同品类的产品的帮派关系涌现和社区参与行为等数据。具体来讲,本书借助于前文介绍的网络爬虫程序,记录了所选取的帮派内所有用户的关系涌现,即某用户在研究观察期内的某个时间点上关注了另一个用户,以及帮派中的用户在其个人主页上所公开呈现的年龄、地区和社区等级等基本用户信息。本书通过抓取不同产品品类的淘宝帮派用户数据并在后面的模型检验部分分别检验本书在前文提出的研究假设,从而确保本书对于社会化商务社区用户关系涌现机制的研究假设对于不同产品品类的社区具有稳定性的结果。在接下来的部分中,本书将进一步介绍前文研究假设中所涉及的主要研究变量的测量方法。

4.3.1 信息性社会影响的测量

根据 Deutsch 和 Gerard(1955)在研究中的定义,信息性社会影响指的是人们通过与其他人的交互而认为他们对某一个事物的描述是事实（Evidence about Reality）。因此，信息性影响本质上是指群体中的个体需要通过与群体中的其他个体进行交互来确认和获取某些真实可靠的信息，在社会化商务社区背景下，信息性社会影响指的就是社区中的用户通过与社区中的其他用户的交互来获取和确认一些对自己的网络购物具有帮助的信息，如产品的价格、款式和流行度等。而根据以往的研究，网络社区中的用户在搜获上述消费相关的信息时，往往会受到意见领袖作用（Opinion Leader Effect）（Nair等，2010）和专家作用（Experts Effect）（Simonsohn，2011）的影响，其中，意见领袖作用指的是社区中的用户会关注那些具有较多跟随者或在一个复杂网络系统中处于网络中心位置的用户信息（即中心度较高的人）；专家作用则是指社区中的用户会搜寻那些表达观点较多和较全面的用户信息。基于此，本书在测量社会化商务社区中用户的信息性社会影响时，也是主要从两个方面来测量，一方面是统计社区中用户的粉丝的数量，因为该信息能够在一定程度上体现某用户作为"意见领袖"的程度（Iyengar等，2011），另一方面则是统计社区中用户的发帖和回帖数量，因为该信息能够在一定程度上体现某用户提供意见建议的"专家能力"（Zhu等，2012）。

4.3.2 规范性社会影响的测量

与信息性社会影响不同，规范性的社会影响主要源于来自群体内部的压力，例如，如果一个群体中的大部分人都赞成或采取了某种行为，那么该行为就会成为一种群体的隐性规范，身处于该群体中的成员也会感受到这种规范所带来的压力而赞成或采取同样的行为，Venkatesan等（1966）也在研究中证实了群体中的成员所感受到的规范压力是存在的。后续的研究者在对规范性社会影响的研究中也主要强调了两种类型的规范压力：①参照效应，即群体中的成员会参照群体中大部分人的行为而体现出从众（Conformity）的行为特征。②结构等价效应，即群体中的成员会受到关系结构的影响，当两两之间的关系结构匹配度更高时，信息的互通和关系维持的概率也会更高。因此，我们在测量社会化商务社区中的规范性社会影响时也同样参照的是以往学者对上述两类规范性影响的划分。具体来讲，在测量规范性社会影响的参照效应时，我们统计了社区中某用户的关注对象，根据我们参照效应的假设$H_{5(a)}$，当用户A所关注的"好友"当中有很多的人也共同关注了用户B，那么用户A在参照效应的作用下关注用户B的概率就会更高；而在测量规范性社会影响的结构等价效应时，我们统计了社区中每一个用户的关注对象，而那些关注对象重合度较高的用户则是关系结构匹配度更高的用户，根据我们的假设 $H_{5(b)}$，他们相互之间构建关系的概率也就会更高。

4.3.3 社会选择的测量

参照之前的学者对社会选择的定义，本书主要从两个方面来测量社会化商务社区中用户的社会选择，即分别从价值同质性和状态同质性两个方面来测量。本书在实际中测量社区用户之间的价值同质性时主要依据用户在社区中所参与的社区活动，如发帖、回帖等行为。具体来讲，我们以每一个社区帖子为社区活动的基本单位，统计了社区内的每一位用户都参与了哪些发帖和回帖活动，并将那些共同参与过同一个帖子的发言和回复的用户记录为具有价值同质性的用户，这是因为社区中成员所参与的话题讨论往往体现了他们所感兴趣的内容，在共同话题上有过发言和互动的用户相互之间也往往被认为是具有共同的价值关注点的（Algesheimer 等，2005），而当这些社区用户共同参与的话题互动越多时，我们的算法也将得到更高的价值同质性。

另外，网络中的成员也可能因为状态同质性（Status Homophily）（McPherson 等，2001）而涌现出一些相似属性型的关系（Homophilous Ties），例如，网络中的成员会根据自身的性别、年龄和社会阶层等一系列属性选择那些已经与自己具有一定相似性的成员构建关系。基于此，我们通过计算社区用户在一系列个体属性上的欧氏距离来测量他们之间的状态同质性。具体来讲，我们尽可能地从公开的社区信息中获取到用户的一些个人属性，如性别、所在城市（我们通过用户公布的所在的地级市的地理坐标来表示用户在该属性上的值）、社区等级和活跃度（通过发帖和回复的次数换算得到）等，通过计算社区用户在上述这些属性上的欧式距离，我们可以最终获取社区用户相互之间的状态同质性的值。

4.3.4 关系形成的风险模型构建

在之前一些相关的文献中，风险模型（Hazard Model）往往用于探讨特定事件的发生概率。该模型最早应用于医学当中，例如一些学者往往运用该模型来检验某一种治疗方案对患者的治愈效果（Cox，1992）。在营销领域中也有越来越多的学者开始运用该模型来研究一些市场现象发生的影响因素，例如 Sinha 和 Chandrashekaran（1992）运用风险模型对创新扩散过程的建模以及 Chintagunta

(1998)也在其研究中运用该模型探讨了消费者产品购买时机的影响因素。另外,也有一些学者在探讨关系的形成机制中运用到了风险模型,例如 Bolton(1998)在探讨顾客满意如何影响顾客关系的维系时,也是通过风险模型来构建顾客满意和关系维持之间的回归关系。类似地,本书在探讨社会化商务社区中用户相互之间的关系形成影响因素时,也同样采取的是 Cox 风险回归模型,具体的模型构建过程如下:

在运用 Cox 风险回归模型对社会化商务社区中用户关系形成的概率进行分析时,一个基本的假设是随着网络社区中参与的用户越来越多,参与时间越来越长,原本相互并无关系的一些用户会逐渐形成关注与被关注的关系。这一基本假设实际上也是符合目前网络社区的一个普遍的状况的。根据我们之前在理论背景上的论述,我们一共总结出了影响社区用户相互之间关系形成的主要的协变量,包括社会影响中的信息性社会影响变量,如意见领袖效应(OL)和专家效应(EX);规范性社会影响变量,如参照效应(RE)和结构等价效应(SE);社会选择中的行为同质性(BH)和状态同质性(SH);在探讨用户的社区成长可能对其关系形成带来的影响,我们加入了用户的社区参与时间(DU)作为调节变量;另外,考虑到其他一些可能影响社会化商务社区中用户关系形成的因素,我们通过将用户在某关系形成前的粉丝的数量放入模型来控制偏好链接的影响(Preferential Attachment)(Newman,2001)(即社会网络中占据粉丝数量高的人有更高的概率吸引到其他用户的关注);通过将用户在某关系形成前的关注数量放入模型来控制用户本身关注习惯的影响(例如有的用户习惯性地关注大量的其他用户,而有的用户长期都只是关注很少的几个),另外,我们在模型中添加买家或卖家在淘宝页面中的个人信誉评分来控制个体的网络购物行为所可能带来的影响。最终我们构建社会化商务社区关系形成风险模型如下:

$$h_1(t)_{i,j} = \exp(\alpha + \beta_{11} OL_{i,j,t} + \beta_{12} EX_{i,j,t} + \beta_{13} RE_{i,j,t} + \beta_{14} SE_{i,j,t} + \gamma_{11} BH_{i,j,t} + \gamma_{12} SH_{i,j,t} + \theta_1 \sum Interactions + \delta_1 \sum Controls + \varepsilon) \quad (4-1)$$

其中,$h(t)_{i,j}$ 表示用户 i 在 t 时刻关注用户 j 的概率;α 是用户 i 关注 j 的固定效应;从 β_1 到 β_4 是一组基于社会影响的变量的影响系数,其中包括了意见领袖效应(OL)、专家效应(EX)、参照效应(RE)和结构等价效应(SE);从 γ_1 到 γ_2 是一组基于社会选择的变量的影响系数,其中包括了行为同质性(BH)和状态同质性(SH);模型中也加入了用户的社区参与时间对社会影响和社会选择的交互作用(系数 θ);另外,δ 代表的是一组控制变量的影响系数。

4.4 社区结构特性和变量的描述性统计

在探讨社会化商务社区中用户相互之间的关系涌现机制之前,有必要对本书中的网络社区进行总体上的网络特性分析,这样能够帮助本书对整个网络社区的基本结构特征有一定的了解,也能够帮助本书探讨社会化商务社区整体结构是否同样具有以往关于一些人际关系网络的特征,如无标度性(Scale Free)和聚类性(Clustering)。在文章接下来的部分,本书将最终搜集到的完整的社会化商务社区的数据导入 R 软件中,通过 Igraph 包对原始数据整理成网络化的数据结构并计算网络社区的一些结构特性。

4.4.1 数据抓取内容和整体网络指标

本书所获取的数据来源于淘宝帮派 2013 年 2 月到 2014 年 11 月的用户社区参与和卖家的销售数据,在接近两年的观察期中,我们一共跟踪搜集了 4 个品类社区的用户关系行为数据(关注和被关注)用于相关的社会网络分析,另外,也将该数据与同一社区中的卖家销售数据关联起来探讨了用户社会网络关系的涌现对整体社区市场绩效的影响(该部分已在研究一中进行了探讨)。文章接下来的研究主要基于用户的关系行为数据,我们在表 4-2 中列出了基于 Python 软件进行网络爬虫所搜集的基于不同品类社会化商务社区中用户关系数据的一些整体特征和网络指标。

表 4-2 样本社区网络整体指标统计

网络整体指标	样本社区的相关指标统计			
	服装类	食品类	相机类	计算机类
社区建立时间	2010 年 3 月	2011 年 7 月	2010 年 8 月	2012 年 9 月
用户数量(数据抓取开始前)	4035.00	4627.00	2368.00	2548.00
用户数量(数据抓取结束时)	8074.00	9235.00	6234.00	7354.00
关系数量(E)	88234.00	89456.00	65481.00	54123.00
平均度(Degree)	10.93	9.69	10.50	7.36

续表

网络整体指标	样本社区的相关指标统计			
	服装类	食品类	相机类	计算机类
最长路径	13.00	11.00	17.00	16.00
平均路径	4.85	5.67	7.56	8.13
总发帖数	76518.00	110820.00	53624.00	56781.00
总回复数	12658.00	17524.00	10335.00	11548.00
平均聚类系数	0.36	0.34	0.13	0.11
平均社区成长时间（天）	371.28	358.84	382.95	432.18

注：由于实际社区网络关系是在不断增长和演化的，各个指标的统计为截止到数据抓取结束时的社区整体指标。

由表4-2可知，我们在此次研究中所抓取的全部数据，在4个品类8个社区的用户行为统计中，用户相互之间的网络关系特征存在一定的差异，例如，在服装类和食品类社区中，用户相互之间形成网络关系数量略多于相机类和计算机类，除此之外，服装类和食品类社区中用户之间的平均聚类系数（分别为0.36和0.34）也高于相机类和计算机类（分别为0.13和0.11），根据Newman（2001）对不同类型的社会网络特性的研究所得出的结论，人际关系类的社会网络相对于其他类型的网络，如城市交通网络和生物网络等，最大的特点在于其拥有相对较高的聚类系数，该指标在很大程度上体现了网络中社会影响因素的存在，即人们会参照自己周围网络好友的圈子，在一个相对较小的范围内拓展新的网络关系，而这个不断减少"结构洞"（Structural Hole）的过程最终会带来网络整体聚类系数的增加。

4.4.2 样本网络社区的整体结构特性

Newman（2001）在其关于人际网络的研究中提出了一般社交网络普遍存在的另一个特性就是网络整体的无标度性（Scale-free），该特性体现了人际网络中不同节点所占据的关系资源的差异性。具体来讲，在以人际间的关系建立起来的社会网络中，其各个节点成员之间的连接，即每一个用户的度数（Degree）是一个不均匀的分布，其规律体现在网络中少数的节点（在一些研究中称为hub）占据了网络中大部分的连接（即关系资源），另外，网络中绝大多数的节点仅仅占据了很少的一部分关系资源。人际网络的这一特点所带来的直接影响是网络的稳定性，该稳定性指的是当从人际网络中随机取消掉一些节点成员时，整个网络出现结构破坏的概率是很小的，因为有很大概率取消掉的仅仅只是占据很少关系资源的一些节点用户，而一旦取消掉的是 hub 节点，给整个网络结构带来的影响则可能是具有破坏性的。我们在本书中所分析的社会化商务社区显然也是一个由人际关系构成的网络，除了在上述表格分析中看到的其与一般人际社交网络共同表现出来的较高的聚类系数的特征之外，我们也要对该类社区的无标度性和度分布展开一些基本的统计分析。我们分别对四类社会化商务社区用户相互之间的关系分布做了描述性的统计，并分别对每个用户所拥有的节点的数量以及拥有特定关系数量的用户个数取对数，得到了以下统计结果，如图 4-1 所示。

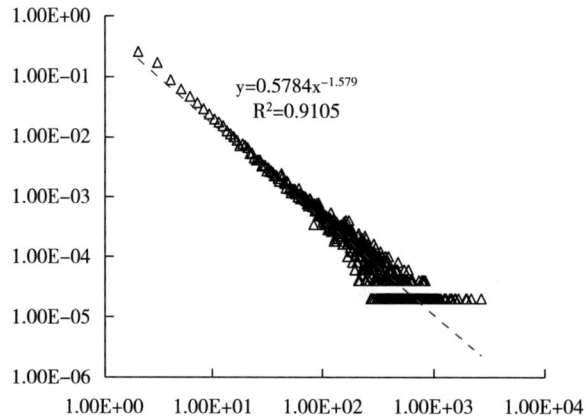

图 4-1a 服装类样本社区度分布

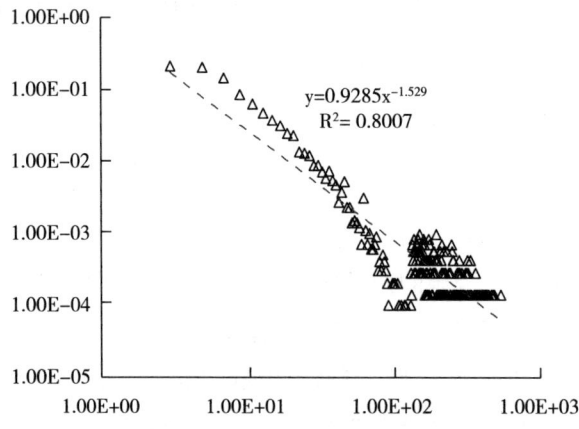

图 4-1b 食品类样本社区度分布

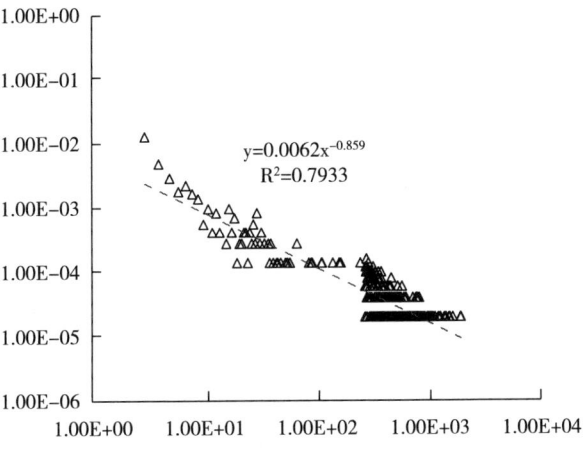

图4–1c 相机类样本社区度分布

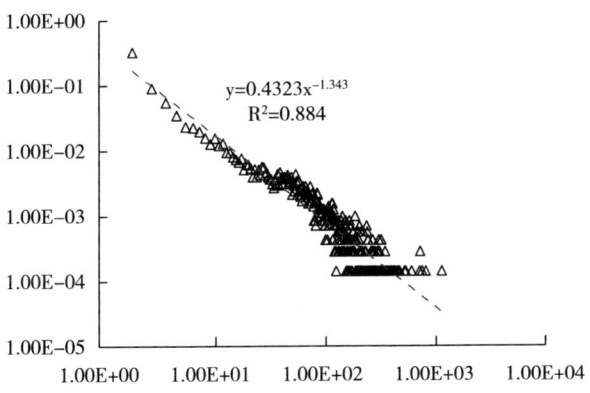

图4–1d 计算机类样本社区度分布

从图4–1的统计结果中我们可以看出,不论是哪个品类样本社区均体现了典型的无标度特性,当我们用对数化后的坐标图表现出社区的度分布图时,我们发现都服从幂律分布法则(不同品类的社区度分布均可以用幂律回归来很好地拟合,拟合效度均在80%以上,最高在服装类样本社区的拟合度已经达到了91%)。该分布体现了人际关系社交网络的基本特性,即网络社区中较少一部分的社区成员占据了网络中绝大部分的关系资源,而网络中大部分的用户的关注或粉丝数量很少(需要注意的是我们在描绘样本社区的度分布图时并没有区分用户的关注和粉丝,即入度和出度在我们计算度分布时并不做区分)。在以随机建立关系的随机网络中，网络的度分布往往呈现出泊松分布的形式，而无标度性质则是大多数实际人际关系网络的度分布形式，一般以 $P(k) = ck^{-\gamma}$ 来表示，其中，r 表示的是幂指数，也在一些研究中被称为度分布指数或无标度指数；k 表示的是网络中所有节点度的集合；另外，c 为常系数，满足条件 $c = (\sum_{k \in K} k^{-\gamma})^{-1}$。在度分布统计中，我们发现幂指数基本处于 1~2，而一些关于网络科学的研究也发现了大部分真实社交网络幂指数处于 1~2 时所具有的一些共性。例如，Xiao 等（2011）在其关于幂指数处于 1~2 的无标度网络特性的讨论中提到，与幂指数大于 2 的无标度网络相比，符合条件幂指数 1~2 的复杂网络最小度的节点占总节点数量的比例减少，网络整体具有相对来说较大的平均度数。总的来说，幂指数的这些特征体现了对应的网络关系增长速度大于节点增长的速度，网络关系整体趋向于更加密集。可见，我们针对样本社区得到的度分布结果体现了这些社区关系相对比较密集的基本特征，我们所选取的样本社区具备了一定程度的关系活跃度。

4.4.3 样本社区的网络拓扑分析

在上述的介绍中，本书详细列出了数据抓取的具体内容以及数据抓取对象的整体网络宏观特征，包括网络的规模、网络的无标度性。在接下来的部分中，本书将进一步针对所获取样本中的社区进行中观层面的网络拓扑分析。在该部分的分析中，本书对整个样本社区做了进一步的筛选，由于本书在数据抓取中没有办法对一个已经在社区中参与了一段时间的用户网络关系行为进行回溯，即本书并不清楚那些在开始抓取时就已经建立起来的关系究竟是在何时产生的，而这一关键时间节点数据的缺失会导致本书在风险模型中不能针对这些样本来分析，因此，在实际的操作中，去掉了数据抓取前就已经加入社区的用户。本书选择的样本社区均在 2010~2012 年建立，而本书的样本观察期从 2013 年就开始了，经过近两年（截止时间为 2014 年 11 月）的跟踪观察，本书的样本总数量也基本达到了各个社区 50% 左右的成员数量，因此，本书所选取的样本总体能够代表各个社区的实际情况，研究结果也基本能够反映各个社区的成员关系构建行为特征。接下来本书以一个服装类社会化商务社区为例，探讨该社区的样本成员相互之间的网络拓扑性质。

在本书研究的第一个社区中，从数据抓取的开始到结束一共有 4039 个用户加入了该社区，相互之间一共形成了 88234 条有向的（Directed）网络关系。该社区的社会网络关系全貌如图 4-2 所示。

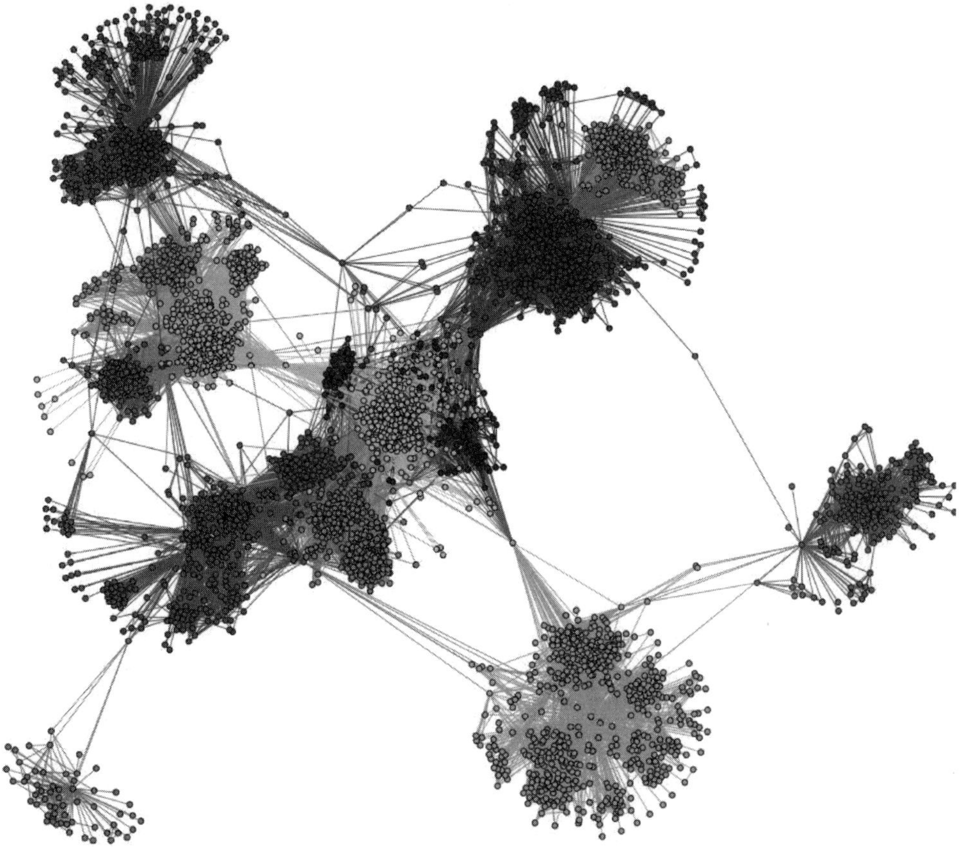

图 4-2 观测样本（服装类社区）网络关系全貌展示（基于 FR 布局算法）

在图 4-2 中，采用了"力引导布局"（Force-directed Layout）算法中的 FR（Fruchterman-Reingold）模型将样本社区的所有观察对象相互之间的网络关系全貌展示了出来，实现方式是将观察对象的网络关系导入 R 中，运用 Igraph 包中的图布局算法对本书的网络社区关系数据进行布局呈现。在图 4-2 的图布局算法中，只有一些较少连接的节点和相互之间的稀疏关系被布局在网络图的外围位置，本书从中截取的是该网络中的主体网络关系并进行呈现。从该社区的全貌展示图中，可以明显地看出在整个样本成员的网络关系中，出现了一些较为明显的子社区划分，在这些子社区中，社区内部的关系较为紧密而聚集在了一起，相反，子社区与子社区之间的关系则较为稀疏，主要是通过一些起着中介作用的成员将这些子社区关联了起来。因此，在接下来的分析中，将进一步探讨社区中的这种模块化特性（Modularity）以及那些在子社区之间起到关键的中介作用的成员。

在分析该社区所有观测样本的模块化特性时，本书采用了一些主流的网络拓扑分析算法，并分别在 R 中用相应的函数模型来实现，将这些拓扑分析的算法和结果列在表 4-3 中来比较不同的拓扑分析算法的模型优度。

表 4-3 观测样本的网络拓扑分析算法和结果汇总

子群划分算法		算法解释	子群数量	最大子群规模	最大子群聚合度	模型优度（Modurality）
随机游走算法	（Walktrap）	根据不同节点在网络关系中的随机游走行为的相似度	22	348	0.16	0.82
聚类算法	（Cluster）	根据节点与某子群的链接数量决定子群的划分	17	543	0.18	0.72
自旋玻璃算法	（Spinglass）	类似于层次聚类的过程，定义网络中节点相互作用力	20	530	0.23	0.84
中间中心度算法	（Betweenness）	基于删除网络种相互关联最弱的点的边的分裂过程	26	354	0.14	0.76

在表 4-3 中，一共采用了四种主流的网络拓扑结构算法来对观测样本进行子群划分，以便更清楚地了解本书观测样本相互之间的网络关系结构特性以及各个观测样本在社区中的位置特性。在评价不同算法的模型优度时，本书主要运用了模块度（Modularity）作为评价标准。具体来讲，模块度的取值区间为（0，1），Newman（2004）在其研究中提出了该指标作为分析网络拓扑特性时的一个科学的判定指标，其基本原理为：当通过算法计算出来的子群内部网络关系密集，而子群相互之间的网络关系相对较为稀疏时，模块度的取值就会更高，也表示了该算法能够获取到更好的子群划分效果。从而为进一步分析网络关系的拓扑特性提供了更好的分析基础。模块度的指标通常用 Q 来表示：

$$Q = \sum_{i,j} \left[\frac{A_{i,j}}{2m} - \frac{k_i \times k_j}{(2m) \times (2m)} \right] \delta(c_i, c_j) \tag{4-2}$$

其中，$A_{i,j}$ 是从观测对象中获取到的邻阶矩阵，如果 i 与 j 有关系，则 $A_{i,j}=1$，否则就为 0；m 是网络中的总连接数；$\delta(c_i, c_j)$ 是一个二元的函数，即当 i 与 j 属于同一个社区的时候，该值取值为 1，否则为 0；k_i 和 k_j 分别表示节点 i 和 j 的度数（Degree）。从表 4-2 的结果来看，借鉴了物理学中系统计算的自旋玻璃算法，最终得到了相对更高的模型优度（该算法的模块度指标为 0.84，高于其他算法得到的结果），因此，本书在后面的分析中也主要是基于该算法得到的子群划分结果。对观测样本进行子群划分后的统计结果如图 4-3 所示。

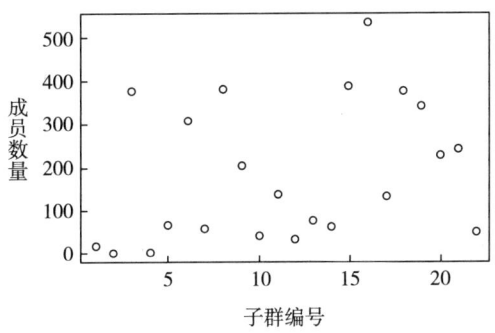

图 4-3 通过 Spinglass 算法得到子群划分拓扑分析结果

通过 Spinglass 算法，本书一共将 4039 个观测样本划分成了 22 个子群，子群划分的模块化指标为 0.84，说明该算法较好地划分了本书的观测样本，子群内部关系相对于子群之间的网络关系更为密集，子群相互之间的区分效度较好。其中，规模最大的两个子群分别包含了 530 个和 382 个社区成员。这一部分的拓扑分析对于本书营销研究者的启示在面对一个规模庞大、关系复杂密集的网络社区进行相应的营销活动时，应该将营销活动的重点放在那些相互聚集程度更高的子群来提升本书营销活动的有效性，及时有效地识别这些相互关系相对更为紧密的子群能够帮助本书利用用户之间的较高质量的网络关系来传播产品信息和品牌价值。为了能够更直接地帮助本书营销管理者进行营销管理操作，本书将观测样本中规模最大的几个子群通过 FR 图布局算法进一步呈现，并标注出每一个子群中的中心人物，从而帮助本书更加明确地观测样本用户中的核心用户，如图 4-4 和图 4-5 所示。

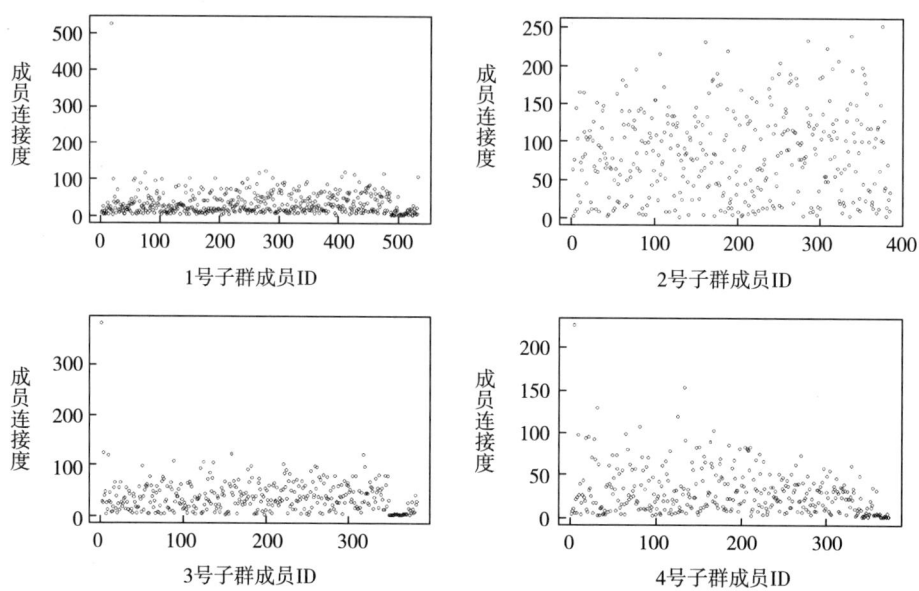

图4-4 观测样本子群（选取最大4个子群）成员度分布

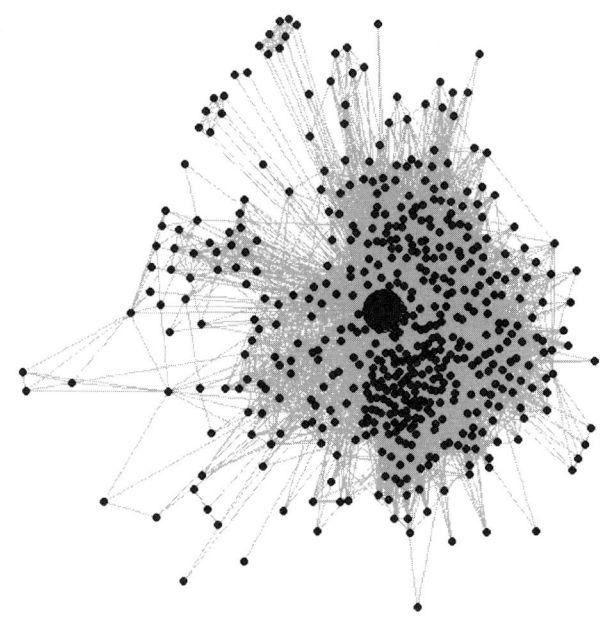

图4-5a 子群1网络关系拓扑结构

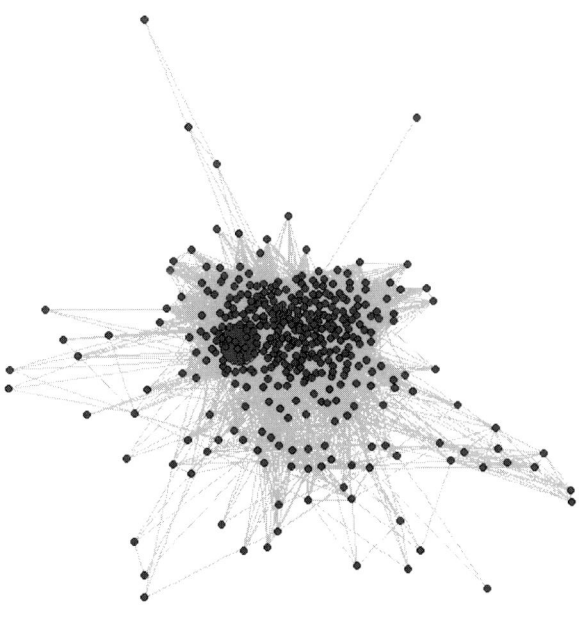

图 4–5b 子群 2 网络关系拓扑结构

图 4–5c 子群 3 网络关系拓扑结构

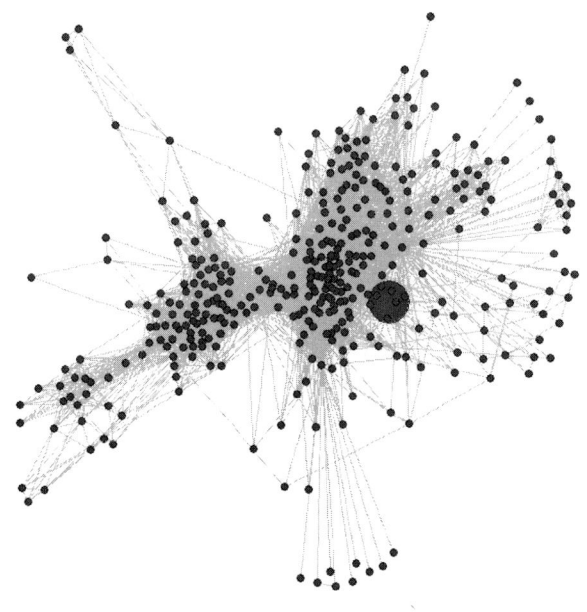

图 4-5d 子群 4 网络关系拓扑结构

在图 4-5 中，本书将观测样本网络关系通过子群分割算法得到的四个规模最大的子群网络关系呈现了出来。为了更清晰地呈现观测样本中的核心用户，本书在每个子群中用更大形状的节点将各个子群中的核心用户标注了出来（即每个子群拓扑图中最大的节点）；同时，本书也分别计算了每一个子群的聚合度（见表 4-2），从而帮助了解每一个子群在发展过程中的关系稳定性，即具有较高聚合性的社区往往能够在更长的时间内保持社区稳定并吸引更多的用户进入该社区；另外，图中每个子群核心节点的位置也能够反映不同的子群特性，由于本书采用的是 FR 图布局算法，节点处于图中心点的位置决定了该节点的核心唯一性，一方面，在子群 1 和子群 2 中，核心节点（即图中最大的节点）基本处于整个子群拓扑图的中心位置，说明该核心节点作为子群核心的唯一性和不可替代性，另一方面，子群 3 和子群 4 中的核心节点均处于子群拓扑图的偏上或偏右的位置，说明在该子群中，可能存在着另一些成员同样具有一定数量的关系资源，从而在一定程度上稀释了本书标注出来节点的核心位置属性；需要注意的是本书在划分这些子群时完全是根据用户的客观行为计算而得，在实际中并没有严格的子群划分界限，因此，这些子群的产生和发展甚至消失都完全是用户自发的行为。上述针对观测样本的拓扑分析能够帮助本书在社会化商务社区发展的任何阶段快速识别和过滤出社区中的关键用户，这些用户是社区中各个子群发展的关键，如果营销管理者能从识别出来的这些关键消费者开始传播产品或品牌相关信息，则可能在其市场表现上取得事半功倍的效果。

4.5 关系构建风险模型检验和结果分析

基于前文的假设和风险回归模型，本书运用了比例风险模型Cox（1972）进行假设的检验。另外，考虑到本书有限的样本观察期，用户相互之间的关系构建可能并不是一种线性的拟合，也可能是一种非线性的拟合。基于此，本书也考虑了通过非线性的脆弱模型（Frailty Model）来拟合用户相互之间关系构建（Risselada 等，2014）。首先从所有的原始数据中选取服装品类的两个帮派的数据进行分析并将数据分析的结果列于表4-3中。另外，为了探讨基于不同交易性质的社区类型是否会对结果产生影响分别将剩下的三个品类的社区网络关系形成按照所构建的模型来拟合，从而观察模型的结果在不同社区类型下的稳定性。在第一章内容中，已经介绍了本书所包含的全部数据采集，一共涵盖了4种不同品类的淘宝帮派，包括了服装、数码相机、食品和笔记本电脑。之前的一些研究指出，这些品类在产品交易性质上是具有独特性的，例如服装社区的产品更新度较高、而食品产品的消费频率较高、数码相机和笔记本电脑等产品则是需要消费者在社区中付出更多的信息搜索成本和产品知识的学习（Kushwaha Shankar，2013）。受限于本书数据采集程序的速度和数据分析的容量，更多的产品品类的搜集会影响数据分析的及时性和计算机可承受的运算量，因此，本书在目前的数据运行可承受的规模下选取了研究中所使用的4个品类的淘宝帮派，其中每个品类都至少选取了两个帮派的社区用户作为样本。本书希望以此数据集来尽量控制交易产品品类的差异性对模型检验结果所可能带来的影响。

表4-4 用户网络关系形成的风险模型回归结果（服装类社区）

因变量：社会化商务社区网络关系形成					
自变量		主效应模型（线性拟合）参数估计（标准误）	全模型（线性拟合）参数估计（标准误）	主效应模型（非线性拟合）参数估计（标准误）	全模型（非线性拟合）参数估计（标准误）
信息性社会影响					
意见领袖效应	β_{11}	0.135 (0.006)***	0.122 (0.011)***	0.183 (0.009)***	0.212 (0.006)***
专家效应	β_{12}	0.129 (0.011)***	0.113 (0.008)***	0.164 (0.012)***	0.077 (0.093)
规范性社会影响					
参照效应	β_{13}	0.041 (0.004)***	0.068 (0.009)***	0.007 (0.143)	0.016 (0.001)***
结构等价效应	β_{14}	0.005 (0.001)***	0.003 (0.001)***	0.001 (0.057)	0.004 (0.067)
社会选择影响					
行为同质性	γ_{11}	0.325 (0.016)***	0.351 (0.032)***	0.286 (0.013)***	0.271 (0.013)***
状态同质性	γ_{12}	0.249 (0.029)***	0.243 (0.014)***	0.112 (0.003)***	0.127 (0.033)***
调节效应					
关注者的社区成长 × 意见领袖效应	θ_{11}		0.053 (0.008)***		0.146 (0.068)
关注者的社区成长 × 专家效应	θ_{12}		0.127 (0.005)***		0.427 (0.021)
关注者的社区成长 × 参照效应	θ_{13}		−0.211 (0.013)***		−0.251 (0.007)
关注者的社区成长 × 结构等价效应	θ_{14}		−0.043 (0.002)***		−0.131 (0.005)***
关注者的社区成长 × 行为同质性	θ_{15}		0.017 (0.001)***		0.146 (0.068)

续表

自变量		主效应模型（线性拟合）参数估计（标准误）	全模型（线性拟合）参数估计（标准误）	主效应模型（非线性拟合）参数估计（标准误）	全模型（非线性拟合）参数估计（标准误）
因变量：社会化商务社区网络关系形成					
关注者的社区成长×状态同质性	θ_{16}		-0.113 (0.004)		-0.427 (0.011)***
控制变量					
关注者已有粉丝人数	δ_{11}	0.015 (0.042)	0.216 (0.191)	0.024 (0.129)	0.126 (0.172)
关注者已有关注人数	δ_{12}	0.017 (0.269)	0.008 (0.063)	0.031 (0.244)	0.016 (0.379)
关注者淘宝信誉星级	δ_{13}	0.344 (0.031)***	0.312 (0.041)***	0.401 (0.038)***	0.256 (0.017)***
被关注者淘宝信誉星级	δ_{14}	0.379 (0.022)***	0.309 (0.034)***	0.425 (0.044)***	0.262 (0.012)***
被关注者已关注人数	δ_{15}	0.016 (0.226)	0.116 (0.335)	0.031 (0.176)	0.035 (0.279)
脆弱因子（Frailty Term）	v_1	—	—	0.142 (0.208)	0.113 (0.194)
模型评价					
总样本量		3956	3956	3956	3956
模型解释度（R^2）		0.28	0.30	0.28	0.27
调整后的模型解释度（ΔR^2）		0.27	0.28	0.27	0.26
极大似然值		-16021.741	-15747.127	-15987.563	-16185.419
Wald 检验		1396.128***	1561.331***	1459.139***	1351.529***
AIC 值		30087.957	29709.018	29939.021	30106.837
BIC 值		30138.713	29769.007	29984.846	30296.044

注：*p<0.05，**p<0.01，***p<0.001。

从表 4-4 的结果我们可以看出，社会影响和社会选择在控制了一些用户网络行为特征的变量后对于用户相互之间的网络关系形成的确存在着显著的影响。

这一点也进一步验证了之前学者关于社会影响机制和社会选择机制在网络社区中普遍存在的结论。本书在社会化商务社区这个融合了社交性和交易性的新背景下，进一步探讨了社会影响和社会选择所产生的不同的作用机制。

总的来看，社会影响和社会选择在社会化商务社区中普遍存在着显著的正向影响作用（β_{11}到β_{14}以及γ_{11}到γ_{12}的取值显著为正），而且这一部分的主效应可以单独给回归模型带来27%的解释度（$R^2=0.27$），也就是说，社会影响和社会选择的确在社会化商务社区中对用户相互之间的网络关系构建（即相互关注和成为粉丝）是两类非常重要的驱动机制，因此，在之前讨论中提出的研究假设H_4、H_5和H_6在该数据分析结果中得到了验证；从社会影响和社会选择的作用强度来看，由于社会化商务社区本身普遍存在的信息不对称环境，用户在该类社区中的参与特征往往与信息搜索高度相关（Mukherjee, Nath, 2003），从该模型分析的结果也能看出对这类结论的支持，例如，社会选择类的变量在模型中的系数（$\gamma_{11}=0.351$，标准误=0.032；$\gamma_{12}=0.243$，标准误=0.014）普遍大于社会影响的影响系数（$\beta_{11}=0.122$，标准误=0.011；$\beta_{12}=0.113$，标准误=0.008；$\beta_{13}=0.068$，标准误=0.009；$\beta_{14}=0.003$，标准误=0.001）；当我们进一步具体分析社会影响机制内部时，本书也同样发现了意见领袖和专家效应等具有强符号性和信息性的社会影响强度大于规范性社会影响的强度；而在社会选择机制中，行为同质性这种基于更加动态和及时客观信息的变量的影响也强于状态同质性这种基于固定的和主观属性信息的变量（$\gamma_{11}=0.351$，标准误=0.032；$\gamma_{12}=0.243$，标准误=0.014）；本书在模型中也考虑了非线性拟合的情况，表4-3中的第三和第四列模型检验结果是增加了脆弱因子的非线性拟合模型，但从表4-3的总体结果来看，考虑脆弱因子的非线性拟合模型在模型整体评价指标上弱于线性拟合模型（AIC和BIC值均高于线性拟合的结果，模型总体的解释度也有相应地下降，$\Delta R^2=0.26$），所以，我们最终采用线性的风险模型来拟合社会化商务社区总用户相互之间的关系形成。

这些结果普遍验证了信息类因素在社会化商务社区中的显著作用，同时，也突出了社会化商务社区和一般社交网络社区可能存在的本质区别。以往的关于社交网络的研究指出，在社交网络的关系涌现中，规范性社会影响往往占据的是主导地位，例如Newman（2004）在一项关于社交网络和其他类型网络的根本区别的研究中指出，社交网络与其他类型网络的本质区别在于其具有显著

第 4 章 研究二：社会化商务社区中的关系涌现机制研究

的聚类性（Clustering），即人们往往受到社会规范和群体认同的驱动而不断形成相对稳定的小团体，最终导致群体内部的关系密度高于群体外部，这也是社交网络普遍呈现出无标度特性的一个主要原因。而我们关于社会化商务社区的研究则验证了该社区关系形成和涌现的另一种作用更强的动力，即信息符号在该社区中的主导作用。事实上，当进一步探讨社区用户的社区成长这一时间维度对社区关系形成的影响时，信息符号在社会化商务社区中的主导作用则显得更加明显。

当我们将社区用户的社区成长作为调节变量，并且进一步探讨社会影响和社会选择在社区用户不同的成长阶段所可能带来的不同影响时，我们从数据分析的结果上发现，随着用户在社会化商务社区中的成长，社会影响中的信息性、社会影响作用和社会选择中的行为同质性作用在逐渐增强（$\theta_1 = 0.053$，标准误 = 0.008；$\theta_2 = 0.127$，标准误 = 0.005；$\theta_5 = 0.017$，标准误 = 0.001），而社会影响中的规范性、社会影响作用和社会选择中的状态同质性作用则在逐渐减弱（$\theta_3 = -0.211$，标准误 = 0.013；$\theta_4 = -0.043$，标准误 = 0.002；$\theta_6 = -0.113$，标准误 = 0.004）。这些结论也从社区用户成长阶段的时间维度进一步验证了信息类变量在社会化商务社区中用户相互之间构建关系的主导作用。

4.6 模型的稳定性检验

考虑到社会化商务社区一般涵盖了所有商品线上交易的网络平台，因此，基于交易商品品类的社区异质性，可能会让我们上述一般化的研究模型产生不同的结果。例如，当消费者面对的产品是具有较高价值的产品时可能更加依赖于社区中的信息搜索；而面对的产品是诸如服装这一类具有较强社会属性的产品则更加容易受到社会化影响的影响。因此，在接下来的数据分析中从原始搜集的数据中整理出 4 种不同品类产品的社会化商务社区并分别按照模型（2）进行拟合，目的在于观察上一节中的数据分析结果在基于不同品类产品的社会化商务社区中是否保持一致。数据分析的结果如表 4-5 至表 4-7 所示。

表4-5 用户网络关系形成的风险模型回归结果（食品类社区）

自变量		主效应模型（线性拟合）参数估计（标准误）	全模型（线性拟合）参数估计（标准误）	主效应模型（非线性拟合）参数估计（标准误）	全模型（非线性拟合）参数估计（标准误）
因变量：社会化商务社区网络关系形成					
信息性社会影响					
意见领袖效应	β_{11}	0.103 (0.003)***	0.156 (0.012)***	0.253 (0.009)***	0.215 (0.005)***
专家效应	β_{12}	0.114 (0.012)***	0.137 (0.007)***	0.163 (0.011)***	0.067 (0.193)
规范性社会影响					
参照效应	β_{13}	0.008 (0.002)***	0.028 (0.006)***	0.027 (0.343)	0.017 (0.002)***
结构等价效应	β_{14}	0.009 (0.005)***	0.008 (0.001)***	0.021 (0.057)	0.009 (0.078)
社会选择影响					
行为同质性	γ_{11}	0.246 (0.006)***	0.365 (0.022)***	0.266 (0.013)***	0.251 (0.012)***
状态同质性	γ_{12}	0.367 (0.013)***	0.294 (0.013)***	0.114 (0.003)***	0.325 (0.013)***
调节效应					
关注者的社区成长 × 意见领袖效应	θ_{11}		0.063 (0.009)***		0.143 (0.167)
关注者的社区成长 × 专家效应	θ_{12}		0.117 (0.006)***		0.427 (0.021)
关注者的社区成长 × 参照效应	θ_{13}		-0.115 (0.003)***		-0.251 (0.006)***
关注者的社区成长 × 结构等价效应	θ_{14}		-0.029 (0.003)***		-0.131 (0.004)***
关注者的社区成长 × 行为同质性	θ_{15}		0.015 (0.001)***		0.186 (0.089)

续表

自变量		主效应模型（线性拟合）参数估计（标准误）	全模型（线性拟合）参数估计（标准误）	主效应模型（非线性拟合）参数估计（标准误）	全模型（非线性拟合）参数估计（标准误）
关注者的社区成长×状态同质性	θ_{16}		-0.106 (0.004)***		-0.326 (0.012)***
控制变量					
关注者已有粉丝人数	δ_{11}	0.015 (0.042)	0.017 (0.151)	0.034 (0.329)	0.156 (0.194)
关注者已有关注人数	δ_{12}	0.017 (0.269)	0.006 (0.082)	0.011 (0.246)	0.029 (0.279)
关注者淘宝信誉星级	δ_{13}	0.371 (0.003)***	0.185 (0.006)***	0.161 (0.003)***	0.046 (0.153)
被关注者淘宝信誉星级	δ_{14}	0.186 (0.007)***	0.156 (0.012)***	0.263 (0.006)***	0.007 (0.018)
被关注者已关注人数	δ_{15}	0.016 (0.226)	0.115 (0.236)	0.061 (0.196)	0.027 (0.007)***
脆弱因子（Frailty Term）	v_1	—	—	0.045 (0.204)	0.016 (0.134)
模型评价					
总样本量		3865	3865	3865	3865
模型解释度（R^2）		0.27	0.31	0.28	0.27
调整后的模型解释度（ΔR^2）		0.25	0.27	0.27	0.26
极大似然值		-15987.56	-15747.13	-16185.42	-15993.50
Wald 检验		1459.14***	1561.33***	1351.53***	1442.62***
AIC 值		29939.026	29709.022	30106.845	29958.122
BIC 值		29984.857	29769.013	30296.041	29993.404

注：*p<0.05，**p<0.01，***p<0.001。

表4-6 用户网络关系形成的风险模型回归结果（相机类社区）

自变量		主效应模型（线性拟合）参数估计（标准误）	全模型（线性拟合）参数估计（标准误）	主效应模型（非线性拟合）参数估计（标准误）	全模型（非线性拟合）参数估计（标准误）
信息性社会影响					
意见领袖效应	β_{11}	0.322 (0.002)***	0.451 (0.011)***	0.261 (0.007)***	0.236 (0.004)***
专家效应	β_{12}	0.414 (0.011)***	0.316 (0.006)***	0.347 (0.012)***	0.037 (0.093)
规范性社会影响					
参照效应	β_{13}	0.006 (0.001)***	0.009 (0.001)***	0.037 (0.383)	0.027 (0.007)***
结构等价效应	β_{14}	0.008 (0.002)***	0.007 (0.001)***	0.027 (0.157)	0.008 (0.049)
社会选择影响					
行为同质性	γ_{11}	0.246 (0.002)***	0.355 (0.021)***	0.233 (0.011)***	0.153 (0.011)***
状态同质性	γ_{12}	0.367 (0.014)***	0.298 (0.014)***	0.124 (0.004)***	0.421 (0.012)***
调节效应					
关注者的社区成长×意见领袖效应	θ_{11}		0.153 (0.007)***		0.126 (0.189)
关注者的社区成长×专家效应	θ_{12}		0.127 (0.004)***		0.027 (0.121)
关注者的社区成长×参照效应	θ_{13}		-0.165 (0.002)***		-0.156 (0.005)***
关注者的社区成长×结构等价效应	θ_{14}		-0.027 (0.002)***		-0.237 (0.007)***
关注者的社区成长×行为同质性	θ_{15}		0.016 (0.001)***		0.176 (0.129)

续表

自变量		主效应模型（线性拟合）参数估计（标准误）	全模型（线性拟合）参数估计（标准误）	主效应模型（非线性拟合）参数估计（标准误）	全模型（非线性拟合）参数估计（标准误）
因变量：社会化商务社区网络关系形成					
关注者的社区成长×状态同质性	θ_{16}		-0.116 (0.011)***		-0.226 (0.011)***
控制变量					
关注者已有粉丝人数	δ_{11}	0.025 (0.063)	0.017 (0.151)	0.014 (0.122)	0.136 (0.144)
关注者已有关注人数	δ_{12}	0.013 (0.264)	0.006 (0.082)	0.011 (0.234)	0.019 (0.176)
关注者淘宝信誉星级	δ_{13}	0.373 (0.012)***	0.185 (0.006)***	0.261 (0.013)***	0.048 (0.125)
被关注者淘宝信誉星级	δ_{14}	0.185 (0.004)***	0.156 (0.012)***	0.167 (0.005)***	0.004 (0.016)
被关注者已关注人数	δ_{15}	0.012 (0.214)	0.115 (0.236)	0.061 (0.186)	0.017 (0.001)***
脆弱因子（Frailty Term）	v_1	—	—	0.045 (0.204)	0.014 (0.173)
模型评价					
总样本量		3675	3675	3675	3675
模型解释度（R^2）		0.26	0.30	0.28	0.26
调整后的模型解释度（ΔR^2）		0.25	0.28	0.26	0.25
极大似然值		-15984.28	-15742.26	-16183.84	-15993.50
Wald 检验		1452.54***	1566.48***	1353.46***	1441.65***
AIC 值		29936.028	29704.325	30104.635	29954.142
BIC 值		29987.321	29763.368	30299.128	29992.653

注：*p<0.05，**p<0.01，***p<0.001。

表4-7 用户网络关系形成的风险模型回归结果（计算机类社区）

自变量		主效应模型（线性拟合）参数估计（标准误）	全模型（线性拟合）参数估计（标准误）	主效应模型（非线性拟合）参数估计（标准误）	全模型（非线性拟合）参数估计（标准误）
因变量：社会化商务社区网络关系形成					
信息性社会影响					
意见领袖效应	β_{11}	0.423 (0.012)***	0.531 (0.017)***	0.256 (0.003)***	0.211 (0.002)***
专家效应	β_{12}	0.312 (0.013)***	0.463 (0.015)***	0.247 (0.011)***	0.034 (0.073)
规范性社会影响					
参照效应	β_{13}	0.007 (0.001)***	0.011 (0.003)***	0.033 (0.283)	0.028 (0.005)***
结构等价效应	β_{14}	0.014 (0.002)***	0.012 (0.002)***	0.021 (0.177)	0.006 (0.048)
社会选择影响					
行为同质性	γ_{11}	0.237 (0.004)***	0.217 (0.023)***	0.133 (0.001)***	0.152 (0.012)***
状态同质性	γ_{12}	0.318 (0.016)***	0.326 (0.013)***	0.125 (0.003)***	0.124 (0.002)***
调节效应					
关注者的社区成长 × 意见领袖效应	θ_{11}		0.093 (0.006)***		0.129 (0.182)
关注者的社区成长 × 专家效应	θ_{12}		0.216 (0.008)***		0.025 (0.163)
关注者的社区成长 × 参照效应	θ_{13}		-0.167 (0.003)***		-0.146 (0.004)***
关注者的社区成长 × 结构等价效应	θ_{14}		-0.024 (0.001)***		-0.218 (0.001)***
关注者的社区成长 × 行为同质性	θ_{15}		0.037 (0.002)***		0.178 (0.199)

续表

自变量		主效应模型 （线性拟合） 参数估计 （标准误）	全模型 （线性拟合） 参数估计 （标准误）	主效应模型 （非线性拟合） 参数估计 （标准误）	全模型 （非线性拟合） 参数估计 （标准误）
因变量：社会化商务社区网络关系形成					
关注者的社区成长×状态同质性	θ_{16}		-0.154 (0.013)***		-0.224 (0.013)***
控制变量					
关注者已有粉丝人数	δ_{11}	0.029 (0.072)	0.037 (0.169)	0.012 (0.132)	0.135 (0.147)
关注者已有关注人数	δ_{12}	0.018 (0.213)	0.005 (0.062)	0.013 (0.238)	0.017 (0.198)
关注者淘宝信誉星级	δ_{13}	0.186 (0.011)***	0.192 (0.004)***	0.161 (0.011)***	0.025 (0.135)
被关注者淘宝信誉星级	δ_{14}	0.135 (0.005)***	0.146 (0.011)***	0.137 (0.004)***	0.004 (0.021)
被关注者已关注人数	δ_{15}	0.016 (0.138)	0.129 (0.136)	0.041 (0.189)	0.015 (0.001)***
脆弱因子（Frailty Term）	v_1	—	—	0.035 (0.216)	0.013 (0.181)
模型评价					
总样本量		3236	3236	3236	3236
模型解释度（R^2）		0.26	0.27	0.28	0.29
调整后的模型解释度（ΔR^2）		0.24	0.25	0.26	0.28
极大似然值		-15981.97	-15739.85	-16172.86	-15983.45
Wald 检验		1452.54***	1576.98***	1328.95***	1448.67***
AIC 值		29931.853	29701.854	30134.128	29958.245
BIC 值		29976.635	29759.236	30235.347	29997.457

注：*$p<0.05$，**$p<0.01$，***$p<0.001$。

表4-5至表4-7是对原始数据中另外的三个不同品类的数据的模型检验结果，与社区（1）代表的服装类产品的社会化商务社区不同，从社区（2）到社

区（4）分别选取的是食品、数码相机和笔记本电脑等品类的社会化商务社区。从数据分析的结果可以得出以下结论：总的来看，社会影响和社会选择的驱动机制在社会化商务社区中用户之间的网络关系形成中作用稳定，即从表4-4至表4-6均可以看到社会影响和社会选择两类变量的显著正向作用（从社区2到社区4的数据分析结果中，回归系数β_{11}到β_{14}以及γ_{11}到γ_{12}的取值均显著为正）；而当进一步观察不同产品类型对模型结果可能带来的影响时，我们发现，基于信息符号的一些影响因素在数码相机和笔记本电脑这些需要消费者投入更多产品知识学习的社区当中的影响会更强。例如，从对社区3和社区4（分别为数码相机和笔记本电脑的产品交易和讨论社区）的数据分析结果来看（社区3，$\beta_{11} = 0.451$，$\beta_{12} = 0.316$；社区4，$\beta_{11} = 0.531$，$\beta_{12} = 0.463$），信息性的社会影响以及社会选择中的行为同质性的影响系数相对于社区1和社区2（分别为服装和食品的产品交易和讨论社区）更强（社区1，$\beta_{11} = 0.122$，$\beta_{12} = 0.113$；社区2，$\beta_1 = 0.156$，$\beta_2 = 0.137$）；另外，从用户的社区成长对社会影响作用和社会选择作用的调节来看，基于不同品类产品而形成的社会化商务社区并没有显著性的差异，模型检验的结果比较稳定；本书在对社区2到社区4各个社区用户行为数据的模型拟合均发现基于线性拟合的比例风险模型整体效度高于非线性拟合的情况（脆弱因子在基于全部4个数据集的模型检验中均不显著，且AIC和BIC值均高于线性拟合的情况）。

4.7 本章小结

总的来说，本书具体探讨了社会化商务社区中用户相互之间的关系形成的机制。根据以往的研究，我们一共梳理了两类关系形成的驱动因素，一类是社会影响类因素，包括信息性社会影响和规范性社会影响；另一类是社会选择类因素，主要包括用户相互之间的行为同质性和状态同质性。在基于Cox比例风险模型对上述协变量和关系形成事件建模的基础上，对搜集的4种品类的社会化商务社区用户行为数据进行了相应的实证检验。数据分析的结果支持了我们在书中提出的研究假设，本书帮助我们进一步了解了社会化商务社区这个特殊背景下用户相互之间的关系形成机制，另外，本书对用户社区成长阶段的考虑也帮助我们更加了解了具有不同社区成长经验的用户，在受到社会影响和社会选择驱动而关注社区中其他用户的基本规律。

具体来看，正如本书在文献综述中所讨论的，社会化商务社区的特殊性在于其信息类因素在用户行为动机中所起到的基本作用，事实上，本书通过社会影响中的信息性社会影响和社区选择相关变量的影响系数可以看到信息类因素，不论是对社区经验较少的用户还是对那些社区成长时间较长的用户来说，始终是他们选择关注其他用户的一个主要驱动因素；但社会化商务社区又并非是一个纯粹的信息搜索社区，本书从规范性社会影响产生的显著影响同样可以看到社会化因素在该类社区中所起到的作用，但需要注意的是，这类社会化的影响对于社区经验较少的用户的作用要强于具备了更多社区经验的用户，主要原因可能是社区经验较少的用户在行为上往往更容易"随大流"，即更多地参照周围用户的行为特征从而形成一种社会规范的趋势，而随着用户在社区中逐渐成长，他们越来越清楚自己的信息搜索偏好，这时候就更愿意按照自身的兴趣点去寻找那些自己更感兴趣或者更深入的产品相关信息。

第5章 研究三：社会化商务社区中买家与卖家的关系构建机制

5.1 引言

随着互联网从 Web 1.0 的计算机交互时代进入了 Web 2.0 的用户交互时代，传统的电子商务模式也开始向社会化商务模式迈进，新的商业模式给企业带来机遇的同时也提出了新的挑战。如何实现用户交互的社会性与商务的经济性相互促进而不是相互排斥？从社会化商务发展的进程来看，企业为解决该问题的最常见的两条思路是：①在社交网站中添加交易平台（将经济性融入社会性）。②在交易网站中添加社交平台（将社会性融入经济性）（Aral，Walker，2012）。其中，第一种思路的基础是社交网络的演化，关键在于识别社交网络中的意见领袖和信息的传播特点，如口碑在人际网络中的传播、意见领袖对其他成员的影响特点等（Bass 等，2004）。相比之下，第二种思路中关于交易网站的用户之间的社交关系（即社会化商务社区）发展模式的研究较少。本书就是回答能否应用已有的社交网络演进的理论来指导第二种思路中社会化商务社区的构建。具体来讲，本书识别出社会化商务社区中的成员作为买家和卖家的不同身份，通过探索以往关于社会网络中关系构建的主要因素在买家和卖家中所起到的不同的作用，来对比他们在网络关系构建过程中的差异性。本书最终的研究结论能够帮助我们进一步了解，社会化商务社区中的成员作为买家或卖家的不同身份关系构建机制的差异

第5章 研究三：社会化商务社区中买家与卖家的关系构建机制

性，从而指导社会化商务社区中的企业参与者（即社区中开设有网络店铺的卖家）更有效地吸引社区中的买家以及了解社区中的其他企业参与者的关系构建模式，最终实现社会化商务社区的社会化商务价值。

本书基于社会网络闭包的相关理论，通过逻辑回归模型来探讨社会化商务社区中成员之间的关系构建机制。其中，"网络闭包"（Network Closure）是指在一个复杂的网络系统中，网络中的节点相互之间通过直接或间接的方式产生连接的过程（Barabasi 等，1999），而"社会网络闭包"（Social Network Closure）则是"网络闭包"的一个特殊的例子，即网络中的节点代表的是某一个组织或群体中的社会成员，其"闭包"的过程则是该组织或群体中的社会成员相互之间构建关系的过程。可见，研究社会网络闭包的相关问题在本质上就是研究在一个特定的社会群体内部，成员之间相互构建关系的原因和机制。社会网络闭包早在 Coleman（1988）以及 Burt（1987）等人的研究中就被作为一个理论提出，他们指出，"当社会网络中有两个成员共同连接到第三个成员时，该两名成员之间将会有更高的概率产生连接从而形成闭包（Closure）"。该论点从社会网络演化的基本单位（即由少数节点和连接组成的基本网络单位）出发，用从微观到宏观的演绎方式揭示了社会网络演化的一个重要规律，之后的许多学者在研究社会网络的演化时，往往以网络闭包理论为基础并进一步补充和深化该理论的内涵。事实上，网络社区本身的不同性质会导致其闭包机制的差异性，即不同性质的网络社区以及社区成员不同的心理动机会导致其网络中关系构建具有不同特点；另外，考虑到连接本身的方向时，社会网络闭包的过程也应该由不同的机制来解释，例如在本书所关注的社会化商务社区中，社区成员所发出的连接往往是单方面的，不同的连接方向所代表的成员之间的关系结构是不同的。因此，本书以社会网络闭包理论为基础，结合以往研究中关于网络闭包背后的机制解释，探讨社会化商务中的社会化商务社区网络闭包的特殊性和差异性。

事实上，社会化商务社区相对于传统的社交型社区的主要的不同，在于其成员之间的关系并不是传统意义上的"朋友关系"（Friendship），由于社会化商务社区所特有的交易特性，社区中的成员不论是买家还是卖家在构建关系时，往往都会以具体的商品或社区活动（如以商品信息为主题的社区论坛讨论）为纽带。因此，本书认为社会化商务社区中成员之间的关系构建，主要通过以商品有关信息的活动参与和分享为纽带的"二模嵌入"（Two-mode Embeddedness）来完成。Faust（1997）在研究中对二模嵌入的关系构建形式提出了具体的解释，他指出在一些社会网络中，成员与成员之间的人际交往可能并不是直接形成的，这些成员往往从属于某一个或一些组织机构或社会活动（如学校、公司、各种聚会活动等），这种归属性（Affiliation）能够使网络中本来相互陌生的社会成员之间构建关系，而"二模"指的是由成员和成员所归属的事件两类不同性质的节点所组成的异质网络，当不同的成员之间的归属性越相似时，他们就越有可能形成相互连接的关系，即通过二模嵌入的方式形成社会网络闭包。正因为社会化商务社区在其成员特质、成员动机、关系性质、关系来源和关系演进动力等方面与传统的社交型社区均有着本质的不同（见表5-1），本书基于一般社会网络的闭包相关机制来揭示社会化商务社区网络演进过程中网络闭包（即社区关系构建）的特殊性和差异性，旨在帮助企业有效地将用户的社会性融入交易社区的经济性中，从而实现其社会化商务价值。

表5-1 社会化商务社区与社交型社区的不同

区分维度		社交型社区	社会化商务社区
社区要素（成员和关系）	成员角色	朋友、亲人、同学	买家、卖家
	成员需求	以情感交流为主	以商业信息交流为主
	关系来源	固有的社会关系+新建社交关系	既有的交易关系+潜在的交易关系
社区网络结构		直接的人际交往为主社会资本	以功能、信息为纽带的间接关系二模网络
社区演化动力		规范性社会影响（Normative Influence）	信息性社会影响（Informational Influence）

本书以国内最大的交易型网站（淘宝网）为平台，选取其中最活跃的一个圈子社区（7902名会员）为研究对象，基于Eclipse平台编写Java程序来抓取该社区全部成员的直接社交关系（关注、粉丝）数据和间接二模关系（发帖、回复）数据，在展现该社区成员关系网络结构的同时（见图5-1），也是识别社会化商务社区中影响成员间关系构建的主要因素。在具体的关系构建模型检验部分，我们将所有样本区分为两类，一类是由买家发出的链接，另一类是由卖家发出的链接，以此来进一步区分社会化商务社区中的成员作为买家和卖家不同的心理机制，从而帮助社区中的企业参与者（即社会化商务社区中的卖家）更有效地吸引社区中的买家以及了解社区中其他卖家的关系构建模式。

本章以下部分的内容组织如下：本章的第二部分基于以往文献区分不同的社

区类型,提出社会化商务社区成员闭包机制的假设;本章的第三部分介绍数据、方法和模型的构建以及模型的检验结果;本章的第四部分是对本章研究结果的讨论与总结。

5.2 理论背景和假设提出

5.2.1 社区的分类以及社会化商务社区的相关研究

随着计算机技术的发展,对"社区"的定义已经突破了传统地域上的局限,对社区的分类也更多地关注社区成员的特质(成员的社会角色、人口统计特征)和社区建立的动机(情感、兴趣和交易等)。由于不同学者在社区研究中解决的主要问题的不同,研究的侧重点也不一样,因而关注的社区类型也不一样,其中,以人际关系为基础的社交网络发展最为广泛,也成为了许多学者进行虚拟社区演化研究的重点。而随着电子商务时代向社会化商务时代的转变,社会化商务社区(如淘宝、腾讯拍拍和eBay易趣等)在中国蓬勃发展,但相应的研究却相对较少。许多学者对虚拟社区的社会网络分析也主要以非营利的关系型社交网络为主,如维基百科、博客社区和社交网络等。在社会化商务时代,社会化商务社区正是将社会交互的社会性转化为经济性的关键纽带,一个常见的管理策略是将社交网络推广方式应用到社会化商务社区中,通过扩大社区成员和强化关系性质来达到管理者所期待的经济效果,例如淘宝圈子的初衷就是希望通过建立类似于兴趣型、关系型的社区(如豆瓣小组、百度贴吧等)来强化电子商务的社会网络应用(SNS),从而发展其商业价值。这种将关系型网络的社会化与交易型网络的商业性简单结合的方式忽略了不同性质的虚拟社区在演化机制上的本质不同,事实上,这些简单地对社交网络社区进行商业化推广的实际经济效果也受到了许多学者的质疑。

本书认为,在社会化商务社区中添加社交关系应用服务(SNS)时,必须考虑到不同性质的社区在关系构建机制上具有本质的不同(见表5-1),例如在社交网络中,许多网络节点的加入和网络连接的形成来源于成员所嵌入的社会关系(Embeddedness),这种嵌入也许在成员加入虚拟社区之前就已经存在(如线下关系),而且其本身也带有显著的情感因素;但在社会化商务社区中,以完全陌生关系为主的社区成员在一个模糊情境下受到的信息性社会影响（Informational Influence），相对于规范性社会影响（Normative Influence）可能更为显著，因此，社会化商务社区中成员的关系构建更容易受到产品、信息和功能的主导，至少在社会化商务社区建立初期，情感关系的影响也许并不显著。综上所述，不同性质和类型的社区在其演化的过程中具有不同的影响机制，本书基于以往文献关于网络闭包机制的研究来探讨社会化商务社区网络关系演化的特殊性和差异性，目的在于帮助社区的管理者更好地了解和预测社会化商务社区中的网络关系演化，同时也能帮助社区内的卖家更加有效地吸引社区中的买家以及了解社区中的其他企业参与者的关系构建模式。

5.2.2 社会化商务社区中的买家和卖家

正如我们在前文中所提到的，社会化商务社区中用户之间的关系并不同于传统意义上的"朋友关系"（Friendship），而社区中的用户相互之间构建关系的原因和动机也会根据社区成员的角色性质而具有较大的差异。总体来说，在社会化商务社区中根据用户的角色可以将所有的网络连接类型分为由买家发出的链接和由卖家发出的链接，从社区中买家的角度来看，他们在进行网络产品交易时并不能真实地感受到产品的质量，这种信息不对称性也是他们进行网络购物时面临的主要障碍，因此，有效地搜索产品相关信息是他们在社会化商务社区中构建关系时的主要动机，例如，通过关注社区中的其他成员能够帮助社会化商务社区中的买家积累丰富的产品购买体验，也能够帮助他们了解一些具体商品的价格趋势和销售状况，从而指导他们在以后的产品购买中做出更好的决策；从社区中卖家的角度来看，他们同样注重社会化商务社区的信息性和功能性，因为他们可以通过关注社区中的其他用户来吸引潜在的消费者、培养忠诚顾客、提升店铺浏览数量。例如，社会化商务社区中的卖家可以选择关注某一个用户来共享一些商品信息，从长期来看，这样的关系构建能够帮助社区中的卖家与其他用户形成积极的互动关系，并且间接地提升卖家网络店铺的浏览数量进而促使交易的最终形成。综上所述，社会化商务社区中的买家和卖家共同关注社区的信息性和功能性的同时，在各自选择关系构建的对象时也存在着一定的差异。因此，在具体检验社会化商务社区中用户之间网络闭包机制的模型时，我们会将样本进一步区分为买家构建的链接和卖家构建的链接，来对比不同动机驱使下的社会化商务社区成员之间关系网络闭包机制的差异性。基于此，本书在探讨社会化商务社区中的关系网络闭包机制相对于传统社交型社区的差异性时,可以进一步地帮助社会化商务社区中的企业参与者(即社区中的卖家)了解社区内不同成员的关系构建机制,预测社区成员之间的网络关系结构并及时调整自己的关系构建策略。

5.2.3 一般网络闭包形式与社会化商务社区的演化

在关于一般网络演进的相关研究中,往往通过闭包过程来模拟网络中关系构建的过程。已有的关于网络闭包的理论考虑了互惠性、社会影响和选择影响等对整个网络闭包过程的推动,国内外学者关于这些影响在复杂网络演化中的作用机制的相关文献包括:Backstrom 等(2006);Kossinets,Gueorgi 和 Watts(2006);Crandall 等(2008);陆君安等(2010);吕琳媛等(2013);崔爱香等(2011)。图 5-1 采用图示化的方法列举了一般社区的网络闭包形式,主要包括二元闭包和三元或多元闭包。

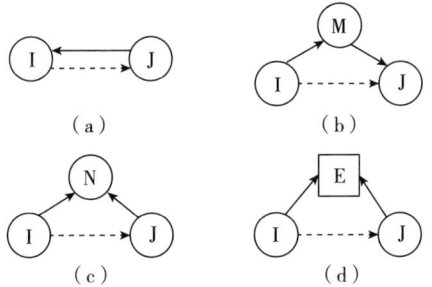

注:图中的圆形 I、J、M、N 表示社区中的成员;方块 E 表示社区活动。

图 5-1　一般社区的网络闭包(Closure)形式

在图 5-1(a)中,闭包产生于两个社区成员 I 与 J 之间,背后的机制是一种互惠的影响(因为 J 在之前向 I 发出了链接);而图 5-1(b)就是一种社会影响(传染)的闭包形式(传染路径为 J-M-I);图 5-1(c)和图 5-1(d)表示的分别是基于共同好友和共同社区活动的闭包形式。由于图 5-1(b)中涉及的传染路径和图 5-1(c)与图 5-1(d)中涉及共同好友和共同社区活动都可能不止一个,因此,也是一种基于多个节点的闭包形式。但是这些在以往的社交网络社区中存在的闭包机制是否在社会化商务社区中仍然存在?具体来讲,互惠性、社会影响和选择影响在社会化商务社区的网络中会有怎样的表现?本书接下来的部分会具体分析在社会化商务社区的特殊环境下,上述这些网络闭包机制的差异性,并分别从社会化商务社区中买家和卖家的角度出发提出相应的研究假设。

5.2.3.1 互惠性与社会化商务社区的网络演进

互惠性（Reciprocity）是指人们的一些行为（善意或恶意）是基于他人对自己的行为所做出的反馈，在一些研究中，互惠性通常被认为是人际关系所具有的基本特性。一些学者也用实证的方法证明了互惠性在网络演化中所起到的重要作用，例如 Stockman 和 Doreian（1997）在研究网络结构的动态演化时指出互惠结构的影响在网络发展一开始就具有非常显著的影响，但是该影响的强度是稳定的，并没有随着时间的推移而增强；Nowak（2006）在研究网络组织的关系建立时认为直接互惠（即时利益的互惠）和间接互惠（通过中介传导的互惠）是合作网络演化的两个基本原则。

上述研究均表明互惠性在网络演化中所起到的积极影响，但是也有学者从相反的角度探讨互惠性的关系模式所带来的负面影响。由于互惠性是在大量的社会交互（Social Interaction）的基础上，因此互惠性本身所需要的关系投入成本较高，这些成本和风险包括：①时间消耗和信息重复（反复的交互）。②关系无效率（搭顺风车）。③关系嵌入带来的责任和压力。因此，互惠关系在以长期导向为主的关系型社交网络中能够增强信任和关系的稳定。在社会化商务社区中，成员作为买家和卖家在面临互惠性的选择时可能会出现差异，例如，至少在短期内，互惠的关系并不一定是一项高收益的投资，因为社会化商务社区相对于社交网络而言，在短期内更注重信息性和功能性，关系的多样性和宽度比关系的同质性和深度更能够帮助社会化商务社区中的成员获取更优的社区地位，因此，在发展社会化商务社区时，试图通过社交网络的互惠关系模式可能就会出现事与愿违的结果。图5-2描述了社会化商务社区中成员所面临的闭包选择。

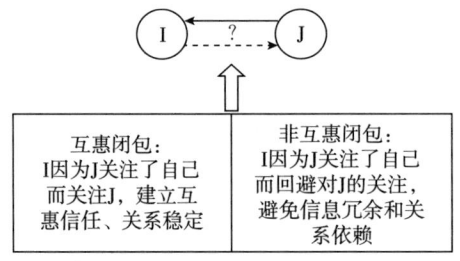

图5-2　交易型社区成员面临的二元闭包选择

以往的研究表明，互惠关系能够带来关系的嵌入，从而带来信任和关系的稳定。但是互惠在带来关系获利的同时，也会带来一些成本，这些成本包括重复往来造成的信息冗余以及效率降低。而在社会化商务社区中，作为买家的社区成员更注重信息传播的效率，他们希望能在短时间内通过有效的信息搜索来获取自己感兴趣的产品相关信息，因此，他们往往会回避互惠关系所可能带来的冗余信息和关系维护成本；另外，作为卖家的社区成员虽然同样注重关系构建的信息性和功能性，但他们同样需要考虑花费时间和成本培养潜在的忠诚顾客，因此，当他们收到社区中其他成员的关注时会采取更加积极的态度作为反馈，即更有可能发出互惠性的链接。基于此，本书提出以下研究假设：

H_{10}：(a) 对于社会化商务社区中的买家，他们更加关注关系建立的成本并避免信息的冗余性从而回避互惠关系的出现，即成员 J 对买家 I 的关注会负向影响买家 I 对成员 J 构建关系；(b) 对于社会化商务社区中的卖家，他们对在社区中收到的关注更愿意采取积极的态度来培养潜在的忠诚顾客，因此更愿意发出互惠性的链接，即成员 J 对卖家 I 的关注会正向影响卖家 I 对成员 J 构建关系。

5.2.3.2 传染与社会化商务社区的网络演进

"传染"（Contagion）一直以来都是网络闭包研究中一个主要的机制，Kermack 和 McKendrick（1932）发展出了一些经典的传染力模型。例如 SIR（Susceptible – Infected – Removed）变量是指个体处于三种状态之一：易感、感染和消亡，个体以一定的概率从一种状态转换到另一种状态。人际网络的演化过程实际上也具有这种"传染"的特性，而其主要动力来源于社区成员之间的社会影响。在虚拟社区中，传染的直接后果就是新的连接或新的节点的出现，前者导致了成员关系的嵌入增强，后者导致了社区规模的增长。本书所要探讨的就是在社会化商务社区这一特定环境下，网络中的传染具有什么样的特性？如之前提到的，虚拟社区中的传染动力来源于社会影响，因此，也就存在信息性社会影响与规范性社会影响推动着虚拟社区的演化。以往的研究对网络传染模型很多都是基于社交网络平台，例如，Trusov、Bodaprti 和 Bucklin（2010）研究了社交型网站 Facebook 的成员影响力，并通过基于面板数据的成员活动来解释社区成员的行为如何被感染；在新产品扩散模型中，传染力模型的构建也缺少对网络本身特性的考虑，例如 Trusov、Bucklin 和 Pauwels（2009）研究传统的营销信息如何在社交网络中被提及和扩散，Iyengar、Bulte 和 Valente（2011）在研究新产品扩散的网络传染机制中重点关注了意见领袖的作用，而对意见领袖本身所嵌入的网络类型并没有考虑。

事实上，社会化商务社区与社交网络的差异性是非常明显的，因此，一些有影响力的关键节点，如意见领袖在社会化商务社区中可能很难发挥其在社交网络中的传染作用。一个很重要的原因是，从传染性在网络中的关系结构来看，当信息从成员J传导至成员I的路径越来越多时（即传染性越来越强时），成员J本身的重要性就会相对降低；从聚类系数（Clustering Coefficient）的角度也可以得到类似的结论，传染性会导致网络的密度增加，但同时也会带来聚类系数的增加，而聚类系数增加带来的直接后果就是信息传递的可选择路径增加，而在社会化商务社区中，信息性社会影响相对于规范性社会影响的作用可能更为突出，信息本身比信息的来源更为重要，当社会化商务社区中的成员发现能够通过很多路径来获取一些特定的信息时，是对该信息来源的进一步投资（关系嵌入）还是利用有限的资源去追逐新的信息来源？因此，在社会化商务社区中，成员究竟是如何被传染的我们并不知道，这也是本书需要解释的具体机制。图5-3描述了社会化商务社区成员在信息传染下面临的闭包选择。

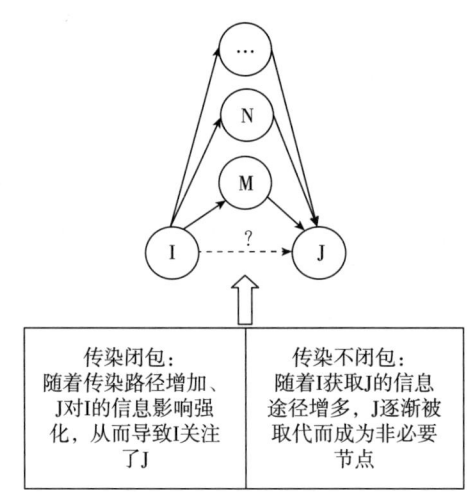

图5-3　交易型社区成员在信息传染下面临的闭包选择

根据之前提到的关于社会化商务社区中买家和卖家在关系构建动机上的差异，本书认为：对于社区中的买家参与者，信息性社会影响发挥着主要作用，过多的传染路径带来了较高的聚类系数的同时也降低了传染源作为信息传播的必要

第5章 研究三：社会化商务社区中买家与卖家的关系构建机制

性，他们更愿意去寻找多样化的信息来源使自己在做出消费决策时能有更加全面的商品信息作为基础，因此，社会化商务社区中的买家继续关注作为传染源的成员概率就会降低；另外，对于社区中的卖家参与者，他们更关心如何利用信息的传染源来帮助传播与自己商品相关的信息，因此他们需要借助这些传染源来提升信息传播的范围和速度。基于此，本书提出另一个假设：

H_{11}：（a）对于社会化商务社区中的买家 I，成员 J 对买家 I 的传染路径增加会降低成员 J 对买家 I 直接传播信息的必要性，因此当成员 J 的信息可以通过越多的路径传染至买家 I 时，会负向影响买家 I 对成员 J 构建关系；（b）对于社会化商务社区中的卖家 I，成员 J 对卖家 I 的传染路径增加会有利于卖家 I 通过传染源 J 向卖家 I 的"朋友圈"有效地传播商品信息，因此当成员 J 的信息可以通过越多的路径传染至卖家 I 时，会正向影响卖家 I 对成员 J 构建关系。

5.2.3.3 选择影响与社会化商务社区的网络演进

研究表明，在一个网络组织中，出于社会比较和社会支持的目的，人们有一种很强的同那些与自身具有共同特征的人聚拢在一起的倾向，这就是一种基于成员相似性的选择性影响。如果之前提到的传染是网络中的成员通过信息的传递而逐渐与网络同质的过程，那么选择性影响则是指网络中的成员根据已经具有的相似性而发展关系促进社区演化的过程。例如 Kossinets、Gueorgi 和 Watts（2006）在对 43553 名在校学生的实证研究中，以学生共同参与的课堂作为学生间相似性的测算，以学生之间的邮件网络作为社会交互关系的测算。结论指出，这些学生共同参与的课堂、共同认识的朋友可以预测他们之间产生社会交互（邮件往来）的概率；Crandall 等（2008）研究了选择影响与社会影响的交互作用对虚拟社区演化的影响，研究所选取的虚拟社区包括 Wikipedia 和 Live Journal，研究结果指出了选择影响与社会影响对虚拟社区连接形成概率的影响。

因此，选择影响是社区演化中的一个重要机制，不论是在社交网络中还是在社会化商务社区中，这种"物以类聚，人以群分"的网络演化机制都会存在。本书在分析社会化商务社区的演化过程时，同时考虑上述提到的网络演化闭包机制，即互惠、传染和选择影响，实证研究这些机制在社会化商务社区演化过程中所起到的作用。

我们认为在社会化商务社区中，不论是买家还是卖家，都会根据他们与其他社区成员所具有的相似性（通过共同的社区好友和共同参与的社区活动来体现）来构建关系，如图 5-4 所示。因此，作为推动社会化商务社区发展演化的另一

主要动力,本书提出的研究假设为:

H_{12}:在社会化商务社区中,不论是买家参与者还是卖家参与者,社区成员之间基于(a)共同社区好友和(b)共同社区活动的相似性越高,会正向影响这些成员之间的关系构建。

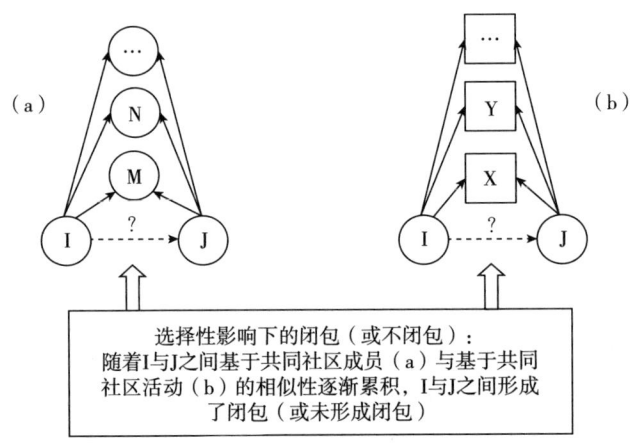

图 5-4 交易型社区成员在选择性影响下面临的闭包选择

5.3 研究方法与数据分析

5.3.1 基于 Eclipse 平台和 Java 程序的数据抓取

本书选取的社会化商务社区数据来源于目前淘宝圈子中最活跃的一个圈子。该虚拟社区于 2012 年 6 月 12 日建立,截止到数据采集之日(2013 年 4 月 28 日)已建立有近 11 个月,共有成员 7902 名,全部为淘宝网页的注册会员。尽管淘宝的圈子都是以特定的兴趣主题(如服饰、数码、汽车和校园)为主导,形式上看上去类似于兴趣型或社交型虚拟社区,但由于淘宝本身就是一个商业性非常强的平台,而且圈子中的所有会员都是买家或者卖家,因此淘宝圈子并不是单纯的兴趣型或社交型圈子,交易型的关系是这些圈子建立的基础。由于本书选取的虚拟社区成员数量庞大，社区成员的关注、粉丝、发帖和回帖信息量巨大，人工统计是无法短期内抓取出成员间的网络关系和社区活动，因此，数据搜集基于Eclipse开发的平台，通过自己编写的Java程序抓取该社区成员之间的全部关系信息（关注、粉丝）和社区活动信息（发帖、回帖），并将这些信息储存在SQL Server数据库当中。本书为了排除虚拟社区本身对成员闭包过程的影响，对总共7902名社区成员的关系信息进行了筛选，剔除了成员在其他虚拟社区（如同属于淘宝网站的论坛、帮派等）的活动，只关注这7902名社区成员之间的关系结构。

通过Eclipse的网络爬虫程序将选取的淘宝圈子的全部数据储存在SQL Server中，表5-2是通过Eclipse的网络爬虫程序抓取的全部数据字段和解释。

表5-2 基于Eclipse平台抓取的淘宝圈子基本信息

数据名称及类型		数据解释	数据格式
成员个人中心网络信息	成员ID	淘宝圈子中每一个成员所唯一特有的身份	文本型
	成员粉丝	关注该成员的全部用户ID	文本型
	成员关注	该成员所关注的全部用户ID	文本型
社区成员个人特质信息	入圈时间	圈子中每一个成员加入圈子的时间（精确到日）	数值型
	用户个人主页	用来进入圈子中成员个人空间的链接地址	链接地址
	用户积分	用来衡量圈子用户在圈子中的经历和地位	数值型
	浏览量	该成员的个人主页被浏览的次数	数值型
社区成员参与社区活动信息	帖子ID	虚拟社区中帖子的唯一地址	链接地址
	发帖者ID	每一个帖子的发起者ID	文本型
	回复者ID	每一个帖子的回复者ID	文本型
	发帖时间	圈子中每一条帖子出现的时间	数值型
	回复时间	每一条帖子中每一个社区成员回复帖子的时间	数值型

5.3.2 变量测量与网络闭包模型构建

本书选取的社会化商务社区（淘宝圈子）中所有成员网络关系的形成主要来源于两个部分：第一部分是成员间直接的关注和粉丝；第二部分是圈子中成员间通过社区活动形成的间接关系，也即是二模的网络结构。虚拟社区中所有成员间的关系构成了一个有向图（Directed Graph）。本书通过Matlab将储存在SQL

Server中的全部社区成员有向关系数据以矩阵的方式表述出来,该矩阵的行和列就是社区中所有成员的ID,如果成员i关注了成员j,那么在对应的第i行和第j列的取值为1,即$link_{i,j}=1$,否则为0。因此,全部的社区成员构成的初始矩阵就是一个二值型的非对称方块阵A。每个变量的测量和表述也是基于矩阵A的运算。

5.3.2.1 互惠性(Reciprocity)

根据Stockman和Doreian(1997)对网络中的互惠性的定义,社区中成员所面临的互惠性选择是指该成员在收到来自另一位成员的链接时,是否会反馈出一条链接从而使双方达到一种相互关注的平衡结构。因此,互惠性是二者之间的相对关系,是一个二元变量,即:

$$Rec_{i,j} = \begin{cases} link_{j,i} = 0 \\ link_{j,i} = 1 \end{cases} \quad (5-1)$$

其中,$Rec_{i,j}$表示成员i所面临的互惠性,$link_{j,i}$表示成员j是否连接了成员i。因此,与初始矩阵A对应的互惠性矩阵就是A的转置(A^T)。

5.3.2.2 传染性(Contagion)

根据Kermack - McKendrick(1927)的传染力模型,可以根据以下四种状态将虚拟社区中的成员进行分类:①如果一个个体可能被感染,那么它就是易感的。②如果个体已经接触到了传染源,则它就是感染的。③如果个体从感染中恢复并且对以后的感染免疫时,它就是恢复的。④如果一个个体由于传染而死亡,那么它就是消亡的。本书在关注社会化商务社区的传染性时,主要关注的是状态①与状态②以及从状态①向状态②的转变机制。具体来讲,我们用$link_{i,j}$表示成员i受j的传染状态,当$link_{i,j}=1$时,i嵌入于j的关系网络之中(即受到感染),而i是否因为传染的影响嵌入j的关系网络取决于j的信息可以通过多少条路径传达至i。矩阵的自乘是测量网络中传染路径的一种有效的算法,Ransbotham等(2012)通过矩阵的自乘来研究信息传播在维基百科中的最短路径。因此,计算网络中一个成员对另一个成员的传染力实际上就是计算网络成员之间的路径矩阵(对初始矩阵进行N次自乘之后得到),其中自乘的次数N就是节点间信息传递所需要的最短路径,而路径矩阵中的数值表示节点之间这样的最短路径有多少条。根据小世界网络理论,成员之间往往经过六步就能够到达网络中的任何其他成员,过长的路径导致信息传递的衰减也无法造成实质上的传染,因此本书选取的路径长度为4,并且随着路径长度增加而

对其传染力做指数化衰减处理,具体来讲,易感个体 i 受到传染源 j 的传染力为:

$$\text{Con}_{i,j} = \sum_{p=2}^{m} \text{link}_{i,j,A^p} \times \left(\frac{1}{p}\right)^p \tag{5-2}$$

其中,m 表示易感成员 i 受到 j 传染的路径长度($2 \leq m \leq 4$),link_{i,j,A^p} 表示在长度为 p 的路径下,i 受到 j 传染的途径有多少条,A^p 就是对初始矩阵 A 的自乘运算。

5.3.2.3 选择性(Selection)

根据选择性影响的定义,网络中的成员因为已经具有的相似性而选择性的发出链接从而使自己嵌入网络中,与 Kossinets, Gueorgi 和 Watts (2006) 的研究相似,本书对成员 i 与成员 j 相似性的测算同时考虑了两者基于社区成员的相似性和基于社区活动的相似性,前者表示 i 与 j 共同认识的社区成员(Mutual Acquaintances);后者表示 i 与 j 共同参与的社区活动(Shared Activities)。在具体的变量计算当中,成员间的相似性也来源于两类矩阵,一类仍然是前文提到的原始矩阵 A;另一类是记录了社区成员活动的矩阵 B,矩阵 B 与矩阵 A 的不同在于 B 并不是一个对称矩阵,而且矩阵的取值也不一定是二值型的,该矩阵的行记录了社区的全部活动(在本书抓取的淘宝圈子数据中,社区活动是指成员在社区中的发帖和回复行为),矩阵的列记录了圈子的所有成员,因此矩阵 B 中每一个元素的取值就是相应的圈子成员参与活动的次数。矩阵 B 实际上是对虚拟社区二模网络关系(Two – mode Network)的表述,二模网络(也称归属网络)表示的是网络成员之间通过活动产生的间接联系,因此,社区活动成为连接社区成员的纽带。在测量虚拟社区中成员之间的相似性时,利用原始矩阵 A 来计算基于共同朋友的相似性;利用原始矩阵 B 来计算基于共同社区活动的相似性:

$$\text{PSim}_{i,j} = \text{link}_{i,j,A \times A^T}$$
$$\text{ESim}_{i,j} = \text{link}_{i,j,B \times B^T} \tag{5-3}$$

其中,$\text{PSim}_{i,j}$ 是成员 i 与成员 j 之间基于共同好友的相似性,其值等于原始矩阵 A 乘以其转置之后的结果;$\text{ESim}_{i,j}$ 是成员 i 与成员 j 之间基于共同社区活动的相似性,其值等于原始矩阵 B 乘以其转置之后的结果。

5.3.2.4 网络闭包的逻辑回归模型

在具体的模型构建中,我们用虚拟社区成员发出的关系链接作为其嵌入性

（Embeddedness）的代表，因为成员在虚拟社区中向其他成员发出的链接越多，则其嵌入性就越高。由于虚拟社区中，成员是否发出链接而形成关系嵌入体现在网络闭包的过程中，其背后的动力来源于互惠、社会影响和选择影响。因此，本书采用逻辑回归模型，选取每一条链接形成的概率（即关系嵌入的概率）作为因变量，研究互惠因素、社会影响因素和选择影响因素如何影响社会化商务社区中成员发出链接、关系嵌入的概率。具体的模型构建如下：

$$\begin{aligned} \text{link}_{i,j} &= \alpha + \beta \, \text{Rec}_{j,i} + \gamma \, \text{Con}_{j,i} + \varphi \, \text{Sim}_{i,j} + \eta \, \text{Con}_{j,i} \times \text{Sim}_{i,j} + \theta_1 \, \text{Exp}_i + \theta_2 \, \text{Tim}_i + \varepsilon \\ &= \alpha + \beta \, \text{link}_{j,i} + \sum_{p=2}^{m} \gamma_{p-1} \, \text{link}_{j,i,A^p} \times \left(\frac{1}{P}\right)^p + \varphi_1 \, \text{link}_{i,j,A \times A^T} + \varphi_2 \\ &\quad \text{link}_{i,j,B \times B^T} + \eta_1 \Big[\sum_{p=2}^{m} \text{link}_{j,i,A^p} \times \left(\frac{1}{P}\right)^p \Big] \times \text{link}_{i,j,A \times A^T} + \\ &\quad \eta_2 \Big[\sum_{p=2}^{m} \text{link}_{j,i,A^p} \times \left(\frac{1}{P}\right)^p \Big] \times \text{link}_{i,j,B \times B^T} + \theta_1 \, \text{Exp}_i + \theta_2 \, \text{Tim}_i + \varepsilon \end{aligned}$$

(5-4)

在模型（3-7）中，因变量$\text{link}_{i,j}$表示成员 i 对应于成员 j 的关系嵌入（即发出链接或关注），在自变量中，α 是虚拟社区成员发出链接的初始意愿；β 是该社区中的互惠因素对成员关系嵌入的影响；γ_{p-1} 是只成员 j 对成员 i 通过长度为 p 的路径之后的信息传播路径数；φ_1 是成员 i 与成员 j 基于共同社区好友的相似性的影响；φ_2 是成员 i 与成员 j 基于共同社区活动的相似性的影响；η 是一组交互作用，分别是基于共同好友的相似性与传染性的交互作用和基于共同社区活动的相似性与传染性的交互作用；θ 是一组控制变量，主要是控制社区成员的社区经验和成长时间对其关系嵌入的影响，分别通过表 5 - 1 中的用户积分（Exp_i）和用户入圈的时间到本书截止日期包含的时间（Tim_i）作为测量；最后的 ε 是方程的误差项。

5.3.3 数据分析及结果

由于 7902 名社区成员组成的是一个非常庞大的网络，而且因为淘宝网站本身是一个更大范围的网络，本书所选取的社区成员的个人中心网络中有很多并不是圈子内的成员，从数据搜集的结果来看，在这 7902 名社区成员中，只有 2438 名成员相互之间存在着"关注"和"被关注"的连接。在虚拟社区建立已经近一年的时间里（11 个月的社区建立时间），只有 1/3 的社区成员相互建立了稳定的关系,也说明了社会化商务社区关系构建的困难。本书将社区成员与社区外的成员建立的关系排除,只关注圈子内部的关系演化,这样就将需要分析的节点和边的范围缩小,上述提到的2438名相互之间有连接的社区成员一共形成了4312条有向关系,图5-5从整体上显示出了这些成员间的关系结构,该图外围的一些节点是一些具有稀疏社区关系的节点,而图的中心处则是与圈子其他成员具有紧密关系的用户,图中节点和边的布局算法来自于Hu等(2012)的研究。出于显示简洁性的考虑,图5-5并没有标出每一个节点的用户ID,只是提供了一个社会化商务社区关系构建的全貌。

图5-5 基于Hu等(2012)图布局算法的虚拟社区网络关系可视化呈现

5.3.3.1 网络结构的基本特性

根据图5-5的可视化呈现,本书所选取的淘宝虚拟社区的网络结构基本特性和解释如下(见表5-3):

表5-3 本书选取的社会化商务社区（淘宝帮派）网络结构基本特性

网络结构	指标统计	指标解释
节点数	2438	社区中相互"关注"（或成为"粉丝"）的成员总数
边数（有向）	4312	社区中一共构建的有向链接数量
平均度	1.769	社区成员平均关注（出度）和被关注（入度）的人数
网络直径	16	社区中任意两个成员之间最远的距离
平均路径长度	5.798	信息在任意两个成员间传播所需要的平均距离
网络密度	0.001	社区中已有的链接数量/所有可能的链接数量
平均聚类系数	0.031	社区中某成员的"邻居"之间相互连接的程度

需要注意的是，图5-5描述的仅是该虚拟社区中成员之间的直接关系，而基于圈子活动所形成二模关系（即圈子成员之间通过发帖和回帖行为形成的网络关系）并没有体现在图中，因此图中的每条边都是不重复的有向边，而如果考虑成员之间的互动次数的话，这些边就会随着成员间的互动次数增加而变粗。接下来分析的网络关系将同时考虑了直接的成员关系和间接的成员二模关系，因此，我们所研究的节点就不止2438名社区成员了。因为有些成员之间虽然没有直接的相互关注，但他们却参与了共同的社区活动从而形成了间接的社区二模关系。

截至本书数据抓取时间，在全部的7902名社区成员中，一共有5905名社区成员参与了发帖或回帖的社区活动，共同形成了6954条帖子和总共8431条回复。因此，通过将图5-1中的直接成员关系和5905名成员之间的二模网络关系相结合，一共得到的是6195名社区成员之间形成的关系（其中具有直接关系的成员2438名，而只具有二模间接关系的成员数量为3757名）。前文中提到的原始矩阵A就是一个6195×6195的非对称方块矩阵，原始矩阵B就是一个6195×6954的非对称非方块矩阵，因此$A \times A^T$就得到了这6195名社区成员之间基于共同社区好友的相似性；$B \times B^T$就得到了这6195名社区成员之间基于社区活动的相似性。我们在运用Matlab计算变量时，保证矩阵A与矩阵B中的6195名社区成员的排列顺序一致，这就使矩阵$A \times A^T$与矩阵$B \times B^T$中每一个对应的单元格的取值是同样两名成员之间的相似性取值，而A的转置和A的自乘所得到的矩阵则是相应的两名成员之间的互惠性和传染性的取值。因此，本书涉及的1个因变量和4个自变量的数据可以通过以下5个相对应的矩阵来表示（见表5-4）。

第5章 研究三：社会化商务社区中买家与卖家的关系构建机制

表5-4 运用 Matlab 数据预处理中各类变量的数据来源和储存形式

变量类型与定义		数据来源和储存形式
因变量	成员 i 与 j 的关系构建	矩阵 A
自变量	成员 i 与 j 之间的互惠性	矩阵 A^T
	成员 i 对 j 的传染性	矩阵 $A^2 + A^3 + A^4$
	i 与 j 基于共同好友的相似性	矩阵 $A \times A^T$
	i 与 j 基于共同活动的相似性	矩阵 $B \times B^T$

注：矩阵 A 与矩阵 B 中社区成员（一共 6195 名成员）的排列顺序是一一对应的。

5.3.3.2 模型的极大似然估计和假设检验

由于同时考虑了直接和间接的二模关系之后，涉及的社区成员一共有 6195 名，因此全部的样本量就达到了 $6195 \times 6195 = 38378025$ 名，这样大规模的矩阵本质上是一个稀疏矩阵，因为该矩阵中有很多元素为 0 的单元格，因此，剔除了在全部变量上取值为 0 的样本后筛选出的样本量 n = 374233 名。考虑到社区关系建立是一个逐渐累积的过程，基于二模网络的关系构建存在一定时间的滞后，因此本书在利用 SAS 9.2 检验模型（4）时，剔除了该社区最近一个月的新成员，相应的样本量也减少为 n = 304233 名。表5-5 列出了本书关注的所有变量之间的相关性矩阵。

表5-5 变量的描述性统计和相关系数（n = 304233 名）

变量名称	均值	标准差	(1)	(2)	(3)	(4)	(5)	(6)	(7)
关系嵌入	0.01	0.11	1						
互惠性	0.01	0.11	0.323	1					
传染性$_1$	0.07	0.28	0.046	0.006	1				
传染性$_2$	0.16	0.19	0.012	0.003	0.032	1			
传染性$_3$	0.31	0.13	0.026	0.012	0.004	0.012	1		
相似性$_a$	0.84	0.44	-0.159	-0.159	-0.188	-0.016	-0.013	1	
相似性$_b$	0.26	2.20	0.029	0.029	-0.014	0.031	0.004	-0.199	1

注："传染性$_1$""传染性$_2$""传染性$_3$"分别是距离为 2、3、4 的传染路径数；"相似性$_a$""相似性$_b$"分别是基于共同社区好友和共同社区活动的相似度。

由于样本数量过大，SPSS 不便于处理，本书选择在 SAS 9.2 中运行数据。而在具体的模型检验中,我们将所有样本按照社会化商务社区成员的身份分为两类,一类是由买家发出的链接关系(即表5-6中的样本a),另一类是由卖家发出的链接关系(即表5-6中的样本b),从而对比社会化商务社区中的买家和卖家在构建关系时的差异性。表5-6就是运用SAS 9.2对于模型(4)在两个样本集上检验的极大似然估计结果:

表5-6 社会化商务社区成员关系嵌入模型极大似然检验结果(n=304233名)

因变量:社会化商务社区成员i对j的关系嵌入($link_{i,j}$)			结果解释
	样本a(买家的关系构建机制,i=买家)	样本b(卖家的关系构建机制,i=卖家)	
截距项	3.50	1.78	
互惠影响			
β:互惠性	-2.07***	1.87***	社会化商务社区的买家(卖家)会回避(发出)互惠的关系嵌入
社会影响			
γ_1:传染性$_1$	-0.21***	0.75***	买家(卖家)对信息传染源构建关系的概率会随着传染路径的增加降低(增加)
γ_2:传染性$_2$	-0.13**	0.02*	
γ_3:传染性$_3$	n.s.	n.s.	
选择影响			
φ_1:相似性$_a$	3.64***	2.57***	社区成员间随着共同的朋友和共同参与的社区活动增多而出现更多的关系嵌入
φ_2:相似性$_b$	2.21***	2.25***	
交互影响			
η_1:(Σ传染性)×相似性$_a$	-0.91***	0.39***	
η_2:(Σ传染性)×相似性$_b$	-0.23***	0.07**	
控制变量			
θ_1:成员i的社区经验	1.38**	1.23***	
θ_2:成员i的社区成长时间	n.s.	n.s.	
模型整体拟合度参数	AIC=31425.24 SC=31987.31 LL=30098.42	AIC=29081.63 SC=28917.11 LL=26187.27	

注:*p<0.1;**p<0.05;***p<0.01;"n.s."表示不显著。

从模型(4)整体拟合度来看,不论是对于样本a还是样本b的模型检验,

第5章 研究三：社会化商务社区中买家与卖家的关系构建机制

加上了交互项后的模型拟合度更优于没有交互项后的模型（在样本a中，没有交互项的模型LL值为31041.11，在添加交互项后，LL值减少为30098.42；在样本b中，没有交互项的模型LL值为28761.71，在添加交互项后，LL值减少为26187.27）；从模型的主效应来看，本书提出的3个基本假设均得到了较好的验证，社会化商务社区关系网络的闭包机制确实存在着特殊性，另外，社会化商务社区中的买家和卖家在关系构建的模式中也存在着一些差异。具体来讲，互惠性对社区中的买家成员的关系嵌入概率具有显著的负向影响（H_{10a}）（样本a，$\beta = -2.07$），因此，社交网络中非常热衷的"互粉"现象对于社会化商务社区中的买家由于会带来过多的互惠成本而并不成立；互惠性对社区总的卖家成员的关系嵌入概率却有显著的正向影响（H_{10b}）（样本b，$\beta = 1.87$），因此，在社会化商务社区中，卖家仍愿意与其他社区成员形成"互粉"的关系，以此来培养长期稳定的忠诚顾客。关于传染性机制在社会化商务社区中的关系网络闭包作用方面，尽管信息性的社会影响在社会化商务社区中不论是对买家还是卖家都具有主导性的作用，但在具体的网络闭包形式上，买家和卖家面对传染性的决策却有一定的差异。对于买家而言，过多的传染路径带来了较高的聚类系数的同时也降低了传染源作为信息传播的必要性，他们更愿意去寻找多样化的信息来源使自己在做出消费决策时能有更加全面的商品信息作为基础，因此，社会化商务社区中的买家继续关注作为传染源的成员的概率就会降低（H_{11a}）（样本a，$\gamma_1 = -0.21$，$\gamma_2 = -0.13$）；而对于卖家而言，他们更关心如何利用信息的传染源来帮助传播与自己商品相关的信息，因此，他们需要借助这些传染源来提升信息传播的范围和速度（H_{11b}）（样本b，$\gamma_1 = 0.75$，$\gamma_2 = 0.02$）。关于选择性机制在社会化商务社区中的关系网络闭包作用方面，不论是社区中的买家还是卖家，都体现出了基于选择性机制的二模嵌入式的网络闭包模式，事实上，从两个样本集的模型检验系数大小来看，这种基于选择性机制的二模嵌入网络闭包模式是促进社会化商务社区中的买家和卖家关系构建的主要因素（H_{12}，样本a，$\varphi_1 = 3.64$，$\varphi_2 = 2.21$；样本b，$\varphi_1 = 2.57$，$\varphi_2 = 2.25$）。在交互作用方面，不论是对于社区中的买家还是卖家，传染性和选择性都存在着一定的交互作用，具体来讲，对于社会化商务社区中的买家，选择性会改变传染性的作用方向从而促进社区中的买家对传染源用户的关系嵌入（样本a，$\eta_1 = -0.91$；$\eta_2 = -0.23$）；而对于社会化商务社区中的卖家，选择性也会进一步地加强他们对传染源用户的关系嵌入（样本b，$\eta_1 = 0.39$；$\eta_2 = 0.07$）。另外，在控制变量方面，不论是对于买家还是卖家，社区成员的社区经验都会正向影响社区成员的关系嵌入(样本a,$\theta_1 = 1.38$;样本b,$\theta_1 = 1.23$),而社区成员加入社区时间的影响并不显著。

5.4 本章小结

本书通过选取淘宝网站中一个圈子的社会网络数据分析了社会化商务社区闭包机制的差异性。在以往的关于社会网络闭包机制的研究中,互惠性、传染性和选择性都会正向的促进社会网络的闭包形成,而在社会化商务社区中,用户与用户之间形成的连接并不同于传统社交型社区中的"朋友关系"(Friendship)。因此,这些传统的社会网络闭包机制会根据社区中的用户不同的关系构建动机而产生差异。本书通过对所选取的社区关系构建分析表明,社会化商务社区中的买家和卖家在面临同样的网络闭包情形时,会做出不同的关系构建决策。具体来讲,从关系嵌入的成本来看,由于互惠关系形成所需要的社会交互成本和关系依赖所可能带来的关系无效率会使社会化商务社区中的买家回避二元闭包形式的形成,但对于社区中的卖家,他们则更愿意付出更多的成本去积极地回应其他社区成员对自己的关注,以此培养潜在的忠诚顾客;在信息性社会影响作为主导的社会化商务社区中,传染性机制并不会像在传统的社交型社区中那样推动买家对传染源用户的关系嵌入。相反地,由于来自于同一个信息源的过多传染路径会降低该信息源本身的必要性,从而负向影响社会化商务社区中的买家对传染源用户的关系嵌入,但对于社区中的卖家,他们并不关心能否获取更多样化的信息,而是希望通过利用信息的传染源来帮助他们有效地传播与自己经营店铺相关的商品信息,因此,他们更愿意与传染源用户构建关系从而形成网络闭包;从表5-5的模型检验结果来看,社会化商务社区网络闭包和成员关系嵌入(包括买家和卖家)的主要动力来源于选择性影响机制,即社区成员主要是基于与自身相似性的角度选择是否嵌入关系,这样的相似性主要来源于共同的社区好友和共同的社区活动。因此,社会化商务社区的网络演化在本质上是一种间接关系的嵌入,直接关系的嵌入(如互惠性)在社会化商务社区中是被社区成员所回避的;另外,对于社会化商务社区中的买家,选择性与传染性的交互作用会改变因为信息传递路径过多而导致的信息源必要性减弱的影响,即当社会化商务社区中的买家i可以

第5章 研究三：社会化商务社区中买家与卖家的关系构建机制

通过多条路径获得社区成员j的信息，同时又发现与用户j具有较多的相似性，那么买家i对j关系嵌入的可能性就会增加；由于社区成员的社区活动经验和在社区中的成长时间会影响其关系嵌入的程度，本书把社区活动经验和社区成长时间作为控制变量，而从数据上来看，单纯的社区成长时间并不会显著影响社区成员的关系嵌入，而只有活跃的社区成员（社区经验得分较高的成员）更容易嵌入社会化商务社区的关系网络中，这一研究结论也同时适用于社会化商务社区中的买家和卖家。

5.4.1 理论价值

不同于以往学者关于社交网络闭包机制的研究，本书关注社会化商务社区网络闭包机制的差异性。通过对淘宝的交易型圈子的实证分析，本书发现社会化商务社区的闭包机制和成员的关系嵌入模式与传统的社交网络具有本质的不同，同时，当考虑到社会化商务社区中成员所具有的买家和卖家的不同角色，他们相互之间的关系网络闭包机制也会根据不同的心理动机而存在明显的差异，本书的主要理论贡献正是将社会化商务社区网络演化与传统社交型社区网络演化的差异性以及社会化商务社区内部由于成员心理动机不同，而在网络闭包上的具体差异性识别出来，而从进一步地区分网络闭包理论在不同情境下的边界。具体来讲，社会化商务社区中的关系性质不同于传统社交型社区中用户之间形成的"朋友关系"（Friendship），因为考虑到社会化商务社区中连接的方向性，社区中的用户所发出的链接往往是单方面的，因此，成员之间通过不同的连接方向所形成的关系结构往往代表了完全不同的网络闭包机制，例如本书中传染性和基于社区用户的相似性两个机制如果不考虑连接的方向则无法具体地区分出来。另外，考虑到社会化商务社区内部成员作为买家和卖家的不同身份也会使他们在关系构建的决策中存在明显的差异。本书通过数据分析发现了社会化商务社区中的买家与卖家在面临互惠性和传染性的情形下所做出的完全相反的决策，这一结论也帮助我们更进一步地了解在不同的社区情景和成员心理动机下应用网络闭包理论的差异性。

5.4.2 管理意义

如本书引言中提到的，当一些管理者试图将社交网络的拓展机制应用到社会化商务社区中时往往没有取得理想的效果，其中一个主要的原因就在于社会化商务社区的发展具有其本身的特性。因此，本书的一个主要目的就是帮助社会化商务社区的管理者，更深入地了解和更准确地预测社区内所有成员相互之间关系构建的规律，同时，也能够为社会化商务社区中的企业用户（即社区中的卖家）在参与社区的关系构建和社区活动时提供相应的指导。例如，社会化商务社区中的卖家应该认识到，虽然互惠关系在社交网络中非常普遍，"互粉"也似乎成了大部分网络平台的用户之间构建关系的主要方式，但在社会化商务社区中，当卖家希望通过互惠的形式与社区中的买家构建关系时则往往会遇到事与愿违的情况，从本书的数据分析结果可以看出，社会化商务社区中的卖家试图通过直接的关系构建来吸引社区中的买家和培养潜在忠诚顾客的策略甚至会带来相反的效果，社区中的买家更注重社会化商务社区的信息性和功能性并避免信息的冗余性和重复性。同样的道理，通过"传染"的方式吸引社会化商务社区中的买家也并不能取得预期的效果，虽然这一策略在社交型社区中往往十分奏效，例如我们经常看到一些社交媒体的用户在朋友圈中以很高的成本换取一定数量用户的关注，希望借此获得"传染"的效果从而吸引更多的用户，但在社会化商务社区中，成员的传染性越强，信息的传播路径就会越多，其作为信息源的必要性就会减弱。因此，如果社会化商务社区中的卖家仍然希望通过使用在社交型社区中的同样策略来吸引买家时，也会得到事与愿违的效果。事实上，促使社会化商务社区中的买家关注其他用户的主要机制是选择性机制，具体体现在社区成员之间基于关系结构和社区活动的相似性上。例如，当社区中的卖家希望与收到某一特定的买家的关注时，他可以尽量地多关注该买家所关注的社区成员以及参与该买家在社区论坛中所参与的讨论主题，这些间接性的策略能够显著地提升该买家对卖家关注的概率。另外，社区中的卖家也可以观察哪些买家已经与他们共同关注着一些社区成员或共同地参与过一些社区论坛主题的讨论，这些买家在未来会有更高的概率来直接关注该卖家，从而成为其潜在的消费者和忠诚顾客。综上所述，了解社会化商务社区中关系网络闭包机制的差异性以及买家和卖家在具体关系构建决策上的差异性不论是对整个社区运行的管理员还是对社区内的卖家都具有重要的意义，未来的研究也可以进一步探讨社会化商务社区中，成员之间的关系构建对社区内的卖家所带来的直接经济影响，例如社区中的买家对卖家的关注究竟在多大程度上能够促进该卖家的产品销售，除此之外，卖家对买家的关系构建成本最终如何转化为实际的产品销售，而这些对社会化商务社区关系构建所带来的经济效益的研究基础来源于对社会化商务社区内部成员之间关系演化机制的更深入的理解。

第6章 研究四：社会化商务社区中的关系维持机制

6.1 引言

在之前的研究中，我们主要讨论了社会化商务社区中用户相互之间关系构建的商业价值（研究一）以及用户在社会化商务社区中的关系涌现机制（研究二）。而正如我们在研究一开始中所介绍的，目前许多企业正在积极投入社会化商务社区的建设，例如淘宝网作为一个电子商务交易平台也从 2010 年开始，加入供用户（包括买家和卖家）相互交流和关系构建的功能以此来强化社会化商务中的社区关系构建；而支付宝也连续在 2016 年和 2017 年春节期间通过鼓励互相交换和赠送"福卡"的形式将一些社会化的因素注入到原本单纯的经济往来当中（一直以来，支付宝都只是作为一款支付工具来支持用户的网络购物行为，用户之间的社会化交互并没有或很少在支付宝中体现出来）。尽管在企业界，无论规模大小，都已经或正在加强对社会化商务应用的投入，但实际取得的效果并没有得到一致的好评，正如一些媒体所报道的，支付宝巨资投入的集福卡社交活动体现了其"不得不做社交的尴尬"。总的来说，社会化商务应用的投入对于许多企业来讲正在变成一项"鸡肋"式的投资，即不论是学术界还是业界都看到了社会化商务的价值，却苦恼没有很好的策略去创造和实现这些价值。短期的经济刺激带来的社会化关系的构建并不能够带来长期和稳定的社会化交互，用户相互之间构建的关系也仅仅是表面的，关系构建之后的实质性交互并不多，例如微博中大量的"僵尸粉"(指社交媒体中相互关注和成为粉丝后没有实质性的互动现象)也都体现了社会化商务社区往往所呈现出的虚假繁荣的景象。因此,我们认为,对于企业而言,除了认识到社会化商务关系构建的价值和机制之外,一个更为深远和重要的问题是,如何在社会化商务环境下维持用户相互之间的关系?而作为社会化商务中的卖家,应该如何保证其他用户对自己的关注不是一次性的,而是在更长时间内的关系维持?

6.2 理论背景和假设提出

综合以往关于企业和消费者之间关系的相关研究,学者所达成的一个共识是,企业往往能通过与消费者之间的长期稳定的关系获取到更多的利益,这是因为在已经构建了关系的基础上所进行的交流和合作相对于重新构建的关系和合作具有更低的成本和更高的信任水平。另外,形成了长期稳定关系的用户相互之间也能够更容易和有效地沟通(Marsden,Campbell,1984;Uzzi,1997)。但是,社会化商务以往的研究中很少关注企业与消费者之间如何构建和维持长期稳定的关系;社会网络领域的相关文献也主要停留在关系形成的主要因素上(Coleman,1988;Snijders,2001;Levi Martin,Yeung,2006),正如Burt(2002)在其研究中指出,大部分社会网络的相关研究关注的是网络中的关系为何形成,却很少有研究探讨网络中两两个体之间关系的维持。

6.2.1 社会影响对关系维持的影响

在上一个研究中,我们已经整理的相关文献探讨了社会影响作为一个主要的驱动机制是如何在社会化商务社区中促进用户相互之间的关系构建的。但关系的构建和关系的维持却往往受到不同因素的影响。例如,Dahlander等(2013)在关于社会网络关系的构建和维持的研究中指出,网络环境中的关系构建不同于现实中的人际关系,尤其是在相互陌生不可见的网络环境中,用户之间的关系构建和维持就往往变成完全不同的两个问题。在之前的研究中,我们论述了社会影响如何在关系建立初通过信息性社会影响和规范性社会影响来促使社区用户相互之间的关系构建,而当关系一旦建立起来后,我们更关心的问题是,这种基于信息性和规范性的社会影响将如何影响关系的维持。事实上,已经有一些学者在探讨社会化商务社区用户行为特征的研究中考虑了社会影响因素对用户产生作用的变化。例如,Palmatier 等(2013)在研究中提到,用户在网络社区中往往会基于信息的搜索和学习来降低网络环境中普遍的存在的信息不对称性(Information Asymmetry),但信息的数量和质量决定了用户是否继续依赖某一信息来源。事实上,用户在搜集信息的同时也会尽量避免来自同一信息源的冗余信息来降低信息处理压力。因此,本书认为,信息性的社会影响会让社会化商务社区中的用户对另一个发布信息的用户产生兴趣并形成关注或构建初始关系,但来自同一个信息源过多的信息发布会给用户带来更多的信息处理压力而最终导致用户取消相应的信息来源渠道,即通常表现为"取消关注";另外,一些作为符号类的信息由于并不会给信息接收者带来过多的信息处理压力,例如用户的粉丝总数量作为一个信息符号代表了被关注者的信息权威性,但由于其本身对被关注者并不会带来信息推送,所以也不会造成过多的信息处理压力,基于此,我们提出以下研究假设:

H_{13}:在社会化商务社区中已经构建的关系中,(a)意见领袖效应会正向促进用户之间的关系维持;(b)专家效应对关系的维持具有倒"U"形的影响。

规范性的社会影响在社会化商务社区中的作用则可能会出现完全不同的状况。例如,Zeng 等(2009)在关于网络社区中的社会化因素的研究中提到,网络社区中社会化规范的形成往往需要很长时间,但相对于网络社区中灵活多变的关系结构,社会化的规范能够促进关系在一个小的团体中更长时间的维持。因此,我们认为,社会化商务社区中的规范性因素越强,社区中的用户越容易形成社区认同,从而也更易于长期稳定的网络关系的形成。基于此,我们提出以下研究假设:

H_{14}:在社会化商务社区中已经构建的关系中,(a)参照效应和(b)结构等价效应对关系的维持具有正向的影响。

6.2.2 社会选择对关系维持的影响

正如我们在之前的研究中所介绍的,社会化商务社区中社会选择的影响主要通过用户感受的同质性来产生作用。而之前的学者也主要总结出了行为同质性和状态同质性两种。在探讨了两种同质性对网络关系初始建立所可能起到的正向作用的基础上,我们需要进一步探讨,一旦关系建立之后,社会选择中的行为同质性和状态同质性对社区用户相互之间关系维持具有怎样的影响。McPherson 等（2001）曾在其关于社会选择的研究中指出，社区中的成员在选择性地构建社区关系时，往往依据的是社区成员所表现出来的显性信息，而对于一些原本陌生的社区成员，一些具有符号意义的身份状态信息就更容易被社区中的其他成员捕捉到，而成为他们相互之间关系构建的依据。而随着关系的建立和信息交流的增加，社区中用户的具体行为会成为他们相互之间同质程度的主要依据，例如，是否对同样的社区活动产生兴趣并深入讨论以及是否真实参与一些具体的社区活动等，这些社区用户的具体行为会让用户相互之间更加了解彼此是否"志同道合"（Birds of a Feather）（Kabdel，1978）并最终影响用户的社会选择，即是否继续维持与某用户的关系。基于此，我们提出以下研究假设：

H_{15}：在社会化商务社区中已经构建的关系中，用户间的（a）行为同质性对关系的维持具有正向的影响；而（b）状态同质性并不能维持和巩固已形成的用户网络关系。

6.2.3 用户社区成长的调节作用

正如在上一章关于用户社区成长对其在社区中的关系行为影响的讨论，随着用户在社区中的成长以及用户在社区中获取信息的数量和质量的变化，具有不同社区经验的用户在选择维持某一些社区关系时也会出现一定的差异性。因此，基于前文对用户社区成长相关因素的讨论，我们认为，用户在社区成长的不同阶段（如早期进入社区的用户和在社区中已经存在时间较长的用户）所采取的关系构建和关系维持策略都会有所不同。具体来讲，随着用户在社会化商务社区中的成长，信息类因素对其与其他社区用户的关系形成带来了主要的影响，而社区中的用户相互之间一旦形成了网络关系，基于同一来源的更多信息并不能够保证网络关系的长期维持，当用户认为对于某一用户形成足够的了解和获取到足够的信息之后，如果一直未形成一定程度的社会化认同，则其淡化与其在社区中他人的交互直至取消关注的概率就会增加。因此，本书认为，与社区用户关系形成的机理不同，对于在社区中成长时间更长的用户，关系的维持更需要社会影响类的因素来巩固。基于此，本书提出以下研究假设：

H_{16}：随着用户的社区成长（社区参与时间增加），（a）意见领袖效应和（b）专家效应不会增加关系维持的概率。

H_{17}：随着用户的社区成长（社区参与时间增加），（a）参照效应和（b）结构等价效应会增加关系维持的概率。

H_{18}：随着用户的社区成长（社区参与时间增加），（a）行为同质性和（b）状态同质性均不会增加关系维持的概率。

6.3 数据和方法

在数据抓取方面仍然采用之前研究所获取的淘宝帮派社区用户关系数据。与之前研究不同的是，本书主要探讨是的淘宝帮派社区中用户关系的维持，因此，在确定研究对象时选取的是那些在社区中已经构建了关系的用户，通过观察一段时间内关系的维持状态来探讨社会化商务社区中关系维持的主要影响因素。考虑到一些社会化商务社区中的用户尽管在很长一段时间保持关注的状态，但实际上在社区中并没有发生任何交互（即我们通常所称的"僵尸粉"），因此，参照Skyrms和Pemantle（2009）的做法，我们在研究中所定义的关系结束除了那些直接取消了关注的用户之外，将连续一个月内未产生任何交互内容的用户也同样定义为关系消失。因此，我们对原始总数据进行了一定程度的筛选，具体来讲，一共包括两个部分的样本：①在样本观测期内出现过直接取消关注的样本。②在样本观测期内未出现直接取消关注，但出现一段时间（分别选取一个月、半个月和连续两个月）的零交互的样本。而对于这类样本采用的事件发生的数据回溯方式搜集数据，即首先筛选出一段时间未出现任何交互而又未取消关注的用户，再针对该部分用户回溯他们在未发生交互的时间窗口内各个主要协变量上的取值。另外，在后续的稳定性检验中，笔者也分别选取了连续半个月和连续两个月内未产生过任何交互内容的用户定义为关系消失，以此来判断本书所采取的关系取消判定标准是否受不同时间、区间的影响。

6.3.1 主要变量的测量

主要变量的测量方法延续了上一个研究中的操作和处理方式，同样是探讨社会影响和社会选择对社会化商务社区中用户相互之间关系的影响，但由于本书关注的重点是关系在建立之后的维持，因此，与之前研究的变量测量也存在一些细微的差异。例如，在计算用户相互之间社会影响中的信息性社会影响时，对意见领袖效应强度的计算剔除了用户在关系构建之前用户粉丝的变化，因此最终考虑进入模型的意见领袖效应是在用户相互之间构建关系之后开始统计；类似地，在计算专家效应时，也是将用户总发布或回复的社区帖子的数量减去用户关系构建之前发布或回复的社区帖子的数量；本书对社会影响中的规范性社会影响也进行了类似的处理，例如，计算用户 B 对用户 A 的参照效应是将用户 A 所关注的用户中关注了用户 B 的总数量，减去用户 A 关注用户 B 之前该部分的用户的数量；计算用户 B 对用户 A 的结构等价效应也是将用户 A 和用户 B 的共同关注的用户总数量，减去用户 A 关注用户 B 之前该部分的用户的数量；同样地，本书对社会选择变量的计算也采取了类似的处理，例如，计算用户 A 与用户 B 的行为同质性只是统计了用户 A 关注用户 B 之后所共同参与讨论的社区话题数量；而计算用户 A 与用户 B 的状态同质性也只是统计了用户 A 关注用户 B 之后在各个属性上（性别、地理位置、社区等级和活跃度）的取值差异性。

6.3.2　关系维持的风险模型构建

本书对于社会化商务社区中用户相互之间关系维持的风险模型构建延续的是在上一章研究中对于关系形成风险模型构建的方法，区别在于本次风险模型中，本书是将用户的关系结束作为目标事件。根据前文对关系结束的定义，我们将一段时间内未出现任何交互的关系视为关系结束，而风险模型的运用实质上是探讨哪些因素可能导致社区中用户 i 关注用户 j 之后不再出现任何交互，也就是我们平时所理解的"僵尸粉"的出现。

类似研究二中的模型构建思路，根据前文讨论的关于社会影响和社会选择对社会化商务社区关系维持的影响和假设，本书主要构建了以关系结束为风险事件，以社会影响和社会选择为主要协变量的 Cox 风险回归模型，另外，本书也在模型中加入了研究二中考虑的一些控制变量来减少其他因素对用户关系维持可能带来的影响。最终的关系维持风险模型构建如下：

$$h_2(t)_{i,j} = \exp(\alpha + \beta_{21}\text{OL}_{i,j,t} + \beta_{221}\text{EX}^2_{i,j,t} + \beta_{222}\text{EX}_{i,j,t} + \beta_{23}\text{RE}_{i,j,t} + \beta_{24}\text{SE}_{i,j,t} + \gamma_{21}\text{BH}_{i,j,t} + \gamma_{22}\text{SH}_{i,j,t} + \theta\sum\text{Interactions} + \delta\sum\text{Controls} + \varepsilon) \quad (6-1)$$

其中，h (t)$_{i,j}$是用户 i 在 t 时刻结束与用户 j 的关系的概率；α 是该风险事件的固定效应；从β_1到β_4是一组基于社会影响的变量的影响系数，其中包括了意见领袖效应（OL）、专家效应（EX）、参照效应（RE）和结构等价效应（SE）；从γ_1到γ_2是一组基于社会选择的变量的影响系数，其中包括了行为同质性（BH）

和状态同质性（SH）；另外，δ代表的是一组控制变量的影响系数。需要注意的是，风险模型本是用来探讨某风险事件，如医学中研究的病人死亡概率以及一些市场相关的研究中探讨的产品购买概率，因此，建模的对象往往是某风险事件发生的概率，而在本书中，我们探讨的研究问题是关系的维持，本质上也就是未发生关系结束的事件，因此，为了让读者更方便地解读模型检验结果，我们列出了模型中实际影响系数的相反数，以此来更加直接地表示模型中的协变量对关系维持的影响而不是关系结束事件的影响。

6.4 关系维持风险模型检验和结果分析

由于在本书中，我们考虑的仍然是社会化商务社区中用户相互之间的关系问题，唯一的区别在于在前一个研究中，我们讨论的是社会影响和社会选择在用户相互之间关系形成中的作用机制，而在本书中，我们探讨的是社会影响和社会选择如何影响已经形成关系的用户之间关系的维持。因此，我们在本章的研究中依然沿用了比例风险模型来拟合社区中用户间的关系维持。与之前的研究类似，我们仍然选择社区 1（统一以服装产品讨论社区的用户行为数据）对研究模型进行初始检验，在接下来的模型稳定性检验中，我们也会依次列出社区 2 到社区 4 的用户行为数据分析结果，目的在于探讨我们的研究模型相对于不同品类产品的社会化商务社区用户关系维持的结果的稳定性。表 6-1 是基于我们抓取的社区 1 的用户行为数据的模型检验结果。

表 6-1 社会化商务社区关系维持的风险模型检验结果

因变量：社会化商务社区网络关系维持					
自变量		主效应模型（线性拟合）参数估计（标准误）	全模型（线性拟合）参数估计（标准误）	主效应模型（非线性拟合）参数估计（标准误）	全模型（非线性拟合）参数估计（标准误）
信息性社会影响					
意见领袖效应	β_{21}	0.008 (0.002)***	0.012 (0.003)***	0.152 (0.14)***	0.231 (0.005)***

续表

自变量		主效应模型（线性拟合）参数估计（标准误）	全模型（线性拟合）参数估计（标准误）	主效应模型（非线性拟合）参数估计（标准误）	全模型（非线性拟合）参数估计（标准误）
因变量：社会化商务社区网络关系维持					
专家效应^2	β_{221}	-0.012 (0.003)***	-0.019 (0.005)***	-0.014 (0.002)***	-0.019 (0.001)***
专家效应	β_{222}	0.083 (0.007)***	0.058 (0.002)***	0.003 (0.018)	0.015 (0.018)
规范性社会影响					
参照效应	β_{23}	0.183 (0.009)***	0.248 (0.011)***	0.07 (0.143)	0.016 (0.007)***
结构等价效应	β_{24}	0.326 (0.016)***	0.413 (0.017)***	0.001 (0.057)	0.004 (0.067)
社会选择影响					
行为同质性	γ_{21}	0.029 (0.006)***	0.017 (0.001)***	0.286 (0.013)***	0.271 (0.013)***
状态同质性	γ_{22}	0.017 (0.059)	0.008 (0.046)	0.112 (0.003)***	0.127 (0.033)***
调节效应					
关注者的社区成长×意见领袖效应	θ_{21}		0.004 (0.008)		0.046 (0.068)
关注者的社区成长×专家效应	θ_{22}		0.016 (0.015)		0.012 (0.021)
关注者的社区成长×参照效应	θ_{23}		0.224 (0.013)***		0.051 (0.047)
关注者的社区成长×结构等价效应	θ_{24}		0.107 (0.002)***		0.131 (0.005)***
关注者的社区成长×行为同质性	θ_{25}		0.011 (0.021)		0.146 (0.068)
关注者的社区成长×状态同质性	θ_{26}		0.027 (0.033)		0.427 (0.011)***

续表

自变量		主效应模型（线性拟合）参数估计（标准误）	全模型（线性拟合）参数估计（标准误）	主效应模型（非线性拟合）参数估计（标准误）	全模型（非线性拟合）参数估计（标准误）
因变量：社会化商务社区网络关系维持					
控制变量					
关注者已有粉丝人数	δ_{21}	0.015 (0.042)	0.216 (0.191)	0.024 (0.129)	0.126 (0.172)
关注者已有关注人数	δ_{22}	0.017 (0.269)	0.008 (0.063)	0.031 (0.244)	0.016 (0.379)
关注者淘宝信誉星级	δ_{23}	0.071 (0.003)***	0.125 (0.002)***	0.138 (0.004)***	0.056 (0.057)
被关注者淘宝信誉星级	δ_{24}	0.081 (0.007)***	0.357 (0.011)***	0.148 (0.003)***	0.002 (0.012)
被关注者已关注人数	δ_{25}	0.016 (0.224)	0.116 (0.335)	0.031 (0.176)	0.055 (0.009)***
脆弱因子（Frailty Term）	v_2	—	—	0.017 (0.073)	0.005 (0.064)
模型评价					
总样本量		3956	3956	3956	3956
模型解释度（R^2）		0.27	0.31	0.28	0.27
调整后的模型解释度（ΔR^2）		0.25	0.27	0.27	0.26
极大似然值		-15987.56	-15747.13	-16185.42	-15993.50
Wald 检验		1453.14***	1551.33***	1342.51***	1432.61***
AIC 值		29928.011	29700.023	30094.146	29943.108
BIC 值		29984.822	29769.045	30296.016	29993.432

注：* $p<0.05$，** $p<0.01$，*** $p<0.001$。

从表 6-1 的结果我们可以看出，社会影响类因素和社会选择类因素在我们控制了一些用户行为特征的变量后，对于用户相互之间已经形成的网络的维持均存在着显著的影响。需要注意的是，社会影响类因素和社会选择类因素对用户关系维持的影响机制与对用户关系形成的影响机制存在差异。我们发现，在诸多影响用户关系维持的因素中，社会化类的因素占据着主导作用，这与我们之前在关于用户关系形成研究中发现的结论相反，在之前的研究中，我们主要发现了信息类的因素对用户关系形成构成主要的影响因素。我们将本书的一些具体分析讨论如下。

首先，在一些基于信息类的因素对已经形成的网络关系的进一步维持依然显著，但整体的影响强度相对于网络关系形成阶段的影响更弱（$\beta_{21} = 0.012$，标准误 = 0.003；$\gamma_{21} = 0.017$，标准误 = 0.001）（该结果也支持了本书在前文中提出的假设 H_{13a} 和 H_{15a}）；而在专家效应中，本书看到了该协变量与因变量之间倒"U"形关系存在，即在一开始阶段，专家效应在用户网络关系建立后会继续促进用户相互之间网络关系的维持，而该效应到达一定的程度会出现相反的作用，即导致本来建立起来的用户之间的网络关系最终结束（$\beta_{221} = -0.019$，标准误 = 0.005；$\beta_{222} = 0.058$，标准误 = 0.002）（该结果也支持了本书在前文中提出的假设 H_{13b}）；反观社会化类因素在已经形成网络关系的用户之间的作用，本书发现，参照效应和结构等价效应在用户相互关系建立之后始终存在相对较强的影响（$\beta_{23} = 0.248$，标准误 = 0.011；$\beta_{24} = 0.413$，标准误 = 0.017）（该结果也支持了本书在前文中提出的假设 H_{14a} 和 H_{14b}）。

在分析用户社区成长对社会影响类因素和社会选择类因素所产生的调节作用时，本书发现，随着用户在社区中积累越来越多的社区经验，一些信息类因素在用户相互之间对于网络关系维持的影响均变得不再显著（θ_{21}，θ_{22}，θ_{25} 和 θ_{26} 的系数检验均不显著）（该结果也支持了本书在前文中提出的假设 H_{16} 和 H_{18}），但一些社会化类的因素在用户相互之间对于网络关系的维持会起到更加积极的作用（$\theta_{23} = 0.224$，标准误 = 0.013；$\theta_{24} = 0.107$，标准误 = 0.002）（该结果也支持了本书在前文中提出的假设 H_{17a} 和 H_{17b}）。

另外，在考虑模型整体的拟合效度时，本书同样考虑了非线性拟合模型的可能性，因此，与前一章所做的处理一致，本书在 Cox 比例风险模型中增加了脆弱因子（Frailty Term）来对比非线性拟合模型的拟合效度，结果发现，增加了脆弱因子的模型在模型整体效度上弱于一开始的基于线性拟合的 Cox 比例风险模型（增加了脆弱因子的模型整体解释度下降且 AIC 和 BIC 值增加）。

第6章 研究四：社会化商务社区中的关系维持机制

6.5 模型的稳定性检验

在前文中我们介绍到对于关系结束的定义并没有按照用户实际取消关注的行为来统计，这是考虑到在一些社区中，用户之间的网络关系很容易出现"名存实亡"的情况，即用户之间虽然一直保持着网络页面上的关注关系，但实际上并没有任何实质意义上的社会化交互，例如微博上的一些用户往往被形容为"僵尸粉"，以及一些用户被某些短暂性的促销事件吸引而关注了某用户，但在后续的时间内不再发生任何实质性的交互。我们认为，像这类过长时间的未产生交互而仅仅只是保留着网页上的关注状态在本质上就已经失去了关系构建的意义，因此，我们在研究中对这部分名存实亡的关系也记录为关系结束。在之前介绍的本书对关系结束的测量中，我们只是参照一些社会网络研究的学者的方法，例如Skyrms 和 Pemantle（2009）在其研究中就是将网络社区中一个月内未产生交互的两两用户之间视为网络关系的结束。考虑到该时间区间的选取可能会影响我们模型检验的结果，我们在接下来的数据分析中将分别选取更短或更长的时间区间定义为关系结束，从而确保我们对关系结束变量的操纵和测量不会对我们上述模型检验的结果产生较大的影响。表6-2和表6-3是对关系结束分别采取半个月和两个月来确定的样本用户的数据分析结果。

表6-2 关系维持的风险模型稳定性检验

因变量：社会化商务社区网络关系维持					
自变量		主效应模型（线性拟合）	全模型（线性拟合）	主效应模型（非线性拟合）	全模型（非线性拟合）
		参数估计（标准误）	参数估计（标准误）	参数估计（标准误）	参数估计（标准误）
信息性社会影响					
意见领袖效应	β_{21}	0.006 (0.001)***	0.018 (0.003)***	0.132 (0.04)***	0.241 (0.005)***
专家效应[2]	β_{221}	−0.015 (0.003)***	−0.014 (0.005)***	−0.011 (0.001)***	−0.039 (0.001)***

续表

自变量		主效应模型（线性拟合）参数估计（标准误）	全模型（线性拟合）参数估计（标准误）	主效应模型（非线性拟合）参数估计（标准误）	全模型（非线性拟合）参数估计（标准误）
因变量：社会化商务社区网络关系维持					
专家效应	β_{222}	0.023 (0.007)***	0.028 (0.001)***	0.007 (0.038)	0.015 (0.028)
规范性社会影响					
参照效应	β_{23}	0.183 (0.009)***	0.148 (0.007)***	0.021 (0.173)	0.016 (0.007)***
结构等价效应	β_{24}	0.326 (0.016)***	0.216 (0.013)***	0.011 (0.087)	0.004 (0.067)
社会选择影响					
行为同质性	γ_{21}	0.024 (0.004)***	0.015 (0.001)***	0.186 (0.006)***	0.271 (0.013)***
状态同质性	γ_{22}	0.015 (0.073)	0.017 (0.067)	0.107 (0.003)***	0.127 (0.033)***
调节效应					
关注者的社区成长×意见领袖效应	θ_{21}		0.005 (0.016)		0.046 (0.068)
关注者的社区成长×专家效应	θ_{22}		0.013 (0.018)		0.012 (0.021)
关注者的社区成长×参照效应	θ_{23}		0.226 (0.013)***		0.051 (0.047)
关注者的社区成长×结构等价效应	θ_{24}		0.124 (0.004)***		0.131 (0.005)***
关注者的社区成长×行为同质性	θ_{25}		0.018 (0.027)		0.146 (0.068)
关注者的社区成长×状态同质性	θ_{26}		0.024 (0.053)		0.427 (0.011)***
控制变量					
关注者已有粉丝人数	δ_{21}	0.011 (0.028)	0.116 (0.175)	0.022 (0.127)	0.126 (0.172)

续表

自变量		主效应模型（线性拟合）参数估计（标准误）	全模型（线性拟合）参数估计（标准误）	主效应模型（非线性拟合）参数估计（标准误）	全模型（非线性拟合）参数估计（标准误）
因变量：社会化商务社区网络关系维持					
关注者已有关注人数	δ_{22}	0.018 (0.169)	0.019 (0.047)	0.021 (0.146)	0.016 (0.379)
关注者淘宝信誉星级	δ_{23}	0.073 (0.011)***	0.029 (0.002)***	0.032 (0.002)***	0.056 (0.057)
被关注者淘宝信誉星级	δ_{24}	0.088 (0.006)***	0.151 (0.011)***	0.046 (0.001)***	0.002 (0.012)
被关注者已关注人数	δ_{25}	0.018 (0.124)	0.108 (0.037)	0.027 (0.138)	0.055 (0.009)***
脆弱因子（Frailty Term）	v_2	—	—	0.017 (0.073)	0.005 (0.064)
模型评价					
总样本量		3956	3956	3956	3956
模型解释度（R^2）		0.26	0.30	0.29	0.28
调整后的模型解释度（ΔR^2）		0.25	0.28	0.28	0.27
极大似然值		-15987.52	-15547.62	-16187.68	-15986.49
Wald 检验		1433.14***	1521.31***	1339.83***	1426.46***
AIC 值		29828.014	29605.021	30024.459	29933.121
BIC 值		29952.521	29753.023	30275.964	29951.567

注：*p<0.05，**p<0.01，***p<0.001；连续15天内无交互视为关系结束。

表6-3 关系维持的风险模型稳定性检验

自变量		主效应模型（线性拟合）参数估计（标准误）	全模型（线性拟合）参数估计（标准误）	主效应模型（非线性拟合）参数估计（标准误）	全模型（非线性拟合）参数估计（标准误）
因变量：社会化商务社区网络关系维持					
信息性社会影响					
意见领袖效应	β_{21}	0.014 (0.001)***	0.057 (0.005)***	0.116 (0.003)***	0.046 (0.004)***

续表

自变量		主效应模型（线性拟合）参数估计（标准误）	全模型（线性拟合）参数估计（标准误）	主效应模型（非线性拟合）参数估计（标准误）	全模型（非线性拟合）参数估计（标准误）
因变量：社会化商务社区网络关系维持					
专家效应²	β_{221}	-0.015 (0.003)***	-0.017 (0.002)***	-0.018 (0.001)***	-0.039 (0.001)***
专家效应	β_{222}	0.016 (0.001)***	0.058 (0.007)***	0.009 (0.013)	0.017 (0.042)
规范性社会影响					
参照效应	β_{23}	0.173 (0.009)***	0.148 (0.007)***	0.17 (0.075)	0.022 (0.008)***
结构等价效应	β_{24}	0.226 (0.016)***	0.213 (0.013)***	0.021 (0.054)	0.007 (0.039)
社会选择影响					
行为同质性	γ_{21}	0.025 (0.004)***	0.017 (0.001)***	0.107 (0.005)***	0.157 (0.016)***
状态同质性	γ_{22}	0.015 (0.043)	0.012 (0.046)	0.016 (0.003)***	0.154 (0.012)***
调节效应					
关注者的社区成长 × 意见领袖效应	θ_{21}		0.026 (0.084)		0.049 (0.073)
关注者的社区成长 × 专家效应	θ_{22}		0.019 (0.041)		0.007 (0.043)
关注者的社区成长 × 参照效应	θ_{23}		0.223 (0.003)***		0.028 (0.077)
关注者的社区成长 × 结构等价效应	θ_{24}		0.137 (0.006)***		0.125 (0.004)***
关注者的社区成长 × 行为同质性	θ_{25}		0.011 (0.021)		0.23 (0.046)
关注者的社区成长 × 状态同质性	θ_{26}		0.023 (0.033)		0.027 (0.011)***

续表

自变量		主效应模型 （线性拟合） 参数估计 （标准误）	全模型 （线性拟合） 参数估计 （标准误）	主效应模型 （非线性拟合） 参数估计 （标准误）	全模型 （非线性拟合） 参数估计 （标准误）
因变量：社会化商务社区网络关系维持					
控制变量					
关注者已有粉丝人数	δ_{21}	0.018 (0.036)	0.054 (0.118)	0.037 (1.145)	0.012 (0.133)
关注者已有关注人数	δ_{22}	0.022 (0.269)	0.022 (0.163)	0.028 (0.143)	0.035 (0.079)
关注者淘宝信誉星级	δ_{23}	0.057 (0.003)***	0.025 (0.002)***	0.048 (0.003)***	0.016 (0.038)
被关注者淘宝信誉星级	δ_{24}	0.023 (0.001)***	0.054 (0.001)***	0.137 (0.003)***	0.004 (0.041)
被关注者已关注人数	δ_{25}	0.046 (0.122)	0.018 (0.115)	0.015 (0.126)	0.047 (0.007)***
脆弱因子（Frailty Term）	v_2	—	—	0.011 (0.083)	0.017 (0.039)
模型评价					
总样本量		3956	3956	3956	3956
模型解释度（R^2）		0.27	0.30	0.29	0.27
调整后的模型解释度（ΔR^2）		0.25	0.29	0.27	0.26
极大似然值		−15849.37	−15556.79	−16143.49	−15927.66
Wald 检验		1497.16***	1567.43***	1336.43***	1446.37***
AIC 值		29824.637	29602.042	30012.421	29925.542
BIC 值		29955.759	29754.421	30223.531	29938.221

注：*$p<0.05$，**$p<0.01$，***$p<0.001$；连续 60 天内无交互视为关系结束。

从表 6-2 和表 6-3 的数据分析结果来看，我们选择连续 15 天或连续 60 天未产生任何交互的情况作为社会化商务社区中用户相互之间关系结束的标准，并没有对我们最开始选择 30 天的标准得到的结果产生较大的影响。表 6-2 和表 6-3 的结果继续支持我们在之前提出的一系列的假设，这一结果也进一步验证了我们构建的用户网络关系维持模型的整体稳定性。

另外,与之前关于社会化商务社区用户网络关系形成的研究一致,我们在探讨用户网络关系维持的过程中也应该考虑到,社会化商务社区所涵盖的商品品类的多样性给我们研究结果可能带来的影响,因此,我们同样对我们原始数据中基于4个品类的8个社会化商务社区分别测试我们上述关系维持模型结果的稳定性。数据分析的结果如表6-4至表6-6所示。

表6-4 关系维持的风险模型稳定性检验(食品类社区)

自变量		主效应模型(线性拟合)参数估计(标准误)	全模型(线性拟合)参数估计(标准误)	主效应模型(非线性拟合)参数估计(标准误)	全模型(非线性拟合)参数估计(标准误)
因变量:社会化商务社区网络关系维持					
信息性社会影响					
意见领袖效应	β_{21}	0.017 (0.001)***	0.034 (0.005)***	0.132 (0.004)***	0.241 (0.005)***
专家效应^2	β_{221}	-0.012 (0.001)***	-0.015 (0.002)***	-0.011 (0.001)***	-0.039 (0.001)***
专家效应	β_{222}	0.023 (0.006)***	0.058 (0.007)***	0.007 (0.038)	0.013 (0.138)
规范性社会影响					
参照效应	β_{23}	0.153 (0.006)***	0.148 (0.007)***	0.021 (0.173)	0.014 (0.001)***
结构等价效应	β_{24}	0.321 (0.013)***	0.217 (0.011)***	0.011 (0.087)	0.004 (0.025)
社会选择影响					
行为同质性	γ_{21}	0.031 (0.004)***	0.015 (0.001)***	0.186 (0.006)***	0.123 (0.011)***
状态同质性	γ_{22}	0.017 (0.043)	0.013 (0.061)	0.116 (0.003)***	0.237 (0.002)***
调节效应					
关注者的社区成长 × 意见领袖效应	θ_{21}		0.002 (0.013)		0.016 (0.049)

续表

自变量		主效应模型（线性拟合）参数估计（标准误）	全模型（线性拟合）参数估计（标准误）	主效应模型（非线性拟合）参数估计（标准误）	全模型（非线性拟合）参数估计（标准误）
因变量：社会化商务社区网络关系维持					
关注者的社区成长 × 专家效应	θ_{22}		0.014 (0.024)		0.027 (0.038)
关注者的社区成长 × 参照效应	θ_{23}		0.226 (0.013)***		0.034 (0.026)
关注者的社区成长 × 结构等价效应	θ_{24}		0.124 (0.004)***		0.031 (0.002)***
关注者的社区成长 × 行为同质性	θ_{25}		0.011 (0.043)		0.127 (0.057)
关注者的社区成长 × 状态同质性	θ_{26}		0.024 (0.021)		0.0267 (0.012)***
控制变量					
关注者已有粉丝人数	δ_{21}	0.014 (0.032)	0.101 (0.174)	0.015 (0.028)	0.154 (0.236)
关注者已有关注人数	δ_{22}	0.017 (0.266)	0.018 (0.054)	0.023 (0.147)	0.023 (0.275)
关注者淘宝信誉星级	δ_{23}	0.031 (0.002)***	0.117 (0.011)***	0.139 (0.003)***	0.036 (0.048)
被关注者淘宝信誉星级	δ_{24}	0.061 (0.005)***	0.235 (0.013)***	0.035 (0.002)***	0.004 (0.037)
被关注者已关注人数	δ_{25}	0.013 (0.122)	0.085 (0.122)	0.085 (0.192)	0.024 (0.007)***
脆弱因子（Frailty Term）	v_2	—	—	0.016 (0.048)	0.004 (0.026)
模型评价					
总样本量		3865	3865	3865	3865
模型解释度（R^2）		0.27	0.30	0.29	0.27
调整后的模型解释度（ΔR^2）		0.25	0.29	0.27	0.26
极大似然值		−15853.52	−15547.62	−16134.84	−15976.81

续表

自变量		因变量：社会化商务社区网络关系维持			
		主效应模型 （线性拟合） 参数估计 （标准误）	全模型 （线性拟合） 参数估计 （标准误）	主效应模型 （非线性拟合） 参数估计 （标准误）	全模型 （非线性拟合） 参数估计 （标准误）
Wald 检验		1433.96***	1521.31***	1337.16***	1434.62***
AIC 值		29869.637	29676.637	30085.467	29921.687
BIC 值		29967.856	29785.486	30263.665	29936.465

注：*p<0.05，**p<0.01，***p<0.001。

表6-5 关系维持的风险模型稳定性检验（相机类社区）

自变量		因变量：社会化商务社区网络关系维持			
		主效应模型 （线性拟合） 参数估计 （标准误）	全模型 （线性拟合） 参数估计 （标准误）	主效应模型 （非线性拟合） 参数估计 （标准误）	全模型 （非线性拟合） 参数估计 （标准误）
信息性社会影响					
意见领袖效应	β_{21}	0.016 (0.002)***	0.045 (0.003)***	0.036 (0.003)***	0.041 (0.005)***
专家效应^2	β_{221}	−0.017 (0.004)***	−0.012 (0.004)***	−0.015 (0.001)***	−0.006 (0.001)***
专家效应	β_{222}	0.013 (0.001)***	0.053 (0.006)***	0.011 (0.038)	0.034 (0.067)
规范性社会影响					
参照效应	β_{23}	0.193 (0.008)***	0.348 (0.007)***	0.009 (0.051)	0.034 (0.005)***
结构等价效应	β_{24}	0.226 (0.016)***	0.275 (0.013)***	0.016 (0.043)	0.013 (0.069)
社会选择影响					
行为同质性	γ_{21}	0.025 (0.004)***	0.012 (0.001)***	0.179 (0.005)***	0.206 (0.011)***
状态同质性	γ_{22}	0.015 (0.043)	0.016 (0.074)	0.134 (0.002)***	0.106 (0.015)***

第6章 研究四：社会化商务社区中的关系维持机制

续表

自变量		因变量：社会化商务社区网络关系维持			
		主效应模型 （线性拟合） 参数估计 （标准误）	全模型 （线性拟合） 参数估计 （标准误）	主效应模型 （非线性拟合） 参数估计 （标准误）	全模型 （非线性拟合） 参数估计 （标准误）
调节效应					
关注者的社区成长× 意见领袖效应	θ_{21}		0.005 (0.016)		0.059 (0.077)
关注者的社区成长× 专家效应	θ_{22}		0.014 (0.024)		0.016 (0.061)
关注者的社区成长× 参照效应	θ_{23}		0.126 (0.012)***		0.011 (0.093)
关注者的社区成长× 结构等价效应	θ_{24}		0.114 (0.004)***		0.034 (0.002)***
关注者的社区成长× 行为同质性	θ_{25}		0.015 (0.049)		0.46 (0.061)
关注者的社区成长× 状态同质性	θ_{26}		0.024 (0.058)		0.127 (0.012)***
控制变量					
关注者已有粉丝人数	δ_{21}	0.008 (0.017)	0.116 (0.151)	0.012 (0.074)	0.033 (0.072)
关注者已有关注人数	δ_{22}	0.024 (0.126)	0.013 (0.085)	0.024 (0.156)	0.017 (0.176)
关注者淘宝信誉星级	δ_{23}	0.054 (0.002)***	0.136 (0.003)***	0.038 (0.005)***	0.036 (0.024)
被关注者淘宝信誉星级	δ_{24}	0.028 (0.007)***	0.322 (0.012)***	0.147 (0.003)***	0.002 (0.018)
被关注者已关注人数	δ_{25}	0.034 (0.263)	0.123 (0.257)	0.064 (0.128)	0.054 (0.007)***
脆弱因子（Frailty Term）	v_2	—	—	0.034 (0.059)	0.008 (0.062)
模型评价					
总样本量		3675	3675	3675	3675

续表

自变量	主效应模型（线性拟合）参数估计（标准误）	全模型（线性拟合）参数估计（标准误）	主效应模型（非线性拟合）参数估计（标准误）	全模型（非线性拟合）参数估计（标准误）
因变量：社会化商务社区网络关系维持				
模型解释度（R^2）	0.27	0.30	0.29	0.27
调整后的模型解释度（ΔR^2）	0.25	0.29	0.27	0.26
极大似然值	-15866.94	-15547.62	-16164.43	-15955.34
Wald 检验	1426.76***	1528.64***	1363.88***	1426.69***
AIC 值	29811.457	29602.643	30012.479	29925.316
BIC 值	29925.678	29757.154	30263.424	29965.232

注：*$p<0.05$，**$p<0.01$，***$p<0.001$。

表 6-6　关系维持的风险模型稳定性检验（电脑类社区）

自变量		主效应模型（线性拟合）参数估计（标准误）	全模型（线性拟合）参数估计（标准误）	主效应模型（非线性拟合）参数估计（标准误）	全模型（非线性拟合）参数估计（标准误）
因变量：社会化商务社区网络关系维持					
信息性社会影响					
意见领袖效应	β_{21}	0.007 (0.001)***	0.021 (0.002)***	0.032 (0.003)***	0.121 (0.005)***
专家效应^2	β_{221}	-0.012 (0.003)***	-0.023 (0.003)***	-0.016 (0.001)***	-0.026 (0.002)***
专家效应	β_{222}	0.006 (0.002)***	0.029 (0.006)***	0.009 (0.022)	0.013 (0.027)
规范性社会影响					
参照效应	β_{23}	0.366 (0.007)***	0.348 (0.008)***	0.031 (0.167)	0.013 (0.005)***
结构等价效应	β_{24}	0.365 (0.005)***	0.313 (0.012)***	0.023 (0.063)	0.006 (0.035)
社会选择影响					

续表

自变量		主效应模型（线性拟合）参数估计（标准误）	全模型（线性拟合）参数估计（标准误）	主效应模型（非线性拟合）参数估计（标准误）	全模型（非线性拟合）参数估计（标准误）
因变量：社会化商务社区网络关系维持					
行为同质性	γ_{21}	0.064 (0.003)***	0.023 (0.001)***	0.174 (0.013)***	0.235 (0.014)***
状态同质性	γ_{22}	0.035 (0.087)	0.034 (0.058)	0.129 (0.008)***	0.168 (0.013)***
调节效应					
关注者的社区成长×意见领袖效应	θ_{21}		0.007 (0.019)		0.029 (0.034)
关注者的社区成长×专家效应	θ_{22}		0.013 (0.016)		0.026 (0.027)
关注者的社区成长×参照效应	θ_{23}		0.126 (0.003)***		0.034 (0.028)
关注者的社区成长×结构等价效应	θ_{24}		0.063 (0.005)***		0.137 (0.006)***
关注者的社区成长×行为同质性	θ_{25}		0.011 (0.021)		0.168 (0.042)
关注者的社区成长×状态同质性	θ_{26}		0.029 (0.035)		0.356 (0.012)***
控制变量					
关注者已有粉丝人数	δ_{21}	0.036 (0.076)	0.116 (0.393)	0.027 (0.188)	0.023 (0.143)
关注者已有关注人数	δ_{22}	0.018 (0.155)	0.009 (0.057)	0.026 (0.146)	0.018 (0.172)
关注者淘宝信誉星级	δ_{23}	0.063 (0.007)***	0.017 (0.002)***	0.133 (0.014)***	0.073 (0.151)
被关注者淘宝信誉星级	δ_{24}	0.064 (0.008)***	0.122 (0.001)***	0.195 (0.004)***	0.006 (0.016)
被关注者已关注人数	δ_{25}	0.018 (0.133)	0.016 (0.136)	0.029 (0.167)	0.037 (0.007)***

续表

自变量		主效应模型（线性拟合）参数估计（标准误）	全模型（线性拟合）参数估计（标准误）	主效应模型（非线性拟合）参数估计（标准误）	全模型（非线性拟合）参数估计（标准误）
因变量：社会化商务社区网络关系维持					
脆弱因子（Frailty Term）	v_2	—	—	0.007 (0.083)	0.009 (0.086)
模型评价					
总样本量		3236	3236	3236	3236
模型解释度（R^2）		0.28	0.29	0.28	0.29
调整后的模型解释度（ΔR^2）		0.27	0.28	0.27	0.28
极大似然值		-15862.66	-15596.33	-16163.31	-15944.92
Wald 检验		1435.37***	1521.31***	1363.74***	1463.85***
AIC 值		29867.567	29611.637	30067.837	29913.896
BIC 值		29996.384	29729.635	30263.746	29967.328

注：$*p<0.05$，$**p<0.01$，$***p<0.001$。

由于之前的稳定性检验中，本书发现关系结束的判定标准时间并没有带来显著性的影响，在探讨不同类型产品社区的差异时本书仍然采用最开始使用的30天无交互视为关系结束的标准来分析社会化商务社区的关系维持机制的稳定性。从表6-4、表6-5以及表6-6的数据分析结果来看，无论是在产品更新速度更快、社会化因素更强的单位产品价值较低的食品类产品的社会化商务社区，还是在单位产品价值较高、需要用户投入更多信息处理成本的数码相机和笔记本类产品的社区，本书数据分析的结果与最开始选择的服装类产品社区的数据分析结果并不存在显著性的差异。本书在之前论述中提出的一些研究假设也都继续得到了支持。上述数据分析的这些结果也进一步验证了本章研究中所构建的用户网络关系维持模型的整体稳定性。

6.6 本章小结

本章主要是为了探讨在社会化商务社区中,用户相互之间一旦形成了关注或被关注的关系之后,哪些因素能够促进这些已经形成的关系的进一步的维持。我们通过对以往研究的梳理,提出了社会影响类因素和社会选择类因素在社会化商务社区中可能存在的主导作用,也在上一章的研究中探讨了社会影响类因素和社会选择类因素如何影响社区中的用户在相互陌生的情况下如何开始构建关注或被关注的关系的。而作为社会化商务社区中的企业来说,用户关系的构建并不是他们商业活动的终点,甚至也不能保证商业价值很好地实现。事实上,目前的网络社区存在大量名存实亡的网络关系,这些关系从网络页面上来看长期存在,但并不代表用户之间具有实质性的交互活动,而作为企业,与用户之间的关系只有建立在有效的交互的基础上,其社会化价值才能获得更大的传播和实现。因此,我们在本章的研究中进一步探讨了社会影响和社会选择这些因素如何在用户相互之间关系形成后继续影响用户的后续行为。

从数据分析结果来看,社会影响类因素和社会选择类因素在社会化商务社区中用户相互之间网络关系形成之前和关系形成之后的影响机制存在着明显的差异。具体来看,在社区用户网络关系形成之前,社会影响类和社会选择类中基于信息符号的因素占据着主导作用,主要体现在信息性社会影响和行为同质性以及状态同质性这些基于大量社区信息的因素对关系形成的促进作用;而在社区用户网络关系形成之后,社会影响类和社会选择类中基于社会化因素的变量开始占据了主导作用,主要体现在规范性社会影响对用户关系维持的促进作用,而信息性影响逐渐减弱和变得不显著,甚至对用户之间的关系维持带来负面影响(专家效应对关系维持的倒"U"形影响)。

第7章 研究五：社会化商务社区中的病毒式营销策略

7.1 引言

随着互联网进入了Web2.0的用户交互时代（Kaplan，Haenlein，2010），传统的电子商务模式也开始向社会化商务模式（Stephen，Toubia，2010）迈进。病毒式营销（Viral Marketing）（Hinz等，2011）是企业在社会化商务背景下广泛采取的一种社会化营销策略，例如：①在典型的社交网站中（如人人网、腾讯QQ）选择意见领袖来推广产品信息，以期产品信息在更大范围内传播。②即使是在社交性很弱的电子商务社区中（如淘宝帮派、蘑菇街，本书定义为社会化商务社区），企业依然可以从社区成员的关注、粉丝系统中识别出意见领袖，采取基于口碑传播的病毒营销策略。该策略的一个基本前提假设是：消费者之间存在着社会影响（Social Influence）（Aral，2011）和口碑传播（WOM）（Trusov，Bucklin，Pauwels，2009）。

然而，一些学者对这种基于社会影响的扩散策略提出了质疑：①在网络中识别和测量人际间的影响会受到同质性和环境变量的混淆，因此，早期的研究可能过高地估计了社会影响和人际间传播的作用（Aral，Walker，2012）。②即使一些研究将人际传播的影响从主要的混淆变量中剥离出来，人际间的传播也可能因为在现实中较少出现而并不能达到病毒式营销的效果。例如Goel，Goldstein（2013）基于雅虎社区用户的实证研究发现，尽管通过用户朋友圈的购买行为可以很好地预测该用户未来的购买状态，但该用户并不是在"模仿"或"被传染"，而仅仅是因为他们本身具有相似的行为模式，即同质性（Homophily）。③本书锁定的社会化商务社区与传统的社交网络有着本质的不同：以淘宝帮派社区为例，由于社区成员之间都是陌生的，其关系的建立并不像传统的社交网络关系（朋友、同学和亲人等）那样稳定，会员间更多的是以兴趣爱好、功能和商品交易等为纽带建立的关系（文献综述部分将进一步探讨社会化商务社区在网络结构和内在属性上的特殊性）。

因此，我们的问题是：①在社会化商务社区中实施病毒营销策略如何同时考虑人际传播的社会影响和用户本身属性的同质性影响？基于此，我们通过 ABMS 仿真模型比较基于社会影响机制和同质性机制的社会化营销绩效。②社会化商务社区和传统社交网络在关系构建上具有本质的不同，基于此，我们进一步探讨社会化商务社区独特的网络拓扑结构对社会化营销策略绩效的影响。

7.2 理论背景和假设提出

7.2.1 病毒式营销策略的主要影响因素

病毒式营销（Viral Marketing）是指消费者互相描述、分享和传播与商品相关信息的现象，这些信息一开始往往由企业主动地发出，目的在于促进消费者之间的口碑传播并从中获取经济效益（Hinz 等，2011）。以往的研究指出病毒式营销策略是否成功主要取决于四个方面的因素：①传播的内容（Berger，Milkman，2012；Berger，Schwartz，2011）。②消费者的关系结构（Bampo 等，2008）。③消费者的行为特征和信息传播动机（Hinz 等，2011）。④选择哪些消费者作为信息传播的初始点（Haenlein，Libai，2013）。本书所探讨的是在传播内容不变的情况下，如何基于社会化商务社区用户的关系结构和行为特征来选取特定的消费者作为信息传播的初始节点，从而最大化信息扩散的效果。传统的研究认同"影响者假设"（Influentials Hypothesis），即选择"意见领袖"或者"占有较多链接资源的成员"作为初始点能获得更快的传播效果（Iyengar，Van den Bulte，Valente，2011）。具体来讲，根据 Van der Lans 等（2010）以及 Ho 等（2010）

的研究发现,成员的网络位置属性在产品或信息传播的过程中主要对以下四个方面产生显著的影响:①该成员接收到产品或信息的概率。②该成员的传播参与概率。③该成员的影响范围。④其他成员行为受该成员影响的概率。基于此,表7-1总结了网络成员的网络位置属性对产品或信息传播影响的相关研究。

表7-1 网络成员的社会网络属性对产品或信息传播影响的相关研究

相关研究	传播对象	成员的社会网络位置属性对以下变量具有显著影响				研究中成员的网络位置属性
		参与传播概率	成员影响范围	预期的受感染人群	目标成员受影响概率	
Coleman、Katz 和 Menzel (1966)	产品(低风险)	√		√		中心(hub)
Becker (1970)	产品(低风险)	√				中心
Becker (1970)	产品(高风险)	√				边缘(fringe)
Watts 和 Dodds (2007)	信息、信仰	√	√	√		中心、边缘
Leskovec、Adamic 和 Huberman (2007)	产品(低风险)	√	√	√	√	中心、边缘
Anderson 和 May (1991)	流行病		√	√		中心
Kemper (1980)	流行病			√		中心
Iyengar、Van den Bulte 和 Valente (2011)	产品(高风险)			√		中心
Hinz 等 (2011)(研究1)	产品(高风险)			√		中心、边缘、结构洞、随机
Hinz 等 (2011)(研究2)	信息			√	√	中心、边缘、结构洞、随机
Hinz 等 (2011)(研究3)	信息	√		√		中心、边缘、结构洞、随机
Libai、Muller 和 Peris (2013)	产品(竞争市场)		√	√		中心、随机

上述研究的网络链接数据都来自于成员日常的社交关系,即所选取的中心、边缘或结构洞位置都是成员在真实的社交网络中所处的位置。本书关注的社会化商务社区虽然也存在中心、边缘或结构洞位置的成员,但他们的作用机制与真实的社交网络中同样位置的成员具有很大的差异:①社会化商务社区中成员之间相互陌生,关系的形成建立在共同的兴趣爱好基础上。两个相互并无交互的成员可能因为共同参与讨论的话题较多而相互影响(即同质性的影响机制),而相互间存在交互的成员也不一定会影响彼此的交易行为(Trusov, Bodapati, Bucklin,

2010)。②社交网络中的网络中心性对产品或信息扩散影响显著的根本原因是其本身链接资源的丰富性,根据社交网络中强关系改变行为的理论,当网络中的成员较多次地接收到来自朋友的信息时,该成员的行为就会受到影响而发生改变(Christakis, Fowler, 2009)。但社会化商务社区中的链接数量并不能表示强关系,另外,社会化商务社区中交互较弱的一些成员之间相互影响的概率也不一定低,实际上,改变社会化商务社区中成员行为的并不是关系的强弱,而是兴趣的同质(Goel, Goldstein, 2014)。

综上所述,我们认为,社会化商务社区中产品或信息的扩散并不完全取决于社区中成员的个人网络中(Ego - network)有多少好友已经购买或传播了信息,只有当这些好友与该成员具有相似的社区活动时,该成员才更有可能被影响而最终购买或传播同样的产品或信息。本书将基于元胞自动机的微观扩散模型,通过ABMS 仿真的形式,呈现不同的扩散机制下病毒式营销策略的绩效。

7.2.2 社会化商务社区的网络关系结构和信息扩散机制

在社会化商务背景下发展起来的社会化商务社区在结构上、内在属性上与以往许多研究提到的社交网络不同(Burt, 2009; Newman, Park, 2003):①从结构上来看,社会化商务社区是一个包括了人际关系网络和二模关系网络(Faust, 1997; Ransbotham, Kane, Lurie, 2012)的双模网络(Goldenberg, Singer, Reichman, 2012)(图7-1 描述了这种具有双模结构特性的社会化商务社区网络拓扑图)。②从内在属性上来看,社会化商务社区在其成员特质、成员动机、关系性质、关系来源、关系演进动力等方面有其特殊性(见表7-2)。

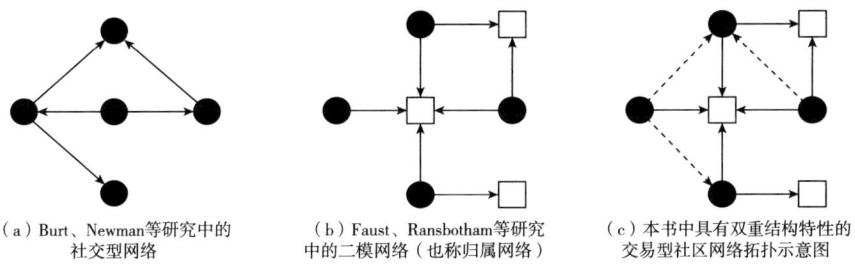

(a) Burt、Newman等研究中的社交型网络

(b) Faust、Ransbotham等研究中的二模网络(也称归属网络)

(c) 本书中具有双重结构特性的交易型社区网络拓扑示意图

图7-1 从拓扑结构上看社会化商务社区与以往研究中社会网络的不同

注:图中的圆形表示社区成员,(b) 与 (c) 中的矩形表示社区中的事件、信息(在本书中特指交易型社区成员共享的商品信息、兴趣爱好等);(c) 中的实线和虚线箭头分别表示两种网络结构中的链接关系。

表7-2 从内在属性上看社会化商务社区与社交型社区的不同

区分维度		社交型社区	社会化商务社区
社区要素 (成员和关系)	成员角色	朋友、亲人、同学	商人、买家、卖家
	成员需求	以情感交流为主	以商业信息交流为主
	关系来源	固有的社会关系+ 新建社交关系	既有的交易关系+ 潜在的交易关系 (商品信息、兴趣爱好)
社区网络结构		直接的人际交往为 主社会资本	以功能、信息为纽带的 间接关系双模网络
社区演化动力		规范性影响(Normative Influence)传染驱动机制	信息性影响(Informational Influence)同质性驱动机制

正是社会化商务社区在网络结构和内在属性上的这些特殊性使我们对以往依赖于人际间口碑传播的病毒式营销有了新的思考：我们并不否认社会化商务社区中口碑传播的存在（基于关注、粉丝系统的好友行为信息推送本质上就是一种口碑传播的刺激），但实际中的社会化商务社区成员之间是相互陌生的（例如淘宝帮派中的关注或粉丝之间大部分是不认识的），信息的传播更多地依赖于他们本身具有某些共同的特性，即同配性（Assortativity）（Newman，2002；Haenlein，Libai，2013），这也就是本书所探讨的基于同质性的扩散机制，相关的研究包括：Kossinets 和 Watts（2006）在对一所大学43553个样本之间关系构建的实证研究中区分了社会影响和基于同质性的选择影响，研究结果表明基于同质性的选择影响（研究中以共同选修的课程为测量）显著提升了学生之间构建关系的概率；Easley 和 Kleinberg（2011）指出社会影响机制和同质性机制是相反的两个概念，前者是指已存在的社会网络连接将改变人们的特征，后者则强调个体的特征主导社区成员的行为。

可见，社会影响机制和同质性机制的本质区别在于前者基于消费者之间社会关系的强弱，而后者基于消费者之间从历史活动中体现出的行为相似性。以往关于病毒式扩散的模型通常利用传统的社交网络结构数据（即社会关系的强弱），模拟人际间的口碑传播，探讨中心人物（Hubs）的扩散效果（Haenlein，Libai，2013；Libai，Muller，Peres，2013），本书结合社会化商务社区的双模结构特性，将基于历史行为的成员同质性因素纳入到扩散模型中，通过 ABMS 仿真的过程来探讨社会影响、同质性和网络拓扑结构对扩散的范围和感染时间的影响。

7.2.3 基于元胞自动机模型的 ABMS 仿真

市场研究中关于新产品扩散的数学建模来源于流行病学、生物学和生态学等领域，其中 Bass 模型（Bass，2004）是最有影响力的宏观扩散模型。但经典的宏观扩散模型并不是基于个体行为的（Goldenberg 等，2000），因此，并不能刻画真实世界中扩散趋势的复杂性。Hohnisch 等（2008）指出宏观扩散模型并没有解释清楚扩散过程的内在动力机制，例如 Bass 模型中用来刻画产品扩散的内部因素（模仿系数 q）通常用基于社会影响的口碑行为来解释，但实际的模仿系数并不仅仅来源于社会影响，例如 Goel 和 Goldstein（2014）基于雅虎社区用户的实证研究发现，尽管通过用户朋友圈的购买行为可以很好地预测该用户未来的购买状态，但该用户并不是在"模仿"他的朋友，而仅仅是因为他们本身具有相似的行为模式，即同质性。因此，尽管以 Bass 模型为代表的宏观扩散模型相关研究能够给出清晰的参数解析形式，我们认为微观扩散模型至少在解决以下两个问题上有更大的优势：①基于个体行为的微观扩散模型能够进一步地分解宏观扩散模型中的模仿系数 q，并不是简单地认为模仿系数仅来源于社会影响，考虑个体之间的同质性和异质性对产品或信息扩散带来的影响（Libai，Muller，Peres，2013）。②由于社会网络存在无标度特性（Barabási，2009），成员影响的级联效应存在着较大的差异，基于个体行为的微观扩散模型能够更好地呈现和刻画每一个个体成员的影响通过网络传播后的最终结果。例如元胞自动机模型（Cellular Automata）往往被用来刻画这种个体行为影响扩散后的整体效果（Haenlein，Libai，2013）。

正如 Rand 和 Rust（2011）在关于新产品扩散的研究中指出，市场中产品的扩散模式来源于消费者之间的交互影响，消费者作为个体的决策原则在面临复杂多变的环境时也会变得复杂起来。基于元胞自动机的 ABMS 模型的优势在于研究者可以通过个体行为层面的建模来模拟个体周围环境的动态变化，因此越来越多的市场研究者运用 ABMS 模型来模拟和分析新产品的病毒式营销策略（Delre 等，2010；Garber 等，2004；Garcia，2005；Shaikh，Rangaswamy，Balakrishnan，2006）。

7.3 基于元胞自动机的 ABMS 仿真实验

随着社会化商务时代的到来，一些社会化媒体积聚了海量的用户间网络关系数据，学者也纷纷利用这些消费者的关系结构和个体属性等数据构建微观层面的扩散模型来弥补经典宏观扩散模型的不足，其中应用得较多的方法是利用用户间的真实网络关系数据作为仿真模型的基础（Libai，Muller，Peres，2013）。本书也是沿用类似的方法：①首先基于 NetBean 的 Java 开发平台，通过核心工具 Selenium 作为网页驱动器抓取社会化商务社区的用户网络关系数据。②为了研究网络拓扑结构对病毒式营销绩效的影响，本书分别利用随机网络模型（ER 模型）和偏好连接网络模型（PA 模型）构造出与抓取的真实网络具有同样节点数的参照网络（Trusov，Rand，Joshi，2013）。③根据社会影响机制和同质性机制构建不同的微观扩散模型，并在不同拓扑结构的网络上进行仿真实验，对比不同的病毒式营销策略最终绩效的差异。

7.3.1 基于元胞自动机的个体传播动力模型

对于上一部分呈现的具有不同拓扑结构的用户网络关系，我们假设网络中的所有成员都是潜在的购买者或信息的传播者，因此，对于所有的网络中的节点都存在着两种状态："0"表示未受感染状态（即该节点未购买产品或知晓信息）；"1"表示受到感染状态（即该节点在某一时刻购买了产品或知晓了信息），所有网络的初始状态也就是所有节点都为"0"的状态。根据经典的新产品扩散模型（Bass，2004），一个潜在的消费者的状态由"0"转变为"1"主要受到两个方面因素的影响：①外部影响（δ），是指网络中的成员受到大众传媒（如促销活动、广告信息及其他营销努力等）影响而购买产品或知晓信息的概率。②内部影响（q），是指在一段时期内，网络中的成员通过与已经购买了产品或知晓了信息的成员的社会交互（如口碑传播、观察学习等）而购买产品或知晓信息的概率。考虑到网络成员在受到周围用户影响的异质性，我们假设内部影响的因素 q 服从正态分布，在鲁棒性检验部分，我们也检验 q 的其他分部形式，如幂律分布或均匀分布，但结果发现 q 的不同分部形式并没有带来显著差异的结果。

根据图7-2所示，本书分别构建了基于三种不同机制的扩散模型进行仿真实验：①基于社会影响机制的社交网络扩散模型。Libai，Muller和Peres（2013）运用元胞自动机的形式构建了基于个体层面的扩散模型，其本质与宏观扩散模型一致，同样遵循人际间传染的假设，模型的基本形式如式（7-1）所示。②基于同质性机制的二模网络扩散模型。本书认为在社会化商务社区中，成员之间的陌生关系使人际间传染的假设很难满足，产品或信息的扩散主要遵循同质性机制，模型的基本形式如式（7-2）所示。③考虑到人际间传染的社会影响与同质性影响共同存在相互交互的情形，本书进一步构建了双模网络下的扩散模型，模型的基本形式如式（7-3）所示。

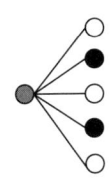 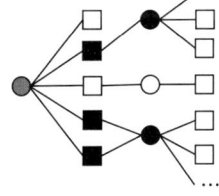 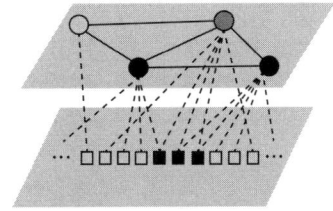

（a）基于社会影响机制的　　（b）基于同质性机制的　　（c）基于社会影响与同质性
　　　社交网络扩散模型　　　　　二模网络扩散模型　　　　交互机制的双模网络扩散模型

图7-2　基于社会影响、同质性及其交互作用机制的网络扩散模型示意

注：灰色圆形表示我们关注的目标用户（focal）；黑色圆形表示目标用户周围（ego-network）已受感染的用户；黑色矩形表示目标用户与周围已受感染用户共同参与的活动。

$$p_{i,1}(t) = 1 - (1 - \delta) \prod_{1}^{M_i(t)} (1 - q_1) \tag{7-1}$$

$$p_{i,2}(t) = 1 - (1 - \delta) \prod_{1}^{N_i(t)} (1 - q_2) \tag{7-2}$$

$$p_{i,3}(t) = 1 - (1 - \delta) \prod_{1}^{V_i(t)} [1 - (q_1 + q_2 - q_1 \times q_2)] \tag{7-3}$$

其中，$p_i(t)$表示目标成员i在t时刻改变状态（即购买产品或知晓信息）的概率；δ表示i受到广告宣传等营销努力的影响改变状态的概率；q表示i受到成员之间影响改变状态的概率，我们把q_1定义为来自社会影响的动力，把q_2定义为来自同质性影响的动力（由于缺少实证的研究比较两种动力的大小，本书控制其差异性，假设它们在扩散的过程中提供同样大小的动力）；$M_i(t)$表示t时刻目标成员i的个人中心网络中状态为1的成员数；$N_i(t)$表示t时刻目标成员

i 与网络中状态为 1 的成员共同参与的活动数；$V_i(t)$ 是 $M_i(t)$ 与 $N_i(t)$ 的并集，表示 t 时刻目标成员 i 的个人中心网络中状态为 1 的成员数或与整个网络中状态为 1 的成员共同参与的活动数。

7.3.2 数据来源：基于爬虫程序的社会化商务社区用户关系数据抓取

本书选取的社会化商务社区用户关系数据来源于目前国内最大规模的电子商务平台淘宝网。2010 年淘宝网站推出"淘宝帮派"应用，社会化商务社区便在传统的交易网站中迅速发展起来，它结合了社交性与商务性，其关注、粉丝系统能够使社区中的成员像在社交网站中一样建立关系成为好友；其讨论区系统能够使社区中的成员了解和传播有关商品的各种信息。考虑到用户量过多导致关系矩阵计算的时间和空间复杂度，本书的数据来源选择了成员规模适中，并且活跃度排名靠前的帮派。基于 NetBean 的 Java 开发平台，通过核心工具 Selenium 作为网页驱动器抓取淘宝帮派内的用户网络关系数据并储存在 SQL Server 数据库中。表 7-3 是利用爬虫程序抓取的全部数据字段和相应的解释，表 7-4 是利用爬虫程序抓取的社会化商务社区网络特性。

表 7-3 基于 NetBean 平台爬虫程序抓取的用户数据信息

数据名称及类型		数据解释	数据格式
成员个人中心网络信息	成员 ID	淘宝圈子中每一个成员所唯一特有的身份	文本型
	成员粉丝	关注该成员的全部用户 ID	文本型
	成员关注	该成员所关注的全部用户 ID	文本型
社区成员个人特质信息	入圈时间	圈子中每一个成员加入圈子的时间	日期型
	关注/粉丝时间	圈子中的社区成员建立朋友关系的时间	日期型
	用户个人主页	用来进入圈子中成员个人空间的链接地址	链接地址
	用户积分	用来衡量圈子用户在圈子中的经历和地位	数值型
	浏览量	该成员的个人主页被浏览的次数	数值型
社区成员参与社区活动信息	帖子 ID	虚拟社区中帖子的唯一地址	链接地址
	发帖者 ID	每一个帖子的发起者 ID	文本型
	回复者 ID	每一个帖子的回复者 ID	文本型
	发帖时间	圈子中每一条帖子出现的时间	日期型
	回复时间	每一条帖子中每一个社区成员回复帖子的时间	日期型

第7章 研究五：社会化商务社区中的病毒式营销策略

表7-4 基于NetBean平台爬虫程序抓取的社会化商务社区网络特性

网络特性	淘宝帮派1	淘宝帮派2	指标解释
成员数	782	634	社区成员总数
活动数	717	563	社区活动总数
人际关系数	1666	1103	社区成员相互之间关注（或成为粉丝）的数量
活动参与数	38957	29740	社区成员参与活动的数量
成员平均度	2.13	1.74	社区成员平均关注或被关注的数量
活动平均度	54.33	52.82	社区活动的平均参与量
网络直径	14	11	社区成员间的最远距离
平均路径长度	4.256	3.864	社区成员间的平均距离
平均聚类系数	0.565	0.611	与某社区成员相连接的成员之间相互连接的程度
一模网络密度	0.003	0.003	人际网络中已发生关系占全部可能关系的比例
二模网络密度	0.069	0.083	社区的活动参与率

7.3.3 社区用户网络关系和拓扑结构

图7-3从整体上呈现了截止到本书数据抓取之日（2014年4月28日），该社区成员之间最终形成的朋友关系网络（即关注/粉丝关系），该图外围的一些节点是一些具有稀疏社区关系的节点，而图的中心处则是与圈子其他成员具有紧密关系的用户，图中节点和边的布局算法来自于Mashima，Kobourov和Hu等（2012）的研究。出于显示简洁性的考虑，图7-3并没有标出每一个节点的用户ID。由于本书的网络数据包括了两层网络结构，因此在表述由成员和活动组成的双模网络中，我们用黑色的节点表示社区成员参与的活动，灰色节点表示社区成员。

7.3.4 基于社会影响、同质性和不同网络拓扑结构的仿真实验

借鉴以往研究关于病毒式营销策略的仿真设计（Libai，Muller，Peres，2013；Haenlein，Libai，2013），本书在7.3.2部分介绍的社区关系原始数据列出的每一个网络中选取一组初始节点进行扩散传播的仿真实验。在网络中的初始节点选择上，主要有两个方面的因素会影响传播扩散的最终绩效：①初始节点的规模。即病毒式营销策略的初始传播节点数，本书比较不同规模的初始节点对最终绩效的影响，范围为整个网络所有成员数的0.5%~5%（更大规模的初始节点会

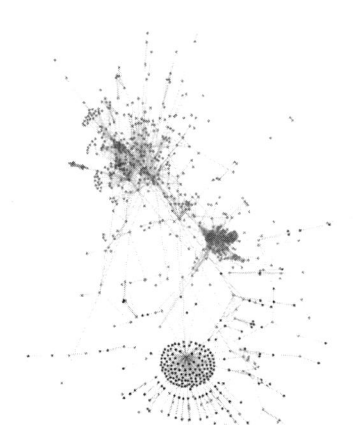

(a) 淘宝帮派1的成员间人际关系拓扑结构

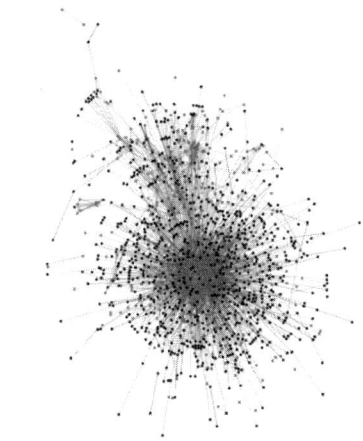

(b) 淘宝帮派1的成员与帮派活动关系拓扑结构

(c) 淘宝帮派2的成员间人际关系拓扑结构

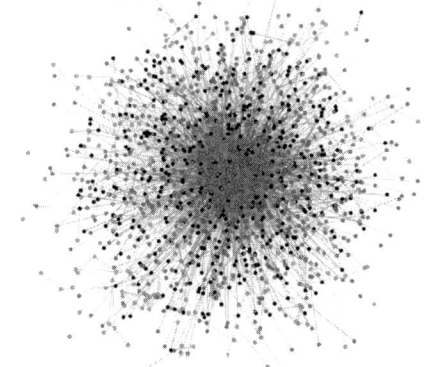

(d) 淘宝帮派2的成员与帮派活动关系拓扑结构

图7-3 基于 Hu 等（2012）布局算法的社会化商务社区拓扑结构图

注：图中灰色节点表示社区中的成员；黑色节点表示社区成员参与的活动。

导致过高的初始营销投入成本，实际意义也较弱）。②初始节点的类型。以往的研究大多以网络中成员的位置属性或顾客价值来选择，如表7-1所示整理的以往文献中，关注较多的是处于中心位置（Hub）、中介位置（Betweenness）或者一些顾客价值（CLV）较高的用户。本书考虑二模网络和双模网络的拓扑结构，根据网络中用户在参与活动中体现的兴趣同质性来选择初始节点，并与其他类型的初始节点策略进行绩效对比。在选定了初始节点之后，我们进一步用7.3.1的三个模型即模型（7-1）、模型（7-2）、模型（7-3）列出的3个公式来分别模拟用户在社会影响、同质性及其交互机制下的行为模式。最后，由于以往的研究提出网络的拓扑结构对扩散传播的最终绩效有显著的影响（Trusov，Rand，Joshi，2013），本书也在抓取的淘宝帮派数据基础上运用经典的网络模型构建出与原始数据具有同样规模节点数和关系数的虚拟网络（Synthetic Network），这些虚拟网络包括小世界网络（Newman，Watts，1999）、偏好连接网络和随机网络（Barabási，Albert，1999）。因此，文章接下来的部分通过一系列的实验：①对比基于社会影响机制的扩散和基于同质性影响机制的扩散差异。②通过对初始扩散节点的不同选取来寻找基于同质性影响机制的更有效的策略。

7.3.4.1 基于社会影响、同质性和网络拓扑结构扩散的差异性研究

本书的实验1主要探讨不同扩散机制的差异性。由于社会影响和同质性影响分别在两个网络中起作用（前者作用于成员之间的人际关系网络，后者作用于成员通过社区活动建立起来的二模网络），为了使实验结果具有可对比性，该部分仿真实验的过程中保持两重网络之间具有同样的特性，即同样的网络密度和拓扑结构。因此，笔者在实验中借鉴随机网络模型仿真出具有相同网络属性的两重网络（网络密度均为0.003，网络拓扑结构均为随机网络），并假设社区中的成员受到社会影响和同质性影响而改变行为的概率一样（即令模型7-1和模型7-2中$q_1 = q_2$）。实验1的实验结果如图7-4所示。

根据表7-4的数据特征，仿真了与淘宝帮派1具有同等密度的随机网络，即该网络所包含的两重结构中，成员与成员之间的社会关系按照随机概率产生，成员与社区活动之间的关系也同样按照随机概率产生，并且每一层网络的密度均为0.003（与实际数据中成员与成员之间的关系密度一致）。最终仿真的网络中包含了782名成员，717个社区活动，1832条关注/粉丝记录和1682条活动参与记录。在假设成员受到社会影响改变行为和受到同质性影响改变行为的概率一样的情况下，图7-4分别列出了在不同规模的初始成员选择下（随机选取社区的0.5%、1%、2.5%和5%的成员），不同的扩散机制带来的绩效情况。可以看出：①初始节点规模的大小并不会显著影响扩散策略的最终效果，因为不论是基于社会影响的扩散还是基于同质性的扩散，最终受影响的成员数量并无较大差异（在30个tick之后的受感染成员数均接近600）。实际上，Haenlein和Libai（2013）在研究中指出由于网络的同配性（Assortative Mixing）特点使较大规模的初始节点中会有较多节点的影响范围是重合的，因此，并不是初始节点的规模越大，病毒式营销的最终绩效就越好。需要注意的是本书并没有考虑每一个社区

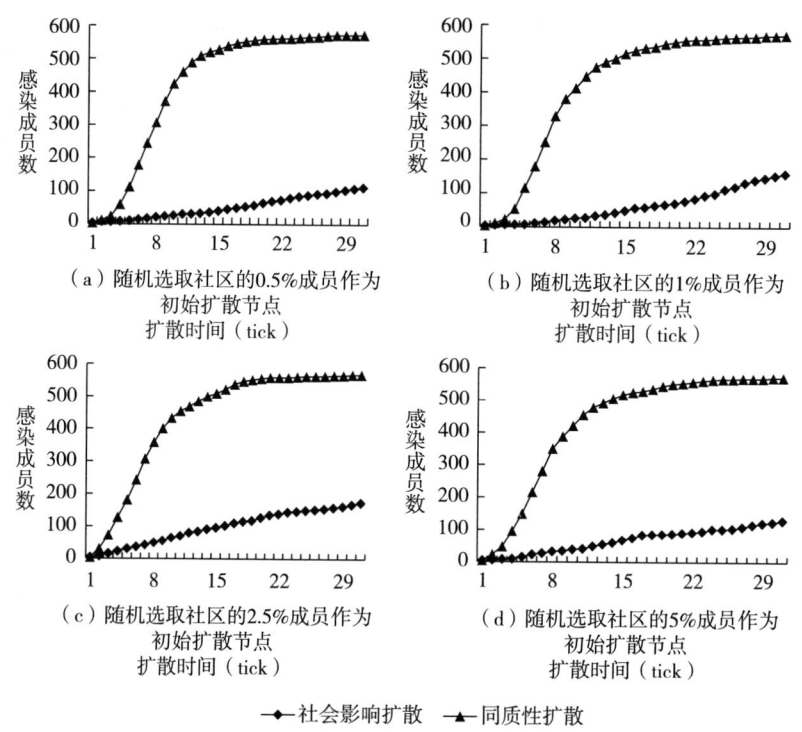

图7-4 同等密度的随机网络社会影响扩散和同质性扩散仿真结果对比

成员的顾客价值（Haenlein，Libai，2013），仅仅是从扩散的数量上进行了对比。②基于社会影响的扩散与基于同质性的扩散差异显著。事实上，在相同网络关系密度和相同扩散概率的前提下，同质性机制下的扩散更为敏感和迅速，而社会影响机制下的扩散则更接近线性地增长。这是因为该实验网络中的关系是按照随机概率仿真出来的，即每一个成员的好友数和参与的活动数也是服从随机正太分布的，这就使每一时刻（Tick）成员所影响的好友数量也是稳定的，于是得到的也是线性增长的扩散效果；但对于同质性扩散机制，在每一时刻，受到影响的成员可以通过其参与活动间接地影响到其他成员，因此，在同样的网络密度下，成员在同质性机制下影响到的成员数量可能远大于社会影响中被影响成员的数量。

在实验2中，笔者进一步探讨网络拓扑结构对两种扩散机制的影响。由于真实社区中的网络拓扑结构并不像实验1中的那样服从随机网络模型，其度分布更多的是服从致幂化分布，因此，实验2保持了两重网络中节点的度分布特性不变的情况下,通过随机抽样的方法仿真出具有相同的网络密度同时又与真实网络具有同样拓扑结构的两重网络。实验2中除了基础网络与实验1不一样,其他程序保持不变,实验结果如图7-5所示。

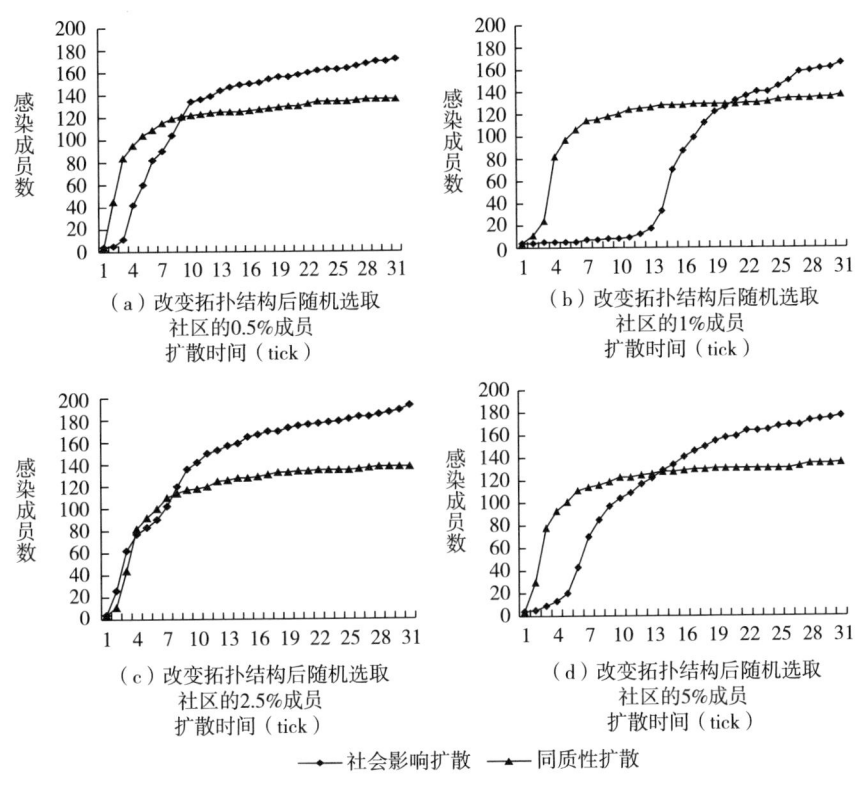

图7-5 改变网络拓扑结构后社会影响扩散和同质性扩散仿真结果对比

从实验2的结果可以看出,在改变了网络的拓扑结构使其具有真实网络的度分布特性之后,基于同质性的扩散依然保持了其在随机网络中的敏感性,即在扩散发生的初期就具有较快的扩散速度;而基于社会影响的扩散就出现了较大的变化,由于实验2中的人际关系网络拓扑结构来源于真实网络,因此,同样无标度性,这就使网络中具有较高连接度的成员,即"中心人物"(Hubs),会起到加速扩散的作用;尤其值得注意的是,基于同质性的扩散虽然在初期扩散速度显著提升,但最终的扩散范围却没有基于社会影响扩散的扩散范围广(虽然同质性机制下的扩散在初期传播速度很快,但最终扩散范围稳定在140名社区成员内,相比之下，基于社会影响的扩散却能在后期将扩散范围发展到近 180 名社区成员）。这是由于基于同质性的扩散必须以共同的社区活动为载体，只有参与了特定的社区活动后，社区成员才有被感染的可能；而基于社会影响的扩散来源于人际之间的直接传播，即使没有共同参与的社区活动，成员之间也可以直接通过直接的人际关系进行传播，因此其最终的扩散范围不受社区活动的限制而能够达到更大的范围。

7.3.4.2 初始节点的选择对扩散效果的影响研究

由于本书研究的社会化商务社区具有双模网络的特点，对于初始扩散节点的选择就不能只考虑成员的社交网络。以往关于病毒式营销扩散绩效的大量研究表明，在一个主要由社会影响机制驱动的社交网络中，以"中心人物（Hubs）"作为扩散的初始节点是相对最有效的病毒式营销策略（见表 7-1 中的相关研究）。考虑到社会化商务社区的双模网络特性，中心人物的选择应该同时考虑成员在人际网络中的中心性和在社区活动网络中的中心性。因此，本书探讨在两层网络中都占据中心位置的成员对扩散效果的提升作用。具体来讲，本书计算成员在社交网络（好友数）和社区活动网络（活动参与数）度中心性的和，选取得分在前 1% 的节点作为扩散的初始节点；另外，在网络成员中随机选取 1% 的成员作为扩散效果对比的基础。该部分的仿真实验结果如图 7-6 所示。需要注意的是，该部分实验假设社会影响扩散和同质性扩散在整个传播过程同时起作用，且不考虑两种作用机制的权重问题。

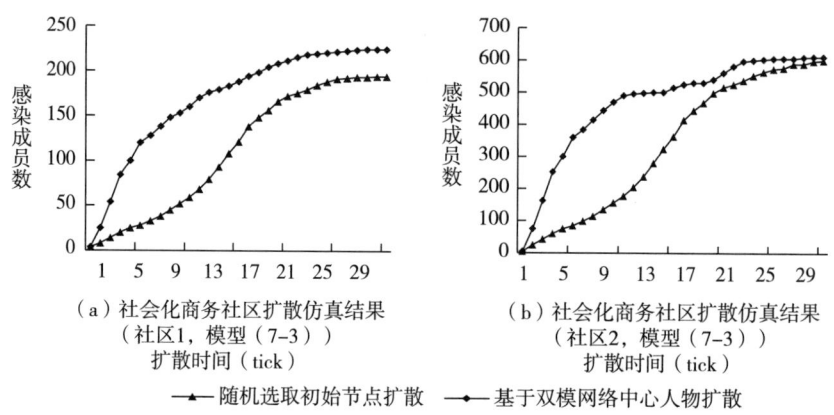

图 7-6 初始节点的选择策略对扩散效果的影响（基于同质性和社会影响机制）

从图 7-6 的结果可以看出，选取双模网络的中心人物确实会在短时间内促使一批社区成员更快地受到感染，但随着扩散时间增加，这种加速的扩散效果会趋于缓和。中心人物的这种扩散特点符合 Haenlein 和 Libai（2013）在关于中心人物扩散绩效研究中提出的"饱和效应"（Saturation Effect），这是由于中心人物所具有丰富的连接资源随着扩散时间的增加而逐渐发挥作用，而当大部分连接已经受到感染时，这种基于中心人物扩散的饱和影响就会体现出来。

7.4 社会影响机制与同质性机制在社会化商务社区中的实证检验

之前的研究通过基于元胞自动机的 ABMS 仿真实验探讨了社会影响机制和同质性机制在病毒式营销的传播扩散中作用的差异性，并进一步在不同的网络拓扑结构中探讨了这些差异性的变化。但一个需要验证的实际问题是：本书研究的社会化商务社区是否主要是由同质性机制驱动的信息（或产品）扩散？为了证实这一点，本书接下来的部分根据抓取的两个淘宝社区的数据，实证检验了两种机制在社会化商务社区中对信息扩散作用的显著性。

该实证部分采取的方法是生存分析模型（Survival Function）（Kleinbaum, Klein, 2005；Kaplan, Meier, 1958）。我们观察社区中的某一项活动（如发帖等）在整个社区成员中的扩散情况（如收到社区其他成员的回帖等参与行为），如果社会化商务社区中活动的扩散主要来源于社会影响，那么社区成员参与该活动的时候其社区好友应该已经参加过该活动；而如果社会化商务社区中活动的扩散主要来源于同质性影响，那么社区成员参与该活动的时候应该与其他参与该活动的成员在历史上共同参与过其他的社区活动。在实际操作中，我们构建出两组分类变量，一组分类变量为成员参与社区活动时是否与已经参与该活动的成员具有社会影响性；另一组分类变量为成员参与社区活动时是否与已经参与该活动的成员具有同质性。我们最终检验的是这两个分组是否对成员参与社区活动具有显著影响。实证检验的结果如图 7-7 所示。

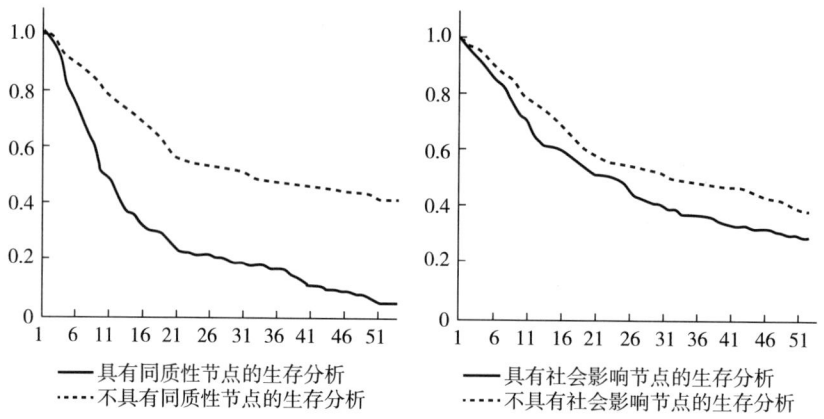

图 7-7 社会影响、同质性对社区信息扩散的生存分析（Kaplan-Meier 生存曲线）

从图 7-7 的结果可以看出，具有同质性的一类节点比不具有同质性的节点更容易受到社区信息的感染，即更高的风险率（Hazard Ratio）；而这一差异在社会影响中却较小，即社区成员的好友受到社区信息的感染并不会显著地提高该成员也受到感染的风险率。因此，通过对来自淘宝帮派的社会化商务社区信息扩散的生存分析，我们发现同质性机制相对于社会影响机制在社会化商务社区的信息扩散中起着更为显著的作用，这就使在社会化商务社区这个特殊的情境下运用同质性机制设计相应的病毒式营销策略更加必要。

7.5 本章小结

一直以来，基于社会网络的微观扩散模型探讨了成员所处的社会网络特性在社会影响传染机制下（如模型（7-1））传播扩散效果。这些研究基于经典的宏观扩散模型理论（Bass, 2004），其信度与效度也得到了大量研究的论证（Haenlein, Libai, 2013; Libai, Muller, Peres, 2013）。由于本书的对象，即社会化商务社区，与传统的社会网络结构具有外在与内在的本质不同（见表 7-2），因此，在此类网络社区上的病毒式营销策略，应该同时考虑基于人际传播的社会影响机制和基于社区活动传播的同质性机制。关于社会影响机制和同质性机制在现实中的存在及区别也在很多学者的研究中提到（Aral，Walker，2012；Goel，Goldstein，2014），而本书正是将这两种传播扩散机制在社会化商务社区中对病毒式营销绩效影响通过 ABMS 仿真实验的方法进行对比分析，探讨两种传播机制的差异性。从之前的实验结果中可以看出：①在控制了网络关系密度的基准网络下（随机网络），基于社会影响的扩散与基于同质性的扩散差异显著（见图 7-4）。②在同样的网络密度基础上，改变仿真网络的拓扑结构使其符合真实网络的特性（随机抽取真实网络中的关系），社会影响和同质性影响的扩散差异依然显著。特别的是，基于同质性的扩散虽然在初期扩散速度显著提升，但由于受到社区活动数量的限制，其最终的扩散范围却没有基于社会影响的扩散范围广，因为人际传播更加直接，无须通过社区活动作为载体（见图 7-5）。③在探讨初始节点的选择对病毒式营销的扩散绩效的影响研究中，考虑到社会化商务社区的双模结构特性，在选取中心人物的同时计算了成员在人际网络和社区活动网络中的度中心性，因此是一个综合中心的指标。实验结果表明，相对于随机选取的节点，在双模网络中同时占据着中心位置的成员会显著提升社会化商务社区中传播扩散的速度。④为了探讨社会影响机制和同质性机制在实际的社区活动传播中的作用，本书的第 4 部分对搜集到的社会化商务社区用户行为数据进行了实证的分析。从 Kaplan-Meier 生存曲线的结果可以看出具有同质性的一类节点比不具有同质性的节点更容易受到社区信息的感染，即更高的风险率（Hazard Ratio）；而这一差异在社会影响中却较小，即社区成员的好友受到社区信息的感染并不会显著地提升该成员也受到感染的风险率。这也进一步证明了两种扩散机制的本质差异，同时也可以看出同质性扩散机制在社会化商务社区中所起的主导作用。

7.5.1 理论意义

本书探讨的社会化商务社区与传统社会网络相比具有本质的区别，以往关于病毒式营销的传播扩散研究往往基于消费者之间，基于人际关系网络的口碑传播（WOM），较少有研究结合社会化商务社区的网络特性探讨其病毒式营销的特殊性。因此，本书拓展了病毒式营销的传播机制内涵。具体来讲，本书分析了社会化商务社区的双模网络特性，即社区中的成员之间除了具有直接的人际关系网络外，还会以社区活动作为载体建立起间接的基于社区活动的二模网络（见图7-1），因此，研究社会化商务社区的病毒式营销策略必须考虑到其网络结构的双模特性；另外，从社区成员的心理机制来看，在一个主要由彼此之间相互陌生的成员组成的网络环境下,基于同质性的扩散机制相对于基于社会影响的扩散机制更为显著。本书对于两种不同传播机制的仿真实验也证实了这两种截然不同的传播机制对病毒式营销绩效影响的差异性。事实上,关于社会影响机制与同质性影响机制的差异,已经在一些学者的最新研究中有所提及和证实(Aral, Walker, 2012; Goel, Goldstein, 2014),而这些不同机制对病毒式营销扩散过程所起到的不同作用是关于此类研究所必须考虑到的。

7.5.2 管理意义

如本书在引言中所提到的,社会化商务社区的发展是在社会化商务时代,企业为了解决社会化商务的社会性与商务性矛盾的重要手段。越来越多的企业正在交易平台中融入社交圈子的功能来提升交易平台成员的黏性,同时也能够促进产品或信息在消费者之间的传播和推广。而如果基于这一类社区的网络特性和成员心理机制来有效地展开病毒式营销战略,是所有相关企业所必须要深入考虑的问题。本书探讨了社会影响扩散机制和同质性扩散机制在社会化商务社区中作用的显著性差异,并指出同时考虑双模网络度中心性所选取的中心人物能够显著提升扩散的速度。这些研究结论能够帮助企业更有效地在社会化商务社区中开展病毒式营销战略,例如对社会影响扩散机制和同质性扩散机制的同时考虑能够帮助企业更准确地预测产品或信息的扩散效果(见图7-6);对社会化商务社区成员在双模网络中的中心性的综合计算能够帮助企业在该社区中找到更有效的传播初始节点,从而提升扩散效率,为产品的推广获取更多的时间价值继而获得更多的经济利益。

第8章 结论与展望

8.1 研究小结

本书基于社会化商务背景，主要探讨了社会化商务社区中用户的社会化交互与社区整体商业价值的动态关系以及用户在社会化商务社区中进行社会化交互的驱动机制。具体来讲，我们一共通过五个相关的研究对上述问题进行了相关的探讨。

在研究一中，我们通过构建向量自回归模型，分析了社会化商务社区中用户的社会化交互（以用户相互之间关注和被关注的数量为代表）和社区整体市场销售绩效的动态关系，从我们的研究结论来看，在社会化商务社区中，不论是用户单方面出于自己兴趣的关注还是用户相互感兴趣形成互为粉丝的互惠关系，都能够在其形成一段时间之后对整个社区的卖家的市场销售带来促进作用；而从针对影响系数的失配分析结果来看，社区中双方互相关注的互惠性网络关系数量，对社区整体市场绩效的促进作用要比单方面发出关注的数量影响更强。另外，我们在本书中也通过脉冲响应模型进一步探讨了不同类型关注的形成对社区整体市场销售绩效的动态影响，从数据分析结果来看，双方互相关注的互惠性网络关系数量对社会化商务社区整体市场销售绩效的影响作用时间更长，在其形成后的一个星期之内都具有显著性的促进作用；社区中来自用户单方面关注的数量更容易对社区整体的市场销售绩效带来短期的影响，即在这些关注形成后的两天内的影响显著；当我们将两种不同类型的关系数量所带来显著的市场绩效影响累加时发现，在社会化商务社区中，每一个单位数量的互惠关系的形成相对于单向关系能够多带来48%的销售收入。

在研究一中确定了社会化商务社区用户相互之间社会化关系的涌现对社区整体市场销售绩效的表现存在积极促进作用的基础上，研究二中进一步探讨了社会化商务社区中用户相互之间社会网络关系涌现的机制。在该部分研究中，我们主要借鉴和整理以往社会网络的相关文献，总结出了影响用户相互之间社会网络关系构建的两类主要因素，一类是社会影响类因素，包括基于信息符号类因素的信息性社会影响和基于社会化类因素的规范性社会影响；另一类是社会选择类因素，包括用户相互之间的行为同质性和状态同质性。该部分的研究结果表明，社会化商务社区的特殊性在于其信息类因素在用户网络关系涌现中所起到的主导作用，从数据分析结果中两类驱动机制的影响系数可以看出，一些信息符号类的因素不论是对社区经验较少的用户，还是对那些社区成长时间较长的用户来说，始终都是他们选择关注其他用户的一个主要驱动因素；但社会化商务社区又并非是一个纯粹的信息搜索社区，我们从规范性社会影响产生的显著影响同样可以看到，社会化因素在该类社区中所起到的作用。另外，我们也从数据分析中看到了社区经验较少和社区经验较多的用户在网络关系涌现上的差异性，从结果来看，社会化因素对于刚进入社区不久、缺乏社区经验的用户的影响较大，而对那些具有较多社区经验的用户来说，他们更加明确自己的信息需求，信息性社会影响和社会选择会成为他们发出网络关系的主要推动力。

在研究三中，我们进一步将社会化商务中的成员按照其参与动机的不同，区分为买家和卖家，从而探讨社会化商务中买家与卖家之间的关系构建机制。对社会化商务社区中用户角色加以区分，能够更好地帮助我们从营销实践的角度出发，站在社会化商务社区中卖家的角度去理解其中买家的关系交互动机，从而更好地帮助其中的卖家实现其社会化商务价值。具体来讲，社会化商务社区中的买家和卖家在面临同样的网络闭包情形时，会做出不同的关系构建决策。从关系嵌入的成本来看，由于互惠关系形成所需要的社会交互成本和关系依赖所可能带来的关系无效率，会使社会化商务社区中的买家回避二元闭包形式的形成，但对于社区中的卖家，他们则更愿意付出更多的成本去积极地回应其他社区成员对自己的关注，以此培养潜在的忠诚顾客；在信息性社会影响作为主导的社会化商务社区中，传染性机制并不会像在传统的社交型社区中那样推动买家用户对传染源用户的关系嵌入。相反，由于来自于同一个信息源的过多传染路径会降低该信息源

第 8 章 结论与展望

本身的必要性，从而负向影响社会化商务社区中的买家对传染源用户的关系嵌入，但对于社区中的卖家，他们并不关心能否获取更多样化的信息，而是希望通过利用信息的传染源来帮助他们有效地传播与自己经营店铺相关的商品信息，因此，他们更愿意与传染源用户构建关系从而形成网络闭包。

在研究四中，我们的研究视角从静态转入了动态。在此之前的研究内容里，我们更多关注的是历史既定的关系结构和个体动机如何驱动社会化商务社区中关系的形成。而社会化商务社区中的关系形成并不是实现其商业价值的最终目标，这些关系能够维持多久，往往对于其中的企业用户具有更深远的意义。因此，在本书中，我们进一步关注了那些已经形成的关系该如何继续维持。研究结果表明，社会影响类因素和社会选择类因素在社会化商务社区中用户相互之间网络关系形成之前和关系形成之后的影响机制存在着明显的差异。具体来讲，在社区用户网络关系形成之前，社会影响类和社会选择类中基于信息符号的因素占据着主导作用，主要体现在信息性社会影响和行为同质性以及状态同质性这些基于大量社区信息的因素对关系形成有促进作用；而在社区用户网络关系形成之后，社会影响类和社会选择类中基于社会化因素的变量开始占据了主导作用，主要体现在规范性社会影响对用户关系维持的促进作用，而信息性影响逐渐减弱和变得不显著，甚至对用户之间的关系维持带来负面影响。

在研究五中，我们从企业社会化商务实践的角度出发，探讨了如何在社会化商务社区中基于用户相互之间的关系结构，设计更有效率的种子营销策略。本书通过仿真的方式帮助我们探讨了在不同的关系条件下，如何选择不同的种子用户以达到更高效率的行为扩散（如口碑传播或购买行为的扩散）。研究结果表明，在控制了网络关系密度的基准网络下（随机网络），基于社会影响的扩散与基于同质性的扩散差异显著；在同样的网络密度基础上，改变仿真网络的拓扑结构使其符合真实网络的特性（随机抽取真实网络中的关系），社会影响和同质性影响的扩散差异依然显著。特别的是，基于同质性的扩散虽然在初期扩散速度显著提升，但由于受到社区活动数量的限制，其最终的扩散范围却没有基于社会影响的扩散范围广，因为人际传播更加直接，无须通过社区活动作为载体；在探讨初始节点的选择对病毒式营销的扩散绩效的影响研究中，考虑到社会化商务社区的双模结构特性，在选取中心人物时，同时计算了成员在人际网络和社区活动网络中的度中心性，因此，是一个综合中心的指标。实验结果表明，相对于随机选取的节点，在双模网络中同时占据着中心位置的成员会显著提升社会化商务社区中传播扩散的速度；从 Kaplan – Meier 生存曲线的结果可以看出，具有同质性的一类节点比不具有同质性的节点更容易受到社区信息的感染，即更高的风险率，而这一差异在社会影响中却较小，即社区成员的好友受到社区信息的感染，并不会显著地提升该成员也受到感染的风险率。

8.2 研究的理论贡献

本书从社会网络的视角出发，探讨了社会化商务社区中用户相互之间的关系涌现在不同阶段的规律，本书主要在以下三个方面能够给营销领域的相关理论研究带来贡献。

第一，丰富和拓展了社会网络关系涌现的相关研究。在经典社会网络闭包理论中讨论三元闭包形态的基础上，考虑网络链接的方向性以及网络成员参与的具体的事件和活动来拓展出网络关系涌现形成的更多形态。结合社会化商务中用户角色和动机的特殊性，探讨社会化商务社区中用户网络关系闭包形成的机制与一般网络关系闭包形成机制的差异性。具体来讲，本书以 Burt（1987）和 Coleman（1988）提出的网络闭包理论作为研究起点，结合计算机、物理等学科领域近些年关于有向网络（Directed Network）和二模网络（Two – mode Network）涌现的相关研究，探讨了社会影响类因素和社会选择类因素等机制在社会化商务社区中用户之间网络关系涌现的作用。

第二，拓展了关系营销的内涵以及企业与消费者关系构建的策略和方式。社会化商务社区中基于网络关系构建的营销管理方式在本质上属于关系营销的范畴，但传统关于线下关系营销的研究并不能直接照搬到以线上交互为主的社会化商务中。事实上，社会化商务社区中的关系构建与传统线下的关系管理具有很大的差异，例如成员的关系构建动机、关系本身的性质以及历史关系（如已经建立的朋友圈）对未来关系的影响等。这些与传统线下关系营销的差异性需要我们在社会化商务的背景下，更深入地探讨用户相互之间网络关系构建的规律，并站在社区中企业用户的角度来探讨卖家与买家之间关系构建的具体策略。

第三，深化了用户创造内容与社会网络的交互作用研究。已有的关于用户创造内容的文献往往从内容本身的数量（Volume）、效价（Value）和离散程度

（Variance）来探讨用户在网络社区中参与行为所带来的影响。而本书通过结合用户在社会化商务社区中的内容创造（如沟通交流的文本内容和次数、用户的发帖回帖等）以及用户中心网络的结构（如用户的关注、粉丝等网络结构）来探讨用户创造的内容，在既定的网络结构中的传播以及对网络结构的改变所带来的影响。因此，本书考虑了用户创造内容和其参与社区的网络关系结构的交互作用，深化了以往关于用户创造内容或用户网络关系结构所分别展开的一些研究。

8.3 研究的管理实践贡献

本书在探讨社会化商务社区用户相互之间的关系涌现形成和关系维持的研究基础上，主要站在社会化商务社区中企业参与者，即卖家的角度，探讨了社会化商务社区中用户相互之间关系形成的基本规律，也帮助卖家更清楚地了解了社会影响类因素和社会选择类因素在用户关系涌现形成阶段和关系维持阶段所产生的不同作用。因此，从企业的管理实践来看，本书有助于社会化商务中的企业参与者更深入地了解社区用户的行为模式，从而选择合适的策略来诱发社会化商务社区中买家对自己的关系构建。这些基于社会化商务社区的网络关系涌现和维持机制的探讨，能够帮助企业更有效地获取社会网络资源，帮助社会化商务中的企业用户提升市场绩效和实现社会化商务价值。另外，本书在一开始的研究内容中探讨了社区网络关系的涌现对产品销售的影响，一方面帮助企业了解社会化商务社区中网络关系的形成与卖家产品销售之间的动态关系，另一方面也从关系类型的角度（单向关系和双向关系）帮助企业进一步分析不同类型网络关系构建对自身产品销售产生的不同影响，从而帮助社会化商务中的企业用户根据自身的实际情况（如自己参与社区的时间和目标消费者参与社区的时间等）调整其社区关系构建策略。

8.4 研究局限和展望

本书基于社会化商务的背景,通过网络爬虫的技术搜集了社会化商务社区中用户的行为数据,探讨了在社会化商务环境下,用户相互之间的网络关系涌现形成机制以及关系维持机制。另外,本书也借助淘宝网提供的淘宝帮派平台,将网络社区中用户的社会化交互行为与社区中的市场销售表现,通过向量自回归模型构建两者之间的动态相关关系,从理论上拓展了社会网络涌现的相关理论以及传统线下关系营销理论的边界,从管理实践上也为从事社会化商务开发的企业提供了一些用户行为数据分析思路和框架,也在一定程度上帮助参与到社会化商务中的一些企业了解用户的社会化交互特征及其给自身市场销售绩效可能带来的影响。总的来说,本书能够帮助社会化商务社区中的企业参与者更加深入地了解非企业参与者的社区参与特征,并针对不同类型的社区用户采取有针对性的社会化沟通和交流策略,从而帮助社会化商务社区中的企业参与者能够更加精准和有效地实现社会化商务的价值。尽管如此,本书至少在以下四个方面存在着一定的局限性并有必要在未来的研究中进一步完善。

第一,本书在探讨社会化商务社区问题中,选择的是淘宝帮派社区,虽然本书在综合考虑数据抓取和数据分析的时间复杂度和空间复杂度的前提下,选取了一共4个品类8个社区来作为研究对象,但淘宝帮派中的社区产品品类远远多于我们在本书中的选择,事实上,本书在对需要更多信息处理类产品社区的分析和消费频率高而单位消费价值低的产品社区的分析结果存在一定的差异性,这说明考虑更多更全面的社区类型会给社会化商务社区的有关研究带来更全面和科学的分析。第二,尽管我们整理了社会网络和社会学领域相关的文献,整理出了社会影响和社会选择两类主要的关系驱动因素,但实际上,根据社区所在的类型和整体平台背景的不同,可能也会存在更多影响用户在社会化商务社区中关系涌现的因素,需要我们在以后的研究中进一步探讨,事实上,我们从三个子研究中的数据分析中看出,我们所选取的主要影响因素在加入了控制变量后使整个模型的解释度达到了30%,因此,还有一些可能被我们忽略的变量需要我们在后续的研究中从理论和实证的角度去进一步探讨和分析。第三,在运用通过网络爬虫软件搜集到的淘宝帮派数据时，由于我们并不能回溯社区中每一个用户的网络关系构建行为，而是只能从我们抓取数据的时间节点开始持续地爬取来判断，我们所选取的样本用户中是在我们观察期中的哪一天发出了关注或取消了关注。因此，我们研究中所依赖的数据并不是社区的全用户数据，未来的研究可以在充分的数据抓取准备下获取到尽可能多甚至是社区全用户的数据，这样就可以尽量避免我们在选取研究对象时所采用的抽样方法可能产生对样本总体的误差。第四，我们在整个研究过程中的核心数据来源于社会化商务社区中用户客观行为层面的信息，但我们并没有对样本中选取的用户进行更进一步的实验来确定我们研究模型中一些关键变量的作用过程，如用户如何感知以及处理社区中的一些信息符号，以及用户如何感知其所嵌入的社区社会网络所带来的社会规范性。对于这些问题的探讨，需要我们在以后的研究中选取一定数量的社区用户，通过实验的方式深入探讨本书提出的这些核心变量的作用过程。

参考文献

[1] Andrews M., Luo X., Fang Z., Ghose A.. Mobile Ad Effectiveness: Hyper-Contextual Targeting with Crowdedness [J]. Marketing Science, 2016, 35 (2): 218-233.

[2] Archak N., Ghose, A., Ipeirotis, P.. Deriving the Pricing Power of Product Features by Mining Consumer Reviews [J]. Management Science, 2011, 57 (8): 1485-1509.

[3] Avery J., Steenburgh T., Deighton J., Caravella M.. Adding Bricks to Clicks: Predicting the Patterns of Cross-Channel Elasticities Over Time [J]. Journal of Marketing, 2012 (76): 96-111.

[4] Albors J., Ramos J. C., Hervasa J. L.. New Learning Network Paradigms: Communities of Objectives, Crowdsourcing, Wikis and Open Source [J]. International Journal of Information Management, 2008, 28 (3): 194-202.

[5] Ansari A., Koenigsberg O., Stahl F.. Modeling Multiple Relationships in Social Networks [J]. Journal of Marketing Research, 2011, 48 (4): 713-728.

[6] Agarwal D., Ghosh S., Wei, K., You, S.. Budget Pacing for Targeted Online Advertisements at Linked [C]. Proceedings of the 20th ACM SIGKDD international conference on Knowledge discovery and data mining, 2014: 1613-1619.

[7] Adjei M., Noble S., Noble C.. The in Fluence of C2C Communications in Online Brand Communities on Customer Purchase Behavior [J]. Journal of the Academy of Marketing Science, 2010, 38 (5): 634-653.

[8] Aldrich H.. Resource Dependence and in Terorganiza Tional Relations Local Employment Service Offices and Social Services Sector Organizations [J]. Administra-

tion and Society, 1976, 7 (4): 419 -454.

[9] Algesheimer R., Dholakia U. M., Herrmann A.. The Social Influence of Brand Community: Evidence from European Car Clubs [J]. Journal of Marketing, 2005, 69 (3): 19 -34.

[10] Ahn, Yong – Yeol, James P. Bagrow and Sune Lehmann. Link Communities Reveal Multiscale Complexity in Networks [J]. Nature, 2010, 466 (7307): 761 – 764.

[11] Angst, Corey M., Ritu Agarwal V. Sambamurthy and Ken Kelley. Social Contagion and Information Technology Diffusion: The Adoption of Electronic Medical Records in U. S. Hospitals [J]. Management Science, 2010, 56 (8): 1219 – 1241.

[12] Aral, Sinan, Dylan Walker. Identifying Influential and Susceptible Members of Social Networks [J]. Science, 2012, 337 (6092): 337 -341.

[13] Aral, Sinan, Dylan Walker. Tie Strength, Embeddedness, and Social Influence: A large – scale Networked Experiment [J]. Management Science, 2014, 60 (6): 1352 -1370.

[14] Aral S.. Commentary – identifying Social Influence: A Comment on Opinion Leadership and Social Contagion in New Product Diffusion [J]. Marketing Science, 2011, 30 (2): 217 -223.

[15] Arndt, Johan. Role of Product – Related Conversations in the Diffusion of a New Product [J]. Journal of Marketing Research, 1967, 4 (8): 291 -295.

[16] Armstrong A., Hagel Iii J.. The Real Value of ON – LINE Communities [J]. Harvard Business Review, 1996, 74 (3): 134 -141.

[17] Ahmed Elragal, Moutaz Haddara. Big Data Analytics: A Text Mining Based Literature Analysis [C]. NOKOBIT – Norsk konferanse for organisasjoners, 2014, 22 (1): 92 -104.

[18] Bass, Frank M.. A New Product Growth Nodel for Consumer Durables [J]. Management Science, 1969, 15 (5): 215 -227.

[19] Baird, Carolyn Heller, Gautam Parasnis. From Social Media to Social Customer Relationship Management [J]. Strategy and Leadership, 2011 (39): 30 -37.

[20] Bearden, William O. , Michael J. Etzel. Reference Group Influence on Product and Brand Purchase Decisions [J]. Journal of Consumer Research, 1982 (9): 183 – 194.

[21] Bearden, William O. , Richard G. Netemeyer and Jesse E. Teel. Measurement of Consumer Susceptibility to Interpersonal Influence [J]. Journal of Consumer Research, 1989, 15 (4): 473 – 481.

[22] Bettencourt, B. , Kelly Charlton, Nancy Dorr, Deborah L Hume. Status Differences and in – group Bias: A meta – analytic Examination of the Effects of Status Stability, Status Legitimacy, and Group Permeability [J]. Psychological Bulletin, 2001, 127 (4): 520.

[23] Bilgicer, Tolga, Kamel Jedidi, Donald R. Lehmann and Scott A. Neslin. Social Contagion and Customer Adoption of New Sales Channels [J]. Journal of Retailing, 2015, 91 (2): 254 – 271.

[24] Bond, Robert M. , Christopher J. Fariss, Jason J. Jones, Adam D. I. Kramer, Cameron Marlow, Jaime E. Settle James H. Fowler. A 61 – million – person Experiment in Social Influence and Political Mobilization [J]. Nature, 2012, 489 (7415): 295 – 298.

[25] Brinberg, David, Linda Plimpton. Self – monitoring and Product Conspicuousness on Reference Group Influence [J]. Advances in Consumer Research, 1986, 13 (1): 157 – 168.

[26] Brown, Jacqueline Johnson, Peter H. Reingen. Social Ties and Word – of – mouth Referral Behavior [J]. Journal of Consumer Research, 1987, 14 (3): 350 – 362.

[27] Burnkrant, Robert E. , Alain Cousineau. Informational and Normative Social Influence in Buyer Behavior [J]. Journal of Consumer Research, 1975, 2 (10): 206 – 215.

[28] Burt, Ronald S. . Social Contagion and Innovation: Cohesion Versus Structural Equivalence [J]. American Journal of Sociology, 1987, 92 (5): 1287 – 1335.

[29] Bauch, C. T. , Galvani, A. P. . Social Factors in Epidemiology [J]. Science, 2013, 342 (6154): 47 – 49.

[30] Borgatti, S. P., Foster, P. C.. The Network Paradigm in Organizational Research: A Review and Typology [J]. Journal of Management, 2003, 29 (6): 991 – 1013.

[31] Burt, R.. Structural Holes: The Social Structure of Competition [M]. Cambridge, MA: Harvard University Press, 2009.

[32] Bolton, R. N.. A Dynamic Model of the Duration of the Customer's Relationship with a Continuous Service Provider: The Role of Satisfaction [J]. Marketing Science, 1998, 17 (1): 45 – 65.

[33] Burt, R. S.. Bridge Decay [J]. Social Networks, 2002, 24 (4): 333 – 363.

[34] Bampo, Mauro, Michael T. Ewing, Dineli R. Mather, David Stewart, Mark Wallace. The Effects of the Social Structure of Digital Networks on Viral Marketing Performance [J]. Information Systems Research, 2008, 19 (3): 273 – 290.

[35] Beckett S. J.. Improved Community Detection in Weighted Bipartite Networks [J]. Royal Society Open Science, 2016, 3 (1): 2536 – 2560.

[36] Bass F. M.. Comments on "a New Product Growth for Model Consumer Durables the Bass Model" [J]. Management Science, 2004, 50 (12): 1833 – 1840.

[37] Barabási, Albert – László, Réka Albert. Emergence of Scaling in Random Networks [J]. Science, 1999, 286 (5439): 509 – 512.

[38] Barabási A. L.. Scale – free Networks: A Decade and Beyond [J]. Science, 2009, 325 (5939): 412 – 413.

[39] Berger J., Milkman K. L.. What Makes Online Content Viral [J]. Journal of Marketing Research, 2012, 49 (2): 192 – 205.

[40] Berger J., Schwartz E.. What do People Talk about? Drivers of Immediate and Ongoing Word – of – mouth [J]. Journal of Marketing Research, 2011, 48 (5): 869 – 880.

[41] Burt R. S.. Structural Holes: The Social Structure of Competition [M]. Cambridge: Harvard University Press, 2009.

[42] Christadis N. A., Fowler J. H.. Connected [M]. Simon & Schuster, 2009.

[43] Burt R. S.. Closure, Trust, and Reputation [J]. Brokerage and Clo-

sure, 2000: 93 - 166.

[44] Backstrom L., Huttenlocher D., Kleinberg J., et al. Group Formation in Large Social Networks: Membership, Growth, and Evolution [C]. Proceedings of the 12th ACM SIGKDD International Conference on Knowledge Discovery and Data Mining. ACM, 2006: 44 - 54.

[45] Chandrashekaran, Murali, Rajdeep Grewal, Raj Mehta. Estimating Contagion on the Internet: Evidence from the Diffusion of Digital/Information Products [J]. Journal of Interactive Marketing, 2010, 24 (1): 1 - 13.

[46] Chen, H., R. Chiang, V. Storey. Business Intelligenceand Analytics: From Big Data to Big Impact [J]. Management Information Systems Quarterly, 2012, 36 (4): 1165 - 1188.

[47] Chen D., Sain S. L., Guo K.. Data Mining for the Online Retail Industry: A Case Study of RFM model - based Customer Segmentation Using Data Mining [J]. Journal of Database Marketing and Customer Strategy Management, 2012, 19 (3): 197 - 208.

[48] Cialdini, Robert B., Noah J. Goldstein. Social Influence: Compliance and Conformity [J]. Annual Review of Psychology, 2004, 55 (1): 591 - 621.

[49] Contractor, Noshir S., Leslie A., DeChurch. Integrating Social Networks and Human Social Motives to Achieve Social Influence at Scale [C]. Proceedings of the National Academy of Sciences, 2014, 111 (4): 13650 - 13657.

[50] Christakis N. A., Fowler J. H.. Connected [M]. New York: Simon and Schuster, 2009.

[51] Cheng Z., Caverlee J., Lee K., et al.. Exploring Millions of Footprints in Location Sharing Services [C]. International Conference on Weblogs and Social Media, Barcelona, Catalonia, Spain, July. DBLP, 2011.

[52] Culotta A., Cutler J.. Mining Brand Perceptions from Twitter Social Networks [J]. Marketing Science, 2016 (35): 343 - 362.

[53] Chevalier, J. A., Mayzlin, D.. The Effect of Word of Mouth on Sales: Online Book Reviews [J]. Journal of Marketing Research, 2006, 43 (3): 345 - 354.

[54] Chintagunta, P. K.. Inertia and Variety Seeking in a Model of Brand -

purchase Timing [J]. Marketing Science, 1998, 17 (3): 253-270.

[55] Cialdini, R. B.. Influence: Science and Practice [M]. Boston, MA: Pearson Education, 2009.

[56] Coleman, J. S.. Social Capital in the Creation of Human Capital [J]. American Journal of Sociology, 1988 (S1): 95-120.

[57] Cox D. R.. Regression Models and Life-tables [J]. Journal of the Royal Statistical Society: Series B (Methodological), 1972, 34 (2): 187-202.

[58] Curty, R. G., Zhang, P.. Social Commerce: Looking back and Forward [C]. Proceedings of the American Society for Information Science and Technology, 2011, 48 (1): 1-10.

[59] Crandall D., Cosley D., Huttenlocher D., et al. Feedback Effects between Similarity and Social Influence in Online Communities [C]. Proceedings of the 14th ACM SIGKDD International Conference on Knowledge Discovery and Data Mining, ACM, 2008: 160-168.

[60] Chen Y., Li S. X.. Group Identity and Social Preferences [J]. The American Economic Review, 2009: 431-457.

[61] Dwyer C., Zhang Y., Hiltz S. R.. Using Web Analytics to Measure the Activity in a Research-oriented Online Community [J]. AMCIS 2004 Proceedings, 2004: 319.

[62] D'Agostino, G. Scala, A.. Networks of Networks: The Last Frontier of complexity [M]. Berlin: Springer, 2014.

[63] Deutsch M., Gerard H. B.. A Study of Normative and Informational Social Influences upon Individual Judgment [J]. The Journal of Abnormal and Social Psychology, 1955, 51 (3): 629.

[64] Dholakia, U. M., Bagozzi, R. P., Pearo, L. K.. A social in Fluence Model of Consumer Participation in Network-and small-group-based Virtual Communities [J]. International Journal of Research in Marketing, 2004, 21 (3): 241-263.

[65] Du, Rex Yuxing, Wagner A.. Kamakura. Measuring Contagion in the Diffusion of Consumer Packaged Goods [J]. Journal of Marketing Research, 2011, 48 (2): 28-47.

［66］Escalas, Jennifer Edson, James R. Bettman. You are What They Eat: The Infulence of Reference Groups on Consumers' Connections to Brands ［J］. Journal of Consumer Psychology, 2003, 13 (3): 339 – 348.

［67］Desislava G., Budeva Michael R., Mullen. International Market Economics, National Culture and Time ［J］. European Journal of Marketing, 2014, 48 (7): 1209 – 1238.

［68］Ding Z., Zhang X., Sun D., Luo B.. Overlapping Community Detection based on Network Decomposition ［J］. Nature, 2016 (6): 24115 – 24133.

［69］Dahl, D. W., Honea, H., Manchanda, R. V.. Three Rs of Interpersonal Consumer Guilt: Relationship, Reciprocity, Reparation ［J］. Journal of Consumer Psychology, 2005, 15 (4): 307 – 315.

［70］Dahlander, L., McFarland, D. A.. Ties That Last Tie Formation and Persistence in Research Collaborations over Time ［J］. Administrative Science Quarterly, 2013, 58 (1): 69 – 110.

［71］Dalinger E., Ley D.. A Reference Model for Designing Decision Support Systems in Novel Work Domains ［C］. IEEE International Conference on Systems, Man and Cybernetics, 2011: 1615 – 1620.

［72］Evans, Charles R., Kenneth L. Dion. Group Cohesion and Performance a meta – analysis ［J］. Small Group Research, 2012, 43 (6): 690 – 701.

［73］Easley D., Kleinberg J.. Networks, Crowds, and Markets ［M］. Cambridge Univercity Press, 2010.

［74］Ferrara, Emilio, Zeyao Yang. Measuring Emotional Contagion in Social media ［J］. PloS one, 2015, 10 (11): 390.

［75］Esmailian P., Jalili M.. Community Detection in Signed Networks: The Role of Negative Ties in Different Scales ［J］. Nature, 2015 (5): 14339 – 14366.

［76］Fleder, D., Hosanagar, K.. Blockbuster Culture's Next Rise or Fall: The Impact of Recommender Systems on Sales Diversity ［J］. Management Science, 2009, 55 (5): 697 – 712.

［77］Forsyth, Donelson. Group Dynamics (Fifth ed.) ［M］. Neloson: Nelson Education, Ltd., 2009.

［78］Fortunato, Santo. Community Detection in Graphs ［J］. Physics Reports,

2010, 486 (3): 75-174.

[79] Fang, E., Li, X., Huang, M., Palmatier, R. W.. Direct and Indirect Effects of Buyers and Sellers on Search Advertising Revenues in Business-to-business Electronic Platforms [J]. Journal of Marketing Research, 2015, 52 (3): 407-422.

[80] Frankel, F., R Reid. Big Data: Distilling Meaning from Data [J]. Nature, 2008, 455 (7209): 255.

[81] Fang, E., Li, X., Huang, M., Palmatier, R.. Direct and Indirect Effects of Buyers and Sellers on Search Advertising Revenues in Business-to-Business Electronic Platforms [J]. Journal of Marketing Research, 2015, 52 (3): 407-422.

[82] Fang, Z., Gu, B., Luo, X., Xu, Y.. Contemporaneous and Delayed Sales Impact of Location-Based Mobile Promotions [J]. Information Systems Research, 2015, 26 (9): 552-564.

[83] Fong, N., Fang, Z., Luo, X.. Geo-Conquesting: Competitive Locational Mobile Promotions [J]. Journal of Marketing Research, 2015, 52 (10): 726-735.

[84] Ference G., Ye M., Lee W. C.. Location Recommendation for out-of-town Users in Location-based Social Networks [C]. ACM International Conference on Information and Knowledge Management. ACM, 2013: 721-726.

[85] Fleming, L., Mingo, S., Chen, D.. Collaborative Brokerage, Generative Creativity, and Creative Success [J]. Administrative Science Quarterly, 2007, 52 (3): 443-475.

[86] Faust, K.. Centrality in Affiliation Networks [J]. Social Networks, 1997, 19 (2): 157-191.

[87] Fehr E., Gächter S.. Cooperation and Punishment in Public Goods Experiments [J]. The American Economic Review, 2000, 90 (4): 980-994.

[88] Goh, K.-Y., Heng, C.-S., Lin, Z.. Social Media Brand Community and Consumer Behavior: Quantifying the Relative Impact of User-and Marketer-generated Content [J]. Information Systems Research, 2013, 24 (1): 88-107.

[89] Ghose, A., P. G. Ipeirotis, B. Li. Designing Ranking Systems for Hotels on Travel Search Engines by Mining User-generated and Crowdsourced Content [J].

Marketing Science, 2012, 31 (3): 493-520.

[90] Goldfarb, Avi, Catherine Tucker. Online Display Advertising: Targeting and Obtrusiveness [J]. Marketing Science, 2011, 30 (3): 389-404.

[91] Gulati, Ranjay. Does Familiarity Breed Trust? The Implications of Repeated Ties for Contractual Choice in Alliances [J]. Academy of Management Journal, 1995, 38 (1): 85-112.

[92] Granovetter, M.. Economic Action and Social Structure: The Problem of Embeddedness [J]. American Journal of Sociology, 1985 (2): 481-510.

[93] Goel S., Goldstein D. G.. Predicting Individual Behavior with Social Networks [J]. Marketing Science, 2014, 33 (1): 82-93.

[94] Goel S. GDG.. Predivting Individual Behavior with Social Networks [J]. Markting Science, 2013, 33 (1): 82-93.

[95] Goldenberg J., Oestreicher-Singer G., Reichman S.. The Quest for Content: How user-generated Links Can Facilitate Online Exploration [J]. Journal of Marketing Research, 2012, 49 (4): 452-468.

[96] Goldenberg J., Libai B., Solomon S., et al. Marketing Qercolation [J]. Physica A: Statistical Mechanics and its Applications, 2000, 284 (1): 335-347.

[97] Gladwell M.. The Tipping Point: How Little Things Can Make a Big Difference [M]. NewYork: Little, Brown, 2006.

[98] Goette L., Huffman D., Meier S.. The Impact of Social Ties on Group Interactions: Evidence from Minimal Groups and Randomly Assigned Real Groups [J]. American Economic Journal: Microeconomics, 2012, 4 (1): 101-115.

[99] Granovetter, M. S.. The Strength of Weak Ties [J]. American Journal of Sociology, 1973, 78 (6): 1360-1380.

[100] Gouldner A. W.. The Norm of Reciprocity: A Preliminary Statement [J]. American Sociological Review, 1960: 161-178.

[101] Gu F. F., Hung K., Tse D K.. When Does Guanxi Matter? Issues of Capitalization and Its Dark Sides [J]. Journal of Marketing, 2008, 72 (4): 12-28.

[102] Hawkins D. I., Mothersbaugh D. L.. Consumer Behavior: Building Marketing Strategy [M]. Boston: McGraw-Hill Irwin, 2010.

[103] Hartmann, W. R., Manchanda, P., Nair, H., Bothner, M., Dodds,

P. , Godes, D. , et al. Modeling Social Interactions: Identification, Empirical Methods and Policy Implications [J]. Marketing Letters, 2008, 19 (3 -4): 287 -304.

[104] Han J. , Pei J. , Kamber M. . Data Mining: Concepts and Techniques [M]. Elsevier, 2011.

[105] Haruvy, E. , Leszczyc, P. T. L. P. . Search and Choice in Online Consumer Auctions [J]. Marketing Science, 2010, 29 (6): 1152 -1164.

[106] Hitt, M. A. , Ahlstrom, D. , Dacin, A. T. , Levitas, E. , Svobodina, L. . The Institutional Effects on Strategic Alliance Partner Selection in Transition Economies: China vs. Russia [J]. Organization Science, 2004, 15 (2): 173 -185.

[107] Hardeep Kaur H. . A Review of Applications of Data Mining in the Field of Education [J]. International Journal of Advanced Research in Computer and Communication Engineering, 2015, 4 (4): 2319 -5940.

[108] Homburg, C. , Ehm, L. , Artz, M. . Measuring and Managing Consumer Sentiment in an Online Community Environment [J]. Journal of Marketing Research, 2015, 52 (5): 629 -641.

[109] Hu, Yansong, Christophe Van den Bulte. Nonmonotonic Status Effects in New Product Adoption [J]. Marketing Science, 2014, 33 (4): 509 -533.

[110] Haenlein M. , Libai B. . Targeting Revenue Leaders for a New Product [J]. Journal of Marketing, 2013, 77 (3): 65 -80.

[111] Huang, Y. , Singh, P. , Srinivasan, K. . Crowdsourcing New Product Ideas under Consumer Learning [J]. Management Science, 2014, 60 (9): 21 -38.

[112] Holmea P. , SaramäKi J. . Temporal Network [J]. Physics Report, 2012 (519): 97 -125.

[113] Huang M. , Lei L. , Zhu H. . Money or Romance: How Should Companies Lead Consumers in We - media Sharing [J]. Acta Psychologica Sinica, 2016, 48 (2): 211.

[114] Hinz, Oliver, Bernd Skiera, Christian Barrot, Jan U. Becker. Seeding Strategies for Viral Marketing: An Empirical Comparison [J]. Journal of Marketing, 2011, 75 (5): 55 -71.

[115] Ho, Tech - Hua, Sahn Li, So - Eun Park, Zuo - Jun Max Shen. Customer Influence Value and Purchase Acceleration in New Product Diffusion [J]. Marketing

Science, 2012, 31 (2): 236 – 256.

[116] Hogan, John E. , Katherine N. Lemon, Barak Libai. What Is the True Value of a Lost Customer [J] . Journal of Service Research, 2003, 5 (3): 196 – 208.

[117] Hohnisch M. , Pittnauer S. , Stauffer D. . A Percolation – based Model Explaining Delayed Takeoff in New – product Diffusion [J] . Industrial and Corporate Change, 2008, 17 (5): 1001 – 1017.

[118] Iyengar, R. , Van den Bulte, C. , Valente, T. W. . Opinion Leadership and Social Contagion in New Product Diffusion [J] . Marketing Science, 2011, 30 (2): 195 – 212.

[119] Jain, Dipak, Vijay Mahajan, Eitan Müller. An Approach for Determining Optimal Product Sampling for the Diffusion of a New Product [J] . Journal of Product Innovation Management, 1995, 12 (2): 124 – 135.

[120] Jahoda, Marie. Conformity and Independence [J] . Human Relations, 1959, 12 (2): 99 – 120.

[121] Jeppesen, L. B. , Frederiksen, L. . Why Do Users Contribute to Firm – hosted User Communities? The Case of Computer – controlled Music Instruments [J] . Organization Science, 2006, 17 (1): 45 – 63.

[122] Jing, X. , Xie, J. . Group Buying: A New Mechanism for Selling Through Social Interactions [J] . Management Science, 2011, 57 (8): 1354 – 1372.

[123] Kaplan, Martin F. , Charles E. Miller. Group Decision Making and Normative Versus Informational Influence: Effects of Type of Issue and Assigned Decision Rule [J] . Journal of Personality and Social Psychology, 1987, 53 (2): 306.

[124] Katona, Z. , Zubcsek, P. P. , Sarvary, M. . Network Effects and Personal Influences: The Diffusion of an Online Social Network [J] . Journal of Marketing Research, 2011, 48 (3): 425 – 443.

[125] Kilduff Martin M. , Tsai W. . Social Networks and Organizations [M] . London: Sage, 2003.

[126] Kelman, Herbert C. . Compliance, Identification, and Internalization: Three Processes of Attitude Change [J] . Journal of Conflict Resolution, 1958, 15 (2): 51 – 60.

[127] Kelman, Herbert C.. Processes of Opinion Change [J]. Public Opinion Quarterly, 1961, 25 (1): 57-78.

[128] Kerr, Norbert L., R.. Scott Tindale. Group Performance and Decision Making [J]. Annual Review of Psychology, 2004 (55): 623-655.

[129] Koyuncugil A. S., Ozgulbas N.. Financial Early Warning System Model and Data Mining Application for Risk Detection [J]. Expert Systems with Applications, 2012, 39 (6): 6238-6253.

[130] Klein, Nadav, Nicholas Epley. Group Discussion Improves Lie Detection [J]. Proceedings of the National Academy of Sciences, 112 (24): 7460-7465.

[131] Kuan, Kevin K. Y., Yingqin Zhong, Patrick Y. K.. Chau. Informational and Normative Social Influence in Group-buying: Evidence from Self-reported and Eeg Data [J]. Journal of Management Information Systems, 2014, 30 (4): 151-178.

[132] Kandel, D. B.. Homophily, Selection, and Socialization in Adolescent Friendships [J]. American Journal of Sociology, 1978, 84 (2): 427-436.

[133] Kilduff, M., Brass, D. J.. Organizational Social Network Research: Core Ideas and Key Debates [J]. The Academy of Management Annals, 2010, 4 (1): 317-357.

[134] Kozinets, R. V., De Valck, K., Wojnicki, A. C., Wilner, S. J.. Networked Narratives: Understanding Word-of-mouth Marketing in Online Communities [J]. Journal of Marketing, 2010, 74 (2): 71-89.

[135] Krackhardt, D., Hanson, J. R.. Informal Networks [J]. Harvard Business Review, 1993, 71 (4): 104-111.

[136] Krackhardt, D.. Graph Theoretical Dimensions of Informal Organizations [J]. Computational Organization Theory, 1994, 89 (112): 123-140.

[137] Kushwaha, T., Shankar, V.. Are Multichannel Customers Really More Valuable? The Moderating Role of Product Category Characteristics [J]. Journal of Marketing, 2013, 77 (4): 67-85.

[138] Kaplan, A. M., Haenlein M.. Users of the World, Unite! The Challenges and Opportunities of Social Media [J]. Business Horizons, 2010, 53 (1): 59-68.

[139] Kaplan, E. L., Paul Meier. Nonparametric Estimation from Incomplete

Observations [J]. Journal of the American Statistical Association, 1958, 53 (282): 457 –481.

[140] Kleinbaum, David G., Mitchel Klein. Survival Analysis: A Self – Learning Text [M]. New York: Springer, 2005.

[141] Kossinets G., Watts D. J.. Empirical Analysis of an Evolving Social Network [J]. Science, 2006, 311 (5757): 88 – 90.

[142] Kim S., Blanchard S., J., Desarbo W., S., Fong D. K., H.. Implementing Managerial Constraints in Model – Based Segmentation: Extensions of Kim, Fong, and DeSarbo (2012) with an Application to Heterogeneous Perceptions of Service Quality [J]. Journal of Marketing Research, 2013, 50 (5): 664 – 673.

[143] Kheirk M., Lancichinetti A., Rosvall M.. Efficient Community Detection of Network Flows for Varying Markov Times and Bipartite Networks [J]. Phys Rev E, 2016, 93 (3): 32309 – 32344.

[144] Kermack W. O., McKendrick A. G.. Contributions to the Mathematical Theory of Epidemics. The Problem of Endemicity [J]. Proceedings of the Royal Society of London Series A, 1932, 138 (834): 55 – 83.

[145] Lazarsfeld, P. F., Merton, R. K.. Friendship as a Social Process: A Substantive and Methodological Analysis [J]. Freedom and Control in Modern Society, 1954, 18 (1): 18 – 66.

[146] Lawrence, P. R., Lorsch, J. W.. Differentiation and Integration in Complex Organizations [J]. Administrative Science Quarterly, 1967 (2): 1 – 47.

[147] Latane, B.. The Psychology of Social Impact [J]. American Psychologist, 1981, 36 (4): 343 – 356.

[148] Ling, T. C.. Structuring Effective Strategic Online Alliances [J]. Computer and Internet Lawyer, 2002, 19 (9): 1.

[149] Lemmens A., Croux C., Stremersch S.. Dynamics in the International Market Segmentation of New Product Growth [J]. International Journal of Research in Marketing, 2012, 29 (1): 81 – 92.

[150] Lee S. H. M.. The Role of Consumers' Network Positions on Information – seeking Behavior of Experts and Novices: A Power Perspective [J]. Journal of Business Research, 2014, 67 (1): 2853 – 2859.

[151] Libai A.. Decomposing the Value of Word-of-Mouth Seeding Programs: Acceleration Versus Expansion [J]. Journal of Marketing Research, 2013, 4 (2): 161-176.

[152] Liu Y., Ram S., Lusch R. F., et al. Multicriterion Market Segmentation: A New Model, Implementation, and Evaluation [J]. Marketing Science, 2010, 29 (5): 880-894.

[153] Lin C. X., Mei Q., Jiang Y., et al. Inferring the Diffusion and Evolution of Topics in Social Communities [J]. Social Network Mining and Analysis, 2011, 3 (d4): 151-167.

[154] Lincoln J. R., Miller J.. Work and Friendship Ties in Organizations: A Comparative Analysis of Relation Networks [J]. Administrative Science Quarterly, 1979 (2): 181-199.

[155] Lu X., Ba S., Huang L., et al. Promotional Marketing or Word-of-Mouth? Evidence from Online Restaurant Reviews [J]. Information Systems Research, 2013, 24 (3): 596-612.

[156] Luo, X., Andrews, M., Fang, Z., Phang, C. W.. Mobile Targeting [J]. Management Science, 2014, 60 (7): 1738-1756.

[157] Leskovec J., Huttenlocher D., Kleinberg J.. Predicting Positive and Negative Links in Online Social Networks [J]. OALib Journal, 2010 (2): 641-650.

[158] Liu G., Fu Y., Xu T., et al.. Discovering Temporal Retweeting Patterns for Social Media Marketing Campaigns [C]. IEEE International Conference on Data Mining, 2014: 905-910.

[159] Libai B., Muller E., Peres R.. Decomposing the Value of Word-of-mouth Seeding Programs: Acceleration Versus Expansion [J]. Journal of Marketing Research, 2013, 50 (2): 161-176.

[160] Manchanda P., Packard G., Pattabhiramaiah, A.. Social Dollars: The Economic Impact of Customer Participation in a Firm-sponsored Online Customer Community [J]. Marketing Science, 2015, 34 (3): 367-387.

[161] Ma, Liye, Ramayya Krishnan, Alan L.. Montgomery. Latent Homophily or Social Influence? An Empirical Analysis of Purchase Within a Social Network [J]. Management Science, 2015, 61 (2): 454-473.

[162] Malliaros, Fragkiskos D., Michalis Vazirgiannis. Clustering and Community Detection in Directed Networks: A Survey [J]. Physics Reports, 2013, 533 (4): 95-142.

[163] Moreland, Richard L., John M. Levine. Socialization in Small Groups: Temporal Changes in Individual-group Relations [J]. Advances in Experimental Social Psychology, 1982, 15 (2): 137-192.

[164] Morgan, Thomas Joshau Henry, Kevin N. Laland. The Biological Bases of Conformity [J]. Frontiers in Neuroscience, 2012 (6): 87.

[165] Muchnik, Lev, Sinan Aral, Sean J. Taylor. Social Influence Bias: A Randomized Experiment [J]. Science, 2013, 341 (6146): 647-651.

[166] Martin, J. L., Yeung, K. T.. Persistence of Close Personal Ties over a 12-year Period [J]. Social Networks, 2006, 28 (4): 331-362.

[167] Marsden, P. V., Campbell, K. E.. Measuring Tie Strength [J]. Social Forces, 1984, 63 (2): 482-501.

[168] McEvily, B., Jaffee, J., Tortoriello, M.. Not All Bridging Ties Are Equal: Network Imprinting and Firm Growth in the Nashville Legal Industry, 1933-1978 [J]. Organization Science, 2012, 23 (2): 547-563.

[169] McPherson, M., Smith-Lovin, L., Cook, J. M.. Birds of a Feather: Homophily in Social Networks [J]. Annual Review of Sociology, 2001: 415-444.

[170] Monge, P. R., Contractor, N. S.. Theories of Communication Networks [M]. Oxford: Oxford University Press, 2003.

[171] Mors, M. L.. Innovation in a Global Consulting Firm: When the Problem is Too Much Diversity [J]. Strategic Management Journal, 2010, 31 (8): 841-872.

[172] Mukherjee, A., Nath, P.. A Model of Trust in Online Relationship Banking [J]. International Journal of Bank Marketing, 2003, 21 (1): 5-15.

[173] Mashima D., Kobourov S., Hu Y.. Visualizing Dynamic Data with Maps [J]. Visualization and Computer Graphics, IEEE Transactions on, 2012, 18 (9): 1424-1437.

[174] Milgram S.. The Small World Problem [J]. Psychology Today, 1967, 2 (1): 60-67.

[175] Nair, H. S., Manchanda, P., Bhatia, T.. Asymmetric Social Interactions in Physician Prescription Behavior: The Role of Opinion Leaders [J]. Journal of Marketing Research, 2010, 47 (5): 883 – 895.

[176] Nambisan, S., Baron, R. A.. Interactions in Virtual Customer Environments: Implications for Product Support and Customer Relationship Management [J]. Journal of Interactive Marketing, 2007, 21 (2): 42 – 62.

[177] Newman, M. E.. Clustering and Preferential Attachment in Growing Networks [J]. Physical Review, 2001, 64 (2): 25 – 102.

[178] Newman, Mark E. J.. Modularity and Community Structure in Networks [J]. Proceedings of the National Academy of Sciences, 2006, 103 (23): 8577 – 8582.

[179] Networks and Organizations: Structure, Form, and Action [M]. Cambridge: Harvard Business School Press, 1992.

[180] Palmatier, R. W., Dant, R. P., Grewal, D., Evans, K. R.. Factors Influencing the Effectiveness of Relationship Marketing: A Meta – analysis [J]. Journal of Marketing, 2006, 70 (4): 136 – 153.

[181] Newman Mark E. J., Duncan J. Watts. Scaling and Percolation in the Small – World Network Model [J]. Physical Review E, 1999, 60 (6): 7332 – 7342.

[182] Newman M. E. J., Park J.. Why Social Networks Are Different from Other Types of Networks [J]. Physical Review, 2003, 68 (3): 36 – 122.

[183] Newman, M. E. J.. Assortive Mixing in Networks [J]. Physical Review Letters, 2002, 89 (20): 208701 – 208704.

[184] Contractor N. S., DeChurch L. A.. Integrating Social Networks and Human Social Motives to Achieve Social Influence at Scale [J]. Proceedings of the National Academy of Sciences, 2014, 111 (4): 13650 – 13657.

[185] Nowak M. A.. Five Rules for the Evolution of Cooperation [J]. Science, 2006, 314 (5805): 1560 – 1563.

[186] Okamo to H.. Local Community Detection as Pattern Restoration by Attractor Dynamics of Recurrent Neural Networks [J]. Biosystems, 2016 (33): 1565 – 1576.

[187] Ozyar E., Gurdalli S.. Social Network Analysis: A Powerful Strategy, Also for the Information Sciences [J]. Journal of Information Science, 2016, 28 (6): 441–453.

[188] Palmatier, R. W., Jarvis, C. B., Bechkoff, J. R., Kardes, F. R.. The Role of Customer Gratitude in Relationship Marketing [J]. Journal of Marketing, 2009, 73 (5): 1–18.

[189] Pacheco, Julianna. The Social Contagion Model: Exploring the Role of Public Opinion on the Diffusion of Antismoking Legislation across the American States [J]. Journal of Politics, 2012, 74 (1): 187–202.

[190] Park, Bernadette, Myron Rothbart. Perception of out–group Homogeneity and Levels of Social Categorization: Memory for the Subordinate Attributes of In–group and Out–group Members [J]. Journal of Personality and Social Psychology, 1982, 42 (6): 1051.

[191] Park, C. Whan, V. Parker Lessig. Students and Housewives: Differences in Susceptibility to Reference Group Influence [J]. Journal of Consumer Research, 1977, 4 (9): 102–110.

[192] Phan, Tuan Q., Edoardo M. Airoldi. A Natural Experiment of Social Network Formation and Dynamics [J]. Proceedings of the National Academy of Sciences, 2015, 112 (21): 6595–6600.

[193] Postmes, Tom, Russell Spears, Antonia T. Lee, Rosemary J. Novak. Individuality and Social Influence in Groups: Inductive and Deductive Routes to Group Identity [J]. Journal of Personality and Social Psychology, 2005, 89 (5): 747.

[194] Porter, C. E., Donthu, N.. Cultivating Trust and Harvesting Value in Virtual Communities [J]. Management Science, 2008, 54 (1): 113–128.

[195] Porter, Lance, Guy J. Golan. From Subservient Chick–ens to Brawny Men: A Comparison of Viral Advertising to Television Advertising [J]. Journal of Interactive Advertising, 2006, 6 (2): 30–38.

[196] Qian X., Feng H., Zhao G., et al. Personalized Recommendation Combining User Interest and Social Circle [J]. IEEE Transactions on Knowledge and Data Engineering, 2014, 26 (7): 1763–1777.

[197] Radicchi, Filippo, Claudio Castellano, Federico Cecconi, Vittorio Lore-

to, Domenico Parisi. Defining and Identifying Communities in Networks [J]. Proceedings of the National Academy of Sciences, 2004, 101 (9): 2658 – 2663.

[198] Robert L. P., A. R. Dennis, M. K. Ahuja. Social Capital and Knowledge Integration in Digitally Enabled Teams [J]. Information Systems Research, 2008, 19 (3): 314 – 334.

[199] Raghunathan, Rajagopal, Kim Corfman. Is Happiness Shared Doubled and Sadness Shared Halved? Social Influence on Enjoyment of Hedonic Experiences [J]. Journal of Marketing Research, 2006, 43 (8): 386 – 394.

[200] Ransbotham, Sam, Kane, G. C., Lurie, N. H.. Network Characteristics and the Value of Collaborative User – Generated Content [J]. Marketing Science, 2012, 31 (3): 387 – 405.

[201] Rivera, M. T., Soderstrom, S. B., Uzzi, B.. Dynamics of Dyads in Social Networks: Assortative, Relational, and Proximity Mechanisms [J]. Annual Review of Sociology, 2010, 36 (36): 91 – 115.

[202] Risselada, Hans, Peter C. Verhoef, Tammo H. A. Bijmolt. Dynamic Effects of Social Influence and Direct Marketing on the Adoption of High – technology products [J]. Journal of Marketing, 2014, 78 (2): 52 – 68.

[203] Reinartz, W. J., Kumar, V.. The Impact of Customer Relationship Characteristics on Profitable Lifetime Duration [J]. Journal of Marketing, 2003, 67 (1): 77 – 99.

[204] Roethlisberger F. J., Dickson W. J.. Management and the Worker [M]. London: Psychology Press, 2003.

[205] Rust, R. T., Chung, T. S.. Marketing Models of Service and Relationships [J]. Marketing Science, 2006, 25 (6): 560 – 580.

[206] Ransbotham, Sam, Gerald C. Kane, Nicholas H. Lurie. Network Characteristics and the Value of Collaborative User – Generated Content [J]. Marketing Science, 2012, 31 (3): 387 – 405.

[207] Sridhar, Shrihari, Raji Srinivasan. Social Influence Effects in Online Product Ratings [J]. Journal of Marketing, 2012, 76 (9): 70 – 88.

[208] Stallen M., De Dreu C. K. W., Shalvi S., et al. The Herding Hormone: Oxytocin Stimulates in – group Conformity [J]. Psychological Science, 2012, 23

(11): 1288-1292.

[209] Stokburger-Sauer, N.. Brand Community: Drivers and Outcomes [J]. Psychology and Marketing, 2010, 27 (4): 347-368.

[210] Shi Y., Zhang L., Tian Y., et al. Knowledge Extraction from Support Vector Machines [M]. Intelligent Knowledge. Springer, Berlin, Heidelberg, 2015: 101-111.

[211] Surowiecki James J.. The Wisdom of Crowds [M]. New York: Anchor Books, 2005.

[212] Stephen, A. T., Olivier Toubia. Deriving Value from Social Commerce Networks [J]. Journal of Marketing Research, 2010 (4): 215-228.

[213] Sutter M.. Individual Behavior and Group Membership: Comment [J]. The American Economic Review, 2009, 99 (5): 2247-2257.

[214] Siddiqui S., Qadri I.. Mining Web Log Files for Web Analytics and Usage Patterns to Improve Web Organization [J]. Siddiqui, IJARCSSE, 2014, 4 (6): 794-802.

[215] Shi Y., Zhang L., Tian Y., et al. Knowledge Extraction from Support Vector Machines [M]. Intelligent Knowledge. Springer, Berlin, Heidelberg, 2015: 101-111.

[216] Sánchez-Franco M. J., Navarro-García A., Rondán-Cataluña F. J.. Online Customer Service Reviews in Urban Hotels: A Data Mining Approach [J]. Psychology and Marketing, 2016, 33 (12): 1174-1186.

[217] Stockman F. N., Doreian P.. Evolution of Social Networks: Processes and Principles. [J]. Evolution of Social Networks. Amsterdam: Routledge, 1997 (S1): 233-250.

[218] Ugander J., Backstrom L., Marlow C., et al. Structural Diversity in Social Contagion [J]. Proceedings of the National Academy of Sciences, 2012, 109 (16): 5962-5966.

[219] Simon H. A.. Administrative Behavior [M]. New York: Simon and Schuster, 2013.

[220] Simonsohn, U.. Lessons from an "oops" at Consumer Reports: Consumers Follow Experts and Ignore Invalid Information [J]. Journal of Marketing Research,

2011, 48 (1): 1 - 12.

[221] Smith - Doerr L. , Powell W. W.. Networks and Economic Life [J]. The Handbook of Economic Sociology, 2005, 2 (3): 379 - 402.

[222] Sarvary. Advertizing to a Social Network [J]. Quantitative Marketing and Economics, 2011, 9 (1): 71 - 107.

[223] Schulke C. , Ricci Tersenghi F.. Multiple Phases in Modularity - based Community Detection [J]. Phys Rev E Stat Nonlin Soft Matter Phys, 2015, 92 (4): 2804 - 2833.

[224] Skyrms, B. , Pemantle, R.. A Dynamic Model of Social Network Formation. In Adaptive networks [J]. Springer Berlin Heidelberg, 2009 (2): 231 - 251.

[225] Snijders, T. A.. The Statistical Evaluation of Social Network Dynamics [J]. Sociological Methodology, 2001, 31 (1): 361 - 395.

[226] Sinha, R. K. , Chandrashekaran, M.. A Split Hazard Model for Analyzing the Diffusion of Innovations [J]. Journal of Marketing Research, 1992 (2): 116 - 127.

[227] Thompson, S. A. , Sinha, R. K.. Brand Communities and New Product Adoption: The Influence and Limits of Oppositional Loyalty [J]. Journal of Marketing, 2008, 72 (6): 65 - 80.

[228] Toubia, Olivier, Andrew T. Stephen. Intrinsic vs. Image - Related Utility in Social Media: Why Do People Contribute Content to Twitter [J]. Marketing Science, 2013, 32 (3): 368 - 392.

[229] Taylor, D. , J. Lewin, D. Strutton. Friends, Fans, and Followers: Do Ads Work on Social Networks [J]. Journal of Advertising Research, 2011, 51 (1): 258 - 275.

[230] Trusov, M. , Bodapati, A. V. , Bucklin, R. E.. Determining Influential Users in Internet Social Networks [J]. Journal of Marketing Research, 2010, 47 (4): 643 - 658.

[231] Tan C. , Tang J. , Sun J. , et al. Social Action Tracking Via Noise Tolerant time - varying Factor Graphs [C]. ACM SIGKDD International Conference on Knowledge Discovery and Data Mining, 2010: 1049 - 1058.

[232] Trusov M. , Bucklin R. E. , Pauwels K.. Effects of Word - of - mouth

Versus Traditional Marketing: Findings from an Internet Social Networking Site [J]. Journal of Marketing, 2009, 73 (5): 90 – 102.

[233] Trusov M., Bodapati A. V., Bucklin R. E.. Determining Influential Users in Internet Social Networks [J]. Journal of Marketing Research, 2010, 47 (4): 643 – 658.

[234] Trusov M., Rand W., Joshi Y. V.. Improving Prelaunch Diffusion Forecasts: Using Synthetic Networks as Simulated Priors [J]. Journal of Marketing Research, 2013, 50 (6): 675 – 690.

[235] Uzzi B.. Social Structure and Competition in Interfirm Networks: The Paradox of Embeddedness [J]. Administrative Science Quarterly, 1997 (2): 35 – 67.

[236] Ven A. H. V. D., Delbecq A. L.. The Effectiveness of Nominal, Delphi, and Interacting Group Decision Making Processes [J]. Academy of Management Journal, 1974, 17 (4): 605 – 621.

[237] Van den Bulte C, Stremersch S.. Social Contagion and Income Heterogeneity in New Product Diffusion: A meta – analytic Test [J]. Marketing Science, 2004, 23 (4): 530 – 544.

[238] Nirmal V. J., Amalarethinam D. I. G.. Parallel Implementation of Big Data Pre – processing Algorithms for Sentiment Analysis of Social Networking Data [J]. International Journal of Fuzzy Mathematical Archive, 2015, 6 (2): 149 – 159.

[239] Vul E., Pashler H.. Measuring the Crowd within: Probabilistic Representations Within Individuals [J]. Psychological Science, 2008, 19 (7): 645 – 647.

[240] Wasserman S., Faust K.. Social Network Analysis: Methods and Applications [M]. Cambridge: Cambridge University Press, 1994.

[241] Venter P., Wright A., Dibb S.. Performing Market Segmentation: A Performative Perspective [J]. Journal of Marketing Management, 2015, 31 (1 – 2): 62 – 83.

[242] Wiertz C., de Ruyter K.. Beyond the Call of Duty: Why Customers Contribute to Firm – hosted Commercial Online Communities [J]. Organization Studies, 2007, 28 (3): 347 – 376.

[243] Watts D. J., Dodds P. S.. Influentials, Networks, and Public Opinion Formation [J]. Journal of Consumer Research, 2007, 34 (4): 441 – 458.

[244] Wellman B. , Wortley S. Different Strokes from Different Folks: Community Ties and Social Support [J]. American Journal of Sociology, 1990, 96 (3): 558 – 588.

[245] Wang Q. , Chen Y. , Xie J.. Survival in Markets with Network Effects: Product Compatibility and Order – of – Entry Effects [J]. Journal of Marketing, 2010, 74 (4): 1 – 14.

[246] Wang, Z. , Li, H. , Ye Q. , et al. Saliency Effects of Online Reviews Embedded in the Description on Sales: Moderating Role of Reputation [J]. Decision Support Systems, 2016 (87): 50 – 58.

[247] Watts D. J. , Dodds P. S.. Influentials, Networks, and Public Opinion Formation [J]. Journal of Consumer Research, 2007, 34 (4): 441 – 458.

[248] Wasserman S. , Faust K.. Social Network Analysis: Methods and Applications [M]. Cambridge University Press, 1994.

[249] Xia Y. , Wu Y. , Zhang B. , et al. Wireless Falling Detection System Based on Community [J]. Journal of Nanoscience and Nanotechnology, 2015, 15 (6): 4367 – 4372.

[250] Xiao W. J. , Jiang S. Z. , Chen G. R.. A Small – world Model of Scale – free Networks: Features and Verifications [C] Applied Mechanics and Materials Trans Tech Publications Ltd. , 2011.

[251] Yang Z. , Xu Y. , Xu T. , et al. Brain Network Informed Subject Community Detection in Early – onset Schizophrenia [J]. Scientific Reports, 2014 (4): 5549.

[252] Young H. P.. Innovation Diffusion in Heterogeneous Populations: Contagion, Social Influence, and Social Learning [J]. The American Economic Review, 2009, 99 (5): 1899 – 1924.

[253] Zeng F. , Huang L. , Dou W.. Social Factors in User Perceptions and Responses to Advertising in Online Social Networking Communities [J]. Journal of Interactive Advertising, 2009, 10 (1): 1 – 13.

[254] Zhang M. , Guo X. , Chen G.. Prediction Uncertainty in Collaborative Filtering: Enhancing Personalized Online Product Ranking [J]. Decision Support Systems, 2016 (83): 10 – 21.

[255] Zhang K., Evgeniou T., Padmanabhan V.. Content Contributor Management and Network Effects in a UGC Environment [J]. Marketing Science, 2012, 31 (3): 433-447.

[256] Zhang K., Bhattacharyya S., Ram S.. Large-Scale Network Analysis for Online Social Brand Advertising [J]. Mis Quarterly, 2016, 40 (4).

[257] Zhang J., Li T., Chen H.. Composite Rough Sets for Dynamic Data Mining [J]. Information Sciences, 2014, 257 (4): 81-100.

[258] Zhu R., Dholakia U. M., Chen X.. Does Online Community Participation Foster Risky Financial Behavior? [J]. Journal of Marketing Research, 2012, 49 (3): 394-407.

[259] 崔爱香, 傅彦, 尚明生, 等. 复杂网络局部结构的涌现: 共同邻居驱动网络演化 [J]. 物理学报, 2011, 60 (3): 809-814.

[260] 陈安妮. 新社交下的品牌营销变革——论社会化网络时代向社会化圈子时代的演进 [J]. 现代商业, 2015 (2): 35-37.

[261] 陈斌斌, 李丹, 陈欣银, 等. 作为社会和文化情境的同伴圈子对儿童社会能力发展的影响 [J]. 心理学报, 2011, 43 (1): 74-91.

[262] 程学旗, 靳小龙, 王元卓, 等. 大数据系统和分析技术综述 [J]. 软件学报, 2014 (9): 1889-1908.

[263] 丁兆云, 贾焰, 周斌. 微博数据挖掘研究综述 [J]. 计算机研究与发展, 2014, 51 (4): 691-706.

[264] 冯芷艳, 郭迅华, 曾大军, 等. 大数据背景下商务管理研究若干前沿课题 [J]. 管理科学学报, 2013, 16 (1).

[265] 黄敏学, 王琦缘, 肖邦明, 等. 消费咨询网络中意见领袖的演化机制研究——预期线索与网络结构 [J]. 管理世界, 2015 (7): 109-121.

[266] 黄敏学, 肖邦明, 孙培翔. 基于网络闭包理论的交易型社区网络演化研究 [J]. 系统工程理论与实践, 2015, 35 (5): 1165-1176.

[267] 贺超波, 汤庸, 刘海, 等. 一种集成链接和属性信息的社区挖掘方法 [J]. 计算机学报, 2017, 40 (3): 601-616.

[268] 蒋国银, 马费成, 刘行军. 在线到移动环境下消费接受行为的演化研究: 基于计算实验方法 [J]. 中国管理科学, 2014, 22 (11): 97-104.

[269] 姜霖. 社会信息化情境下用户在线评论数据挖掘模型构建研究——以

汽车行业负面观点评论自动抽取系统为例［J］．情报科学，2016，34（8）：143-147．

［270］贾鹤，王永贵，刘佳媛，等．参照群体对消费决策影响研究述评［J］．外国经济与管理，2008（6）：51-58．

［271］陆君安．从单层网络到多层网络——结构、动力学和功能［J］．现代物理知识，2015，27（4）：3-8．

［272］罗家德．关系与圈子——中国人工作场域中的圈子现象［J］．管理学报，2012，9（2）：165．

［273］罗家德，秦朗，周伶．中国风险投资产业的圈子现象［C］．中国实践管理，2013．

［274］罗晓光，溪璐路．基于社会网络分析方法的顾客口碑意见领袖研究［D］．哈尔滨：哈尔滨理工大学，2012．

［275］李凯，严建援，林漳希．信息系统领域网络精准广告研究综述［J］．南开管理评论，2015，18（2）：147-160．

［276］吕琳媛，陆君安，张子柯，等．复杂网络观察［C］．第六届全国网络作品集，2010．

［277］吕琳媛．复杂网络链路预测［J］．电子科技大学学报，2010，39（5）：652．

［278］吕琳媛，周涛．链路预测［M］．北京：高等教育出版社，2013：57-76．

［279］［美］路易斯．网络科学：原理与应用［M］．北京：机械工业出版社，2011：94-100．

［280］［英］马汀·奇达夫．社会网络与组织［M］．北京：中国人民大学出版社，2006：99-106．

［281］马晓君．基于数据挖掘的新标准客户信用风险管理规则的构建——以央企中航国际钢铁贸易公司为例［J］．管理世界，2015（3）：184-185．

［282］寿志钢，苏晨汀，周晨．商业圈子中的信任与机会主义行为［J］．经济管理，2007，29（11）：66-70．

［283］孟小峰，杜治娟．大数据融合研究：问题与挑战［J］．计算机研究与发展，2016，53（2）：231．

［284］唐杰，陈文光．面向大社交数据的深度分析与挖掘［J］．科学通报，

2015, 60 (5): 509 – 519.

[285] 陶晓波, 杨学成, 许研. 社会化商务研究述评与展望 [J]. 管理评论, 2015, 27 (11): 75 – 85.

[286] 王涛, 罗仲伟. 社会网络演化与内创企业嵌入——基于动态边界二元距离的视角 [J]. 中国工业经济, 2011 (12): 89 – 99.

[287] 徐宗本, 冯芷艳, 郭迅华, 等. 大数据驱动的管理与决策前沿课题 [J]. 管理世界, 2014 (11): 158 – 163.

[288] 姚铮, 胡梦婕, 叶敏. 社会网络增进小微企业贷款可得性作用机理研究 [J]. 管理世界, 2013 (4): 135 – 149.

[289] 杨震宁, 李东红, 范黎波. 身陷"盘丝洞": 社会网络关系嵌入过度影响了创业过程吗? [J]. 管理世界, 2013 (12): 101 – 116.

[290] 杨杰, 李小平, 陈湉. 基于增量时空轨迹大数据的群体挖掘方法 [J]. 计算机研究与发展, 2014, 51 (S2): 76 – 85.

[291] 于小兵, 郭顺生, 黄小荣. 基于 Web 使用挖掘的智能电子商务及其应用 [J]. 计算机集成制造系统, 2010, 16 (2): 439 – 447.

[292] 赵宇翔, 朱庆华. Web2.0 环境下影响用户生成内容的主要动因研究 [J]. 中国图书馆学报, 2009, 35 (5): 107 – 116.

[293] 张闯. 管理学研究中的社会网络范式: 基于研究方法视角的 12 个管理学顶级期刊 (2001~2010) 文献研究 [J]. 管理世界, 2011 (7): 154 – 163.

[294] 张宝建, 胡海青, 张道宏. 企业创新网络的生成与进化——基于社会网络理论的视角 [J]. 中国工业经济, 2011 (4): 117 – 126.

[295] 周涛, 柏文洁, 汪秉宏, 等. 复杂网络研究概述 [J]. 物理, 2005, 34 (1): 31 – 36.

[296] 张田, 罗家德. 圈子中的组织公民行为 [J]. 管理学报, 2015, 12 (10): 1442.

[297] 庄贵军, 李苗, 凌黎. 网络交互能力的量表开发与检验 [J]. 管理学报, 2015, 12 (9): 1369.

[298] 赵姝, 刘晓曼, 段震, 等. 社交关系挖掘研究综述 [J]. 计算机学报, 2017, 40 (3): 535 – 555.

附录　社会网络研究相关调查问卷

社会网络关系结构调研问卷

先生/女士，您好！

我们是华中农业大学市场营销系"社会网络关系结构"研究课题组的学生，目前正在调查消费者的社会网络关系结构特征及其影响。此次调研需要您的参与和帮助。我们将对您的个人信息严格保密，此次问卷结果仅作为学术调研研究。您的支持是做好本次调查的关键，您的认真填写是我们调研成果真实有效的保障，在此向您表示衷心的感谢！

第一部分：基本信息

1. 您的性别：

男	A
女	B

2. 您的籍贯城市_____和您生活的城市_____。

3. 您的年龄_____或者出生年份_____。

（或从以下选项选择）

18 岁以下	A		1945~1954 年	A
18~21 岁	B		1955~1964 年	B
22~25 岁	C		1965~1974 年	C
26~35 岁	D	或选择出生年份	1975~1984 年	D
36~45 岁	E		1985~1994 年	E
46~55 岁	F		1995 年以后	F
56~65 岁	G			
大于 65 岁	H			

4. 您的学历：

小学及以下	A
初中	B
高中（中专）	C
大学本科（大学专科）	D
研究生及以上（含在读）	E

5. 您现在的婚姻状况属于：

未婚	A
已婚	B

6. 您的职业是（请在接近职业处打钩）：

企业家/老板	1	大学生	10
企业中高级管理人员（总经理/总监/经理等）	2	自由职业者（如作家、运动员、艺术家等）	11
高级专业人士（如注册会计师、律师、总工程师等）	3	个体户	12
中高级技术人员（如财务、教师、工程师等）	4	司机	13
销售/营销人员	5	一般工人（如建筑工人等）	14

续表

一般技术人员（如技工、电工）	6	退休/离休	15
企业一般员工/文员	7	无业/下岗/待业人员	16
政府/机关等事业单位干部	8	其他，请记录：	17
政府/机关等事业单位工作人员	9		

7. 目前跟您住在一起的人数（包括自己）（选择"独居"者跳过8~9题）：

独居	A
2~3人	B
4~6人	C
6人及以上	D

8. 是否有小孩（如子女或其他关系）与您居住一起（请在空格处注明小孩的大致年龄）：

没有	A	选此项者此题无须继续作答	
有	B	一起居住的孩子个数	一起居住的孩子大致年龄
		1个	（　）
		2个	（　）（　）
		3个及以上	（　）（　）（　）…

9. 是否有老人（如双方父母或其他关系）与您居住一起（请在空格处注明老人的大致年龄）：

没有	A	选此项者此题无须继续作答	
有	B	一起居住的老人个数	一起居住的老人大致年龄
		1个	（　）
		2个	（　）（　）
		3个	（　）（　）（　）
		4个及以上	（　）（　）（　）（　）…

10. 您家庭总的月收入大概为（　　）。

（或从以下选项中选择接近的区间）

5000 元及以下	A	25001～30000 元	G
5001～8000 元	B	30001～35000 元	H
8001～10000 元	C	35001～40000 元	I
10001～15000 元	D	40001～45000 元	J
15001～20000 元	E	45001～50000 元	K
20001～25000 元	F	50000 元以上	L

第二部分：消费者网络关系结构调查

1. 人们往往会时不时地跟身边关系较好的人谈论一些个人的隐私问题，请您回顾一下过去六个月的时间里，有跟哪些人一起讨论过比较重要的个人隐私问题。麻烦您列出这些人的名字：

被调查者总共列出的名字数量（　　）；

如果没有任何人的名字被列出，请结束作答；

如果只有一个人的名字被列出，请直接跳转至第 5 题。

被调查者					
EC VAR 1	候选人 1				
EC VAR 2	S EC VAR 3	候选人 2			
EC VAR 4	S EC VAR 5	S EC VAR 6	候选人 3		
EC VAR 7	S EC VAR 8	S EC VAR 9	S EC VAR 10	候选人 4	
EC VAR 11	S EC VAR 12	S EC VAR 13	S EC VAR 14	S EC VAR 15	候选人 5

2. 您是否觉得跟这些人同样地亲近？

是（　　）否（　　）

如果是，请在被调查者所在的列里对所有候选人勾选 EC；

如果不是，继续询问，这些人当中，哪些人跟你是特别亲近的？

请在相应的候选人处勾选 EC

3. 请您再回想一下您所列出来的这些候选人之间的关系，（ ）和（ ）是完全陌生的？

请在相应的候选人名单里勾选 S；

4. 请您再回想一下您所列出来的这些候选人之间的关系，（ ）和（ ）是特别亲近的？

请在相应的候选人名单里勾选 EC；

另外，我们的研究还希望了解更多关于您提供的这些人的信息以及他们之间的关系，请按照以下问题依次列出：

5. 您列出的这些候选人的性别？

	候选人1	候选人2	候选人3	候选人4	候选人5
男1 女2	1 2	1 2	1 2	1 2	1 2

6. 民族和籍贯

	候选人1	候选人2	候选人3	候选人4	候选人5
男1 女2	1 2	1 2	1 2	1 2	1 2

7. 教育水平

	候选人1	候选人2	候选人3	候选人4	候选人5
1. 小学及以下	1 2 3 4 5	1 2 3 4 5	1 2 3 4 5	1 2 3 4 5	1 2 3 4 5
2. 初中	1 2 3 4 5	1 2 3 4 5	1 2 3 4 5	1 2 3 4 5	1 2 3 4 5
3. 高中（中专）	1 2 3 4 5	1 2 3 4 5	1 2 3 4 5	1 2 3 4 5	1 2 3 4 5
4. 大学本科（大学专科）	1 2 3 4 5	1 2 3 4 5	1 2 3 4 5	1 2 3 4 5	1 2 3 4 5
5. 研究生及以上（含在读）	1 2 3 4 5	1 2 3 4 5	1 2 3 4 5	1 2 3 4 5	1 2 3 4 5

8. 婚姻状况

	候选人1	候选人2	候选人3	候选人4	候选人5
已婚1 未婚2	1 2	1 2	1 2	1 2	1 2

9. 平均来看,您跟这些候选人的交流频率一般为多少?

	候选人1	候选人2	候选人3	候选人4	候选人5
1. 每天交流	1 2 3 4 5	1 2 3 4 5	1 2 3 4 5	1 2 3 4 5	1 2 3 4 5
2. 一周交流一次	1 2 3 4 5	1 2 3 4 5	1 2 3 4 5	1 2 3 4 5	1 2 3 4 5
3. 一个月交流一次	1 2 3 4 5	1 2 3 4 5	1 2 3 4 5	1 2 3 4 5	1 2 3 4 5
4. 很少交流	1 2 3 4 5	1 2 3 4 5	1 2 3 4 5	1 2 3 4 5	1 2 3 4 5
5. 不清楚	1 2 3 4 5	1 2 3 4 5	1 2 3 4 5	1 2 3 4 5	1 2 3 4 5

10. 你们相互认识多久了?

	候选人1	候选人2	候选人3	候选人4	候选人5
1. 刚刚认识	1 2 3 4 5	1 2 3 4 5	1 2 3 4 5	1 2 3 4 5	1 2 3 4 5
2. 少于1年	1 2 3 4 5	1 2 3 4 5	1 2 3 4 5	1 2 3 4 5	1 2 3 4 5
3. 1~3年	1 2 3 4 5	1 2 3 4 5	1 2 3 4 5	1 2 3 4 5	1 2 3 4 5
4. 3~6年	1 2 3 4 5	1 2 3 4 5	1 2 3 4 5	1 2 3 4 5	1 2 3 4 5
5. 6年以上	1 2 3 4 5	1 2 3 4 5	1 2 3 4 5	1 2 3 4 5	1 2 3 4 5

11. 您和这些人的关系类型是什么?

	候选人1	候选人2	候选人3	候选人4	候选人5
1. 配偶	1 2 3 …8 9 10	1 2 3 …8 9 10	1 2 3 …8 9 10	1 2 3 …8 9 10	1 2 3 …8 9 10
2. 父母	1 2 3 …8 9 10	1 2 3 …8 9 10	1 2 3 …8 9 10	1 2 3 …8 9 10	1 2 3 …8 9 10
3. 兄弟姐妹	1 2 3 …8 9 10	1 2 3 …8 9 10	1 2 3 …8 9 10	1 2 3 …8 9 10	1 2 3 …8 9 10
4. 子女	1 2 3 …8 9 10	1 2 3 …8 9 10	1 2 3 …8 9 10	1 2 3 …8 9 10	1 2 3 …8 9 10
5. 其他亲戚关系	1 2 3 …8 9 10	1 2 3 …8 9 10	1 2 3 …8 9 10	1 2 3 …8 9 10	1 2 3 …8 9 10

续表

	候选人1	候选人2	候选人3	候选人4	候选人5
6. 工作同事	1 2 3 …8 9 10	1 2 3 …8 9 10	1 2 3 …8 9 10	1 2 3 …8 9 10	1 2 3 …8 9 10
7. 朋友关系	1 2 3 …8 9 10	1 2 3 …8 9 10	1 2 3 …8 9 10	1 2 3 …8 9 10	1 2 3 …8 9 10
8. 邻居	1 2 3 …8 9 10	1 2 3 …8 9 10	1 2 3 …8 9 10	1 2 3 …8 9 10	1 2 3 …8 9 10
9. 咨询关系	1 2 3 …8 9 10	1 2 3 …8 9 10	1 2 3 …8 9 10	1 2 3 …8 9 10	1 2 3 …8 9 10
10. 其他	1 2 3 …8 9 10	1 2 3 …8 9 10	1 2 3 …8 9 10	1 2 3 …8 9 10	1 2 3 …8 9 10

12. 你们一般交流的主题内容包括哪些？

	候选人1	候选人2	候选人3	候选人4	候选人5
1. 工作	1 2 3…12 13 14	1 2 3…12 13 14	1 2 3…12 13 14	1 2 3…12 13 14	1 2 3…12 13 14
2. 婚姻	1 2 3…12 13 14	1 2 3…12 13 14	1 2 3…12 13 14	1 2 3…12 13 14	1 2 3…12 13 14
3. 经济	1 2 3…12 13 14	1 2 3…12 13 14	1 2 3…12 13 14	1 2 3…12 13 14	1 2 3…12 13 14
4. 食物	1 2 3…12 13 14	1 2 3…12 13 14	1 2 3…12 13 14	1 2 3…12 13 14	1 2 3…12 13 14
5. 父母	1 2 3…12 13 14	1 2 3…12 13 14	1 2 3…12 13 14	1 2 3…12 13 14	1 2 3…12 13 14
6. 子女	1 2 3…12 13 14	1 2 3…12 13 14	1 2 3…12 13 14	1 2 3…12 13 14	1 2 3…12 13 14
7. 宗教	1 2 3…12 13 14	1 2 3…12 13 14	1 2 3…12 13 14	1 2 3…12 13 14	1 2 3…12 13 14
8. 医疗	1 2 3…12 13 14	1 2 3…12 13 14	1 2 3…12 13 14	1 2 3…12 13 14	1 2 3…12 13 14
9. 服饰	1 2 3…12 13 14	1 2 3…12 13 14	1 2 3…12 13 14	1 2 3…12 13 14	1 2 3…12 13 14
10. 书刊	1 2 3…12 13 14	1 2 3…12 13 14	1 2 3…12 13 14	1 2 3…12 13 14	1 2 3…12 13 14
11. 艺术	1 2 3…12 13 14	1 2 3…12 13 14	1 2 3…12 13 14	1 2 3…12 13 14	1 2 3…12 13 14
12. 电视	1 2 3…12 13 14	1 2 3…12 13 14	1 2 3…12 13 14	1 2 3…12 13 14	1 2 3…12 13 14
13. 犯罪	1 2 3…12 13 14	1 2 3…12 13 14	1 2 3…12 13 14	1 2 3…12 13 14	1 2 3…12 13 14
14. 政治	1 2 3…12 13 14	1 2 3…12 13 14	1 2 3…12 13 14	1 2 3…12 13 14	1 2 3…12 13 14

13. 您和这些人从来不讨论的话题有哪些？

	候选人1	候选人2	候选人3	候选人4	候选人5
1. 工作	1 2 3 4 … 12 13 14	1 2 3 4 … 12 13 14	1 2 3 4 … 12 13 14	1 2 3 4 … 12 13 14	1 2 3 4 … 12 13 14
2. 婚姻	1 2 3 4 … 12 13 14	1 2 3 4 … 12 13 14	1 2 3 4 … 12 13 14	1 2 3 4 … 12 13 14	1 2 3 4 … 12 13 14
3. 经济	1 2 3 4 … 12 13 14	1 2 3 4 … 12 13 14	1 2 3 4 … 12 13 14	1 2 3 4 … 12 13 14	1 2 3 4 … 12 13 14

续表

	候选人1	候选人2	候选人3	候选人4	候选人5
4. 食物	1 2 3 4 ⋯ 12 13 14	1 2 3 4 ⋯ 12 13 14	1 2 3 4 ⋯ 12 13 14	1 2 3 4 ⋯ 12 13 14	1 2 3 4 ⋯ 12 13 14
5. 父母	1 2 3 4 ⋯ 12 13 14	1 2 3 4 ⋯ 12 13 14	1 2 3 4 ⋯ 12 13 14	1 2 3 4 ⋯ 12 13 14	1 2 3 4 ⋯ 12 13 14
6. 子女	1 2 3 4 ⋯ 12 13 14	1 2 3 4 ⋯ 12 13 14	1 2 3 4 ⋯ 12 13 14	1 2 3 4 ⋯ 12 13 14	1 2 3 4 ⋯ 12 13 14
7. 宗教	1 2 3 4 ⋯ 12 13 14	1 2 3 4 ⋯ 12 13 14	1 2 3 4 ⋯ 12 13 14	1 2 3 4 ⋯ 12 13 14	1 2 3 4 ⋯ 12 13 14
8. 医疗	1 2 3 4 ⋯ 12 13 14	1 2 3 4 ⋯ 12 13 14	1 2 3 4 ⋯ 12 13 14	1 2 3 4 ⋯ 12 13 14	1 2 3 4 ⋯ 12 13 14
9. 服饰	1 2 3 4 ⋯ 12 13 14	1 2 3 4 ⋯ 12 13 14	1 2 3 4 ⋯ 12 13 14	1 2 3 4 ⋯ 12 13 14	1 2 3 4 ⋯ 12 13 14
10. 书刊	1 2 3 4 ⋯ 12 13 14	1 2 3 4 ⋯ 12 13 14	1 2 3 4 ⋯ 12 13 14	1 2 3 4 ⋯ 12 13 14	1 2 3 4 ⋯ 12 13 14
11. 艺术	1 2 3 4 ⋯ 12 13 14	1 2 3 4 ⋯ 12 13 14	1 2 3 4 ⋯ 12 13 14	1 2 3 4 ⋯ 12 13 14	1 2 3 4 ⋯ 12 13 14
12. 电视	1 2 3 4 ⋯ 12 13 14	1 2 3 4 ⋯ 12 13 14	1 2 3 4 ⋯ 12 13 14	1 2 3 4 ⋯ 12 13 14	1 2 3 4 ⋯ 12 13 14
13. 犯罪	1 2 3 4 ⋯ 12 13 14	1 2 3 4 ⋯ 12 13 14	1 2 3 4 ⋯ 12 13 14	1 2 3 4 ⋯ 12 13 14	1 2 3 4 ⋯ 12 13 14
14. 政治	1 2 3 4 ⋯ 12 13 14	1 2 3 4 ⋯ 12 13 14	1 2 3 4 ⋯ 12 13 14	1 2 3 4 ⋯ 12 13 14	1 2 3 4 ⋯ 12 13 14

14. 您列出的这些人是否有宗教信仰?

	候选人1	候选人2	候选人3	候选人4	候选人5
1. 基督教	1 2 3 4 5	1 2 3 4 5	1 2 3 4 5	1 2 3 4 5	1 2 3 4 5
2. 伊斯兰教	1 2 3 4 5	1 2 3 4 5	1 2 3 4 5	1 2 3 4 5	1 2 3 4 5
3. 佛教	1 2 3 4 5	1 2 3 4 5	1 2 3 4 5	1 2 3 4 5	1 2 3 4 5
4. 道教	1 2 3 4 5	1 2 3 4 5	1 2 3 4 5	1 2 3 4 5	1 2 3 4 5
5. 无宗教信仰	1 2 3 4 5	1 2 3 4 5	1 2 3 4 5	1 2 3 4 5	1 2 3 4 5

15. 您列出的这些候选人的收入一般如何?

	候选人1	候选人2	候选人3	候选人4	候选人5
1. 5000 元以下	1 2 3 ⋯ 6 7 8	1 2 3 ⋯ 6 7 8	1 2 3 ⋯ 6 7 8	1 2 3 ⋯ 6 7 8	1 2 3 ⋯ 6 7 8
2. 5001~8000 元	1 2 3 ⋯ 6 7 8	1 2 3 ⋯ 6 7 8	1 2 3 ⋯ 6 7 8	1 2 3 ⋯ 6 7 8	1 2 3 ⋯ 6 7 8
3. 8001~10000 元	1 2 3 ⋯ 6 7 8	1 2 3 ⋯ 6 7 8	1 2 3 ⋯ 6 7 8	1 2 3 ⋯ 6 7 8	1 2 3 ⋯ 6 7 8
4. 10001~15000 元	1 2 3 ⋯ 6 7 8	1 2 3 ⋯ 6 7 8	1 2 3 ⋯ 6 7 8	1 2 3 ⋯ 6 7 8	1 2 3 ⋯ 6 7 8
5. 15001~20000 元	1 2 3 ⋯ 6 7 8	1 2 3 ⋯ 6 7 8	1 2 3 ⋯ 6 7 8	1 2 3 ⋯ 6 7 8	1 2 3 ⋯ 6 7 8
6. 20001~25000 元	1 2 3 ⋯ 6 7 8	1 2 3 ⋯ 6 7 8	1 2 3 ⋯ 6 7 8	1 2 3 ⋯ 6 7 8	1 2 3 ⋯ 6 7 8
7. 25001~30000 元	1 2 3 ⋯ 6 7 8	1 2 3 ⋯ 6 7 8	1 2 3 ⋯ 6 7 8	1 2 3 ⋯ 6 7 8	1 2 3 ⋯ 6 7 8
8. 30001 元以上	1 2 3 ⋯ 6 7 8	1 2 3 ⋯ 6 7 8	1 2 3 ⋯ 6 7 8	1 2 3 ⋯ 6 7 8	1 2 3 ⋯ 6 7 8

第三部分：冲击事件（新冠肺炎）下消费者网络关系结构调查

基础部分

1. 你周边的疫情情况？
 A. 本市有疫情发生　B. 本小区有疫情发生　C. 有亲属或朋友感染疫病
 D. 家中有人感染疫病　E. 没有疫情发生

2. 你何时知道疫情信息？
 A. 疫情发生早期　B. 疫情发生了一段时间　C. 疫情暴发期　D. 不知疫情

3. 你从何种渠道获取到疫情信息？
 A. 电视媒体　B. 网络媒体　C. 身边亲友　D. 其他

4. 回忆你刚得知疫情发生时你的担忧程度有多大？（1＝毫不担心；2＝不很担心；3＝不关心；4＝有些担忧；5＝非常担忧）

5. 当你得知疫情后是否有一直跟踪疫情发展的相关信息（例如，死亡率，感染人数）？
 A. 是　B. 否

6. 疫情时期你是否有居家隔离？
 A. 是　B. 否

7. 疫情时期你一般间隔多久出门一次？
 A. 每天一次　B. 1 天＜间隔时间＜7 天　C. 大于一周　D. 大于两周
 E. 不出门

8. 你出门的事由主要是什么？
 A. 购物　B. 工作　C. 社交　D. 其他

9. 现阶段你担忧程度有多大？（1＝毫不担心，5＝非常担忧）

10. 新型肺炎对您的生命健康造成的威胁程度有多大？（1＝没有威胁，5＝威胁巨大）

11. 新型肺炎对您生活和工作（学习）所带来的负面影响有多大？（1＝没有影响，5＝影响巨大）

12. 新型肺炎对您所在地区民众威胁程度有多大？（1＝没有威胁，5＝威胁巨大）

心理机制部分

1. 社会链接

	完全不符合	较不符合	一般	较符合	完全符合
我时刻关注自己家乡的疫情情况					
我时刻关注同学群、校友圈发布的信息					
我最近非常关注居住地所在社区发布的信息（1=非常不符合，5=非常符合）					
我觉得自己与同乡人有很强的心理联结（1=非常不符合，5=非常符合）					

2. 心理距离

	完全不符合	较不符合	一般	较符合	完全符合
我觉得疫情中我与亲人关系更加亲密了					
我觉得疫情中我与朋友关系更加亲密了					
我觉得疫情将我和我所在地区的人的心团结到了一起					
我觉得疫情中大家众志成城团结一致					
我觉得疫情中主要应该靠自己					

社交网络部分

请回忆平时与你联系最密切的6个人，他们分别是甲、乙、丙、丁、戊、己。

1. 这6个人与你是什么关系类型？

	甲	乙	丙	丁	戊	己
1. 亲属	1 2 3 4 5 6	1 2 3 4 5 6	1 2 3 4 5 6	1 2 3 4 5 6	1 2 3 4 5 6	1 2 3 4 5 6
2. 朋友	1 2 3 4 5 6	1 2 3 4 5 6	1 2 3 4 5 6	1 2 3 4 5 6	1 2 3 4 5 6	1 2 3 4 5 6

续表

	甲	乙	丙	丁	戊	己
3. 同事	1 2 3 4 5 6	1 2 3 4 5 6	1 2 3 4 5 6	1 2 3 4 5 6	1 2 3 4 5 6	1 2 3 4 5 6
4. 邻居	1 2 3 4 5 6	1 2 3 4 5 6	1 2 3 4 5 6	1 2 3 4 5 6	1 2 3 4 5 6	1 2 3 4 5 6
5. 网民	1 2 3 4 5 6	1 2 3 4 5 6	1 2 3 4 5 6	1 2 3 4 5 6	1 2 3 4 5 6	1 2 3 4 5 6
6. 其他	1 2 3 4 5 6	1 2 3 4 5 6	1 2 3 4 5 6	1 2 3 4 5 6	1 2 3 4 5 6	1 2 3 4 5 6

2. 平时你与这6人的关系怎样?（1=非常陌生，5=非常熟悉）

	非常陌生	比较陌生	一般	比较熟悉	非常熟悉
1. 你与甲					
2. 你与乙					
3. 你与丙					
4. 你与丁					
5. 你与戊					
6. 你与己					

3. 请对这6个人两两之间的关系进行打分。（1=非常陌生，5=非常熟悉）

	非常陌生	比较陌生	一般	比较熟悉	非常熟悉
1. 甲与乙					
2. 甲与丙					
3. 甲与丁					
4. 甲与戊					
5. 甲与己					
6. 乙与丙					
7. 乙与丁					
8. 乙与戊					
9. 乙与己					
10. 丙与丁					
11. 丙与戊					
12. 丙与己					

续表

	非常陌生	比较陌生	一般	比较熟悉	非常熟悉
13. 丁与戊					
14. 丁与己					
15. 戊与己					

4. 甲、乙、丙、丁、戊、己在疫情时期身处何处？

	甲	乙	丙	丁	戊	己
1. 同住家中	1 2 3 4 5 6	1 2 3 4 5 6	1 2 3 4 5 6	1 2 3 4 5 6	1 2 3 4 5 6	1 2 3 4 5 6
2. 同一个社区	1 2 3 4 5 6	1 2 3 4 5 6	1 2 3 4 5 6	1 2 3 4 5 6	1 2 3 4 5 6	1 2 3 4 5 6
3. 同一个城市	1 2 3 4 5 6	1 2 3 4 5 6	1 2 3 4 5 6	1 2 3 4 5 6	1 2 3 4 5 6	1 2 3 4 5 6
4. 同一个省份	1 2 3 4 5 6	1 2 3 4 5 6	1 2 3 4 5 6	1 2 3 4 5 6	1 2 3 4 5 6	1 2 3 4 5 6
5. 不同省份	1 2 3 4 5 6	1 2 3 4 5 6	1 2 3 4 5 6	1 2 3 4 5 6	1 2 3 4 5 6	1 2 3 4 5 6
6. 不同国家	1 2 3 4 5 6	1 2 3 4 5 6	1 2 3 4 5 6	1 2 3 4 5 6	1 2 3 4 5 6	1 2 3 4 5 6

5. 请回忆平时你与这6人的交流，并按照交流频次从高到低进行排序。

6. 平时你与这6人主要交流的内容是正面的还是负面的？（1=非常负面，5=非常正面）

	非常负面	比较负面	一般	比较正面	非常正面
1. 你与甲					
2. 你与乙					
3. 你与丙					
4. 你与丁					
5. 你与戊					
6. 你与己					

7. 请回忆通常情况下这6人对你平时购物决策的影响，并按照影响程度从大到小进行排序。

8. 请将疫情时期这6人按照与你的交流频次从高到低进行排序。

9. 疫情时期你认为与这6人主要交流的内容是正面的还是负面的,请进行打分。(1 = 非常负面,5 = 非常正面)

	非常负面	比较负面	一般	比较正面	非常正面
1. 你与甲					
2. 你与乙					
3. 你与丙					
4. 你与丁					
5. 你与戊					
6. 你与己